T0346445

# Albert Schweitzer
# Autobiographie et réalité historique

PETER LANG

Bruxelles · Bern · Berlin · New York · Oxford · Wien

La collection **CONVERGENCES,** publiée avec l'appui d'un comité de lecture franco-allemand, réserve une place privilégiée à des ouvrages relatifs aux périodiques culturels et politiques considérés comme expressions de l'opinion publique, des mouvements d'idées, des mentalités ainsi que des phénomènes culturels et sociaux pris dans leur ensemble.

**CONVERGENCES** est une collection d'esprit pluraliste et interdisciplinaire. Elle est vouée à la fois à la rencontre des méthodologies et des champs disciplinaires en lettres et sciences humaines ainsi qu'à l'étude des phénomènes d'interculturalité envisagés sous leurs formes les plus diverses.
La collection est ouverte à des travaux qui concernent de manière prioritaire — mais non exclusive — l'aire culturelle germanique, les relations franco-allemandes et les transferts culturels.

Collection publiée sous la direction de Michel Grunewald

CONVERGENCES

Vol. 98

Sebastian MOLL

# Albert Schweitzer Autobiographie et réalité historique

**Traduit de l'allemand par**
**Caroline Dezutter et Michel Grunewald**

Convergences
Vol. 98

Titre original: Sebastian Moll, *Albert Schweizer. Meister der Selbstinszenierung,* Berlin University Press, Berlin. 2014.

Illustrations de couverture: © Nadine Querfurth.

© P.I.E. PETER LANG S.A.
   Éditions scientifiques internationales
   Brussels, 2020
   1 avenue Maurice, B-1050 Bruxelles, Belgium
   brussels@peterlang.com ; www.peterlang.com

ISSN 1421-2854
ISBN 978-2-8076-1204-4
ePDF 978-2-8076-1205-1
ePub 978-2-8076-1206-8
Mobi 978-2-8076-1207-5
DOI 10.3726/b16806
D/2020/5678/17

Information bibliographique publiée par « Die Deutsche Bibliothek »

« Die Deutsche Bibliothek » répertorie cette publication dans la « Deutsche Nationalbibliografie » ; les données bibliographiques détaillées sont disponibles sur le site <http://dnb.ddb.de>.

En mémoire de ma mère

# Table des matières

Avant-propos ........................................................ 13

1. Introduction ................................................... 15

2. L'autobiographie comme source historique ................ 23
   2.1 La mémoire autobiographique ........................... 23
       2.1.1 Rétroprojection ................................. 25
       2.1.2 Égocentrisme .................................... 27
   2.2 L'intention autobiographique ......................... 29
       2.2.1 L'intention commerciale ......................... 30
       2.2.2 L'intention pédagogique ......................... 34
   2.3 Perspective .......................................... 35

3. Le Jésus historique et le christianisme moderne ......... 37
   3.1 Autobiographie ....................................... 37
   3.2 Perspective historique ............................... 38
       3.2.1 Le culte du héros .............................. 39
             3.2.1.1 Thomas Carlyle (1795–1881) ............. 39
             3.2.1.2 Friedrich Nietzsche (1844–1900) ........ 42
             3.2.1.3 Le mouvement de la « Heimatkunst » (art du
                     terroir) ............................... 45
             3.2.1.4 L'école d'histoire religieuse .......... 47
       3.2.2 Le Jésus historique et le Royaume de Dieu ...... 51
             3.2.2.1 Heinrich Julius Holtzmann (1832–1910) ... 52
             3.2.2.2 Johannes Weiß (1863–1914) ............. 54
   3.3 Le Schweitzer historique ............................. 56
       3.3.1 Les débuts de Schweitzer (1899–1904) ........... 56
       3.3.2 La crise (1905–1906) ........................... 62

3.3.3  Le renouveau (1913) ................................ 65
       3.3.3.1  La dernière mise en cause de l'historicité de
                Jésus (pp. 451–499) ........................ 66
       3.3.3.2  La discussion sur l'historicité de Jésus
                (pp. 500–560) ............................. 67
       3.3.3.3  1907–1912 (pp. 561–619) ................... 75
       3.3.3.4  Conclusion (pp. 620–630) .................. 80
3.4  Comparaison ................................................ 82
Excursus : les études psychiatriques de Schweitzer 1912–1913 ........ 85

**4.  La décision de devenir médecin dans la forêt équatoriale** ..... 93

4.1  Autobiographie ............................................. 93
4.2  Histoire ................................................... 95
     4.2.1  L'histoire d'une conversion ........................ 95
     4.2.2  Le Schweitzer historique ........................... 99
4.3  Comparaison ................................................ 104

**5.  Le respect de la vie** ................................... 107

5.1  Autobiographie ............................................. 107
5.2  Histoire ................................................... 111
     5.2.1  Les droits des animaux dans la pensée allemande
            moderne ............................................ 112
            5.2.1.1  Les modèles ............................... 112
            5.2.1.2  Le développement des droits des animaux .... 115
     5.2.2  La philosophie de la vie ........................... 133
            5.2.2.1  Georg Simmel .............................. 133
            5.2.2.2  Ludwig Klages ............................. 137
     5.2.3  Optimisme et pessimisme ............................ 140
     5.2.4  Le Schweitzer historique ........................... 144
5.3  Comparaison ................................................ 148

**6. Conclusion** ........................................................ 155

**Annexe** ................................................................. 159

**Bibliographie** ...................................................... 167

# Avant-propos

« La satisfaction que j'éprouvais à pouvoir résoudre maintes énigmes historiques relatives à la vie de Jésus s'accompagnait de la conscience, douloureuse, que ces notions nouvelles [telles que l'eschatologie] dans le domaine historique seraient une source d'inquiétude et de difficulté pour la piété chrétienne. Toutefois, je me réconfortais en pensant à la parole de l'apôtre Paul qui m'était familière depuis l'enfance : "Nous n'avons pas de pouvoir contre la vérité, nous n'en avons que pour la vérité" (2 Co 13, 8). Puisque l'essence même du spirituel est la vérité, toute vérité nouvelle représente un gain. En toute circonstance, la vérité est plus précieuse que l'erreur. Cela s'applique aussi à la vérité historique. Alors même qu'elle peut paraître étrange à la piété et soulever d'abord des difficultés, le résultat final ne peut jamais lui nuire. Il ne peut que rendre la piété plus profonde. »

L'exigence de vérité formulée ici par Schweitzer concernant la recherche historique sur Jésus devrait aussi lui être appliquée, même si le résultat peut paraître dérangeant à certains. Je peux affirmer ici, en toute bonne foi, que je n'ai pas entrepris la rédaction de cet ouvrage en ayant pour ambition d'écrire un livre polémique à propos d'Albert Schweitzer. Lorsque j'ai commencé cette étude, mon but était surtout de présenter la théologie de Schweitzer du point de vue de l'apologétique. Au fur et à mesure de mes recherches, la tâche s'est révélée de plus en plus ardue, du fait qu'en raison du caractère contradictoire des sources disponibles, je ne parvenais pas à privilégier une seule et unique perspective. J'ai alors essayé d'établir une cohérence en tentant de faire concorder les témoignages, jusqu'à ce que je réalise finalement que cette démarche n'était pas correcte de la part d'un historien. J'ai alors décidé de changer l'orientation de mon travail. Ce ne sont ni le ressentiment envers Schweitzer ni aucune recherche de sensationnalisme qui m'ont amené à concevoir cette étude, mais plutôt le souci de respecter la réalité historique.

Sebastian Moll

# 1. Introduction[1]

Au moment de ma naissance, Albert Schweitzer était déjà mort depuis quinze ans. Bien que ce fait ne justifie sans doute pas en soi l'écriture d'un ouvrage nouveau sur celui-ci, il est néanmoins d'une grande importance. Jusqu'à présent, la vision qu'on avait d'Albert Schweitzer résultait en grande partie des témoignages directs de personnes qui l'avaient à des degrés divers côtoyé ou bien de travaux qui s'appuyaient sur les dires de ces personnes. On a affaire ici à un phénomène tout à fait naturel et facilement compréhensible mais qui comporte de grands risques d'un point de vue scientifique. D'une part, le contact personnel peut facilement troubler le jugement objectif, en particulier quand il va de pair avec une certaine admiration, comme c'est habituellement le cas en ce qui concerne Schweitzer. D'autre part, et c'est là le vrai problème, les contemporains de Schweitzer n'ont appris à le connaître que très tardivement, majoritairement au cours de l'après-guerre. Ils ont donc appris à connaître un homme de plus de soixante-dix ans, un médecin mondialement connu, largement célébré, et lauréat du prix Nobel de la paix. Il arrive néanmoins dans pareil cas que l'on n'ait qu'une image partielle de la personnalité historique d'un homme. À l'heure actuelle, un demi-siècle après la mort de Schweitzer, ce danger est devenu quasi inexistant. Ce sont désormais des auteurs qui disposent à son égard de la distance nécessaire qui sont à l'œuvre, en bref des auteurs qui le perçoivent comme une figure d'une autre époque, comme ils le feraient pour Martin Luther ou Otto von Bismarck. Le temps des historiens est arrivé.

---

[1]  Les sources citées renvoient à la bibliographie en fin de volume et en particulier aux abréviations correspondant à chacun des titres cités qui sont toujours suivies du numéro de la page correspondante.

La tâche la plus ardue pour l'historien est la critique des sources. En ce qui concerne Albert Schweitzer, celle-ci fut négligée de manière impardonnable, et peut servir à elle seule de justification à l'étude qui va suivre. Dans les biographies, chronologies ou articles de dictionnaires consacrés à Schweitzer, les informations contenues dans ses textes autobiographiques sont souvent reprises comme s'il s'agissait de données historiques incontestables[2]. C'est une chose qui ne devrait pas se produire, s'agissant de recherches récentes[3]. Même sans recourir à l'aide de l'histoire littéraire ou de l'histoire sociale, il n'est pas difficile de reconnaître que l'autobiographie n'est pas une reconstitution historique exacte, mais constitue un genre littéraire en soi, qui obéit à ses propres règles. Il y a plus d'un siècle, George Misch écrivait à ce sujet dans son ouvrage pionnier : « Considérer les autobiographies comme une pure source de connaissances historiques contredit généralement le caractère de ce genre littéraire. Le fait que le souvenir n'équivaut pas à une reproduction mécanique des faits remémorés est un constat psychologique de base. Les réalités du *curriculum vitae*, tant externes qu'intrinsèques, tendent à

---

[2]   Dans l'annexe de la huitième édition allemande (2011) de la grande autobiographie de Schweitzer *Ma vie et ma pensée*, un tableau chronologique (pp. 229–231) est présenté sous le titre « Die Lebensdaten Albert Schweitzers ». Ces « données fixes » comprennent au total cinq informations basées uniquement sur les récits autobiographiques de Schweitzer. Ces cinq éléments d'information sont les suivants :
   - 1894 (automne) : début de la conception théologique de l'« eschatologie conséquente » ;
   - 1896 (Pentecôte) : engagement pour un « service purement humain » à l'âge de trente ans ;
   - 1899 (été) : début des études de philosophie de la culture ;
   - 1904 (automne) : un article dans les cahiers de la Mission évangélique de Paris fait découvrir à Schweitzer ce que « servir » signifie ;
   - 1915 (septembre) : en passant devant la colonie africaine d'Igendja, entre le cap Lopez et N'Gômô, Schweitzer a la révélation de la notion fondamentale de sa philosophie de la vie et de sa philosophie de la culture : le respect de la vie.

[3]   Avant qu'on ne soumette l'autobiographie à la critique des sources (cf. chapitre 2), une telle approche était cependant courante, cf. Hans Glagau, *Die moderne Selbstbiographie als historische Quelle*, Marburg : Elwert'sche Verlagsbuchhandlung, 1903, p. 2 : « Il suffit d'examiner quelques-unes des nombreuses biographie consacrées à Rousseau et Goethe pour se rendre compte de l'usage abondant que leurs auteurs ont fait des écrits personnels des deux poètes. [...] Dans la plupart des cas, on peut il est vrai nier ou douter qu'ils aient contrôlé la fiabilité de cette source majeure. En règle générale, ils n'abordent pas cette question concrète ou bien l'éludent en se bornant à quelques remarques de nature générale. »

perdre leur vérité purement historique en étant communiquées comme des faits s'inscrivant dans la vie de l'auteur, et dans presque chaque autobiographie, on peut démontrer l'absence de cette réalité individuelle. Là où même nos souvenirs les plus ordinaires sont soumis à des processus de transformation et rarement exempts de déformations, la mémoire de l'autobiographe, même lorsqu'elle est à l'œuvre de manière non tendancieuse, doit être envisagée avec circonspection[4]. »

Cette constatation générique de portée psychologique semble avoir été totalement perdue de vue dans le cas de Schweitzer. Même dans l'une des plus récentes biographies de l'homme de Lambaréné, parue en 2010, l'auteur s'interroge sur l'authenticité des souvenirs « autobiographiques » de Schweitzer de manière étonnamment naïve : « Schweitzer, bien sûr, a gardé une excellente mémoire jusqu'à un âge avancé, comme l'ont déclaré unanimement beaucoup de ses compagnons et connaissances. On peut donc supposer que ses souvenirs d'enfance et de jeunesse ont un très haut degré d'authenticité[5]. »

Comment se fait-il qu'autant d'auteurs aient à ce point manqué du recul indispensable s'agissant d'Albert Schweitzer ? La raison principale de ce fait est certainement la vénération ressentie par beaucoup de chercheurs à l'égard même de leur objet de recherche. Schweitzer a toujours été considéré comme un modèle de modestie, et cet aspect de sa personnalité fut systématiquement mis en avant par ces auteurs[6]. Ils n'ont pas imaginé qu'un homme de la qualité de Schweitzer ait pu enjoliver certains aspects de sa biographie. S'agissant de l'autoreprésentation de Schweitzer datant de 1926, un certain temps on a douté même qu'elle ait été de sa plume au motif qu'un éloge de Schweitzer par lui-même

---

[4]  Georg Misch, *Geschichte der Autobiographie, Bd. 1 : Das Altertum (1907)*, Frankfurt (Main) : Schulte-Bulmke, 1976, p. 14.

[5]  Peter Münster, *Albert Schweitzer. Der Mensch. Sein Leben. Seine Botschaft*, München : Neue Stadt, 2010, p. 32.

[6]  Cf. e.a. Hermann Baur, « Albert Schweitzers Persönlichkeit », *in* Hans Walter Bähr (dir.), *Albert Schweitzer. Sein Denken und sein Weg*, Tübingen : Mohr Siebeck, 1962, p. 228 : « Il y a quelque chose de contradictoire dans la célébrité de Schweitzer. Le chemin étroit de l'humilité a débouché sur la large voie de la célébrité. Pour sa part, il ressentait les honneurs et la célébrité comme un fardeau. » ; Friedrich Wilhelm Kantzenbach, *Albert Schweitzer. Wirklichkeit und Legende*, Göttingen : Musterschmidt, 1969, p. 9 : « Schweitzer lui-même ne s'est pas fait une haute idée de sa vie et de son œuvre. » ; Harald Steffahn, *Albert Schweitzer*, Reinbek : Rowohlt Taschenbuch, 1979, p. 7 : « Albert Schweitzer n'a pas cultivé son image. »

« ne correspond[ait] pas du tout à sa grande modestie »[7]. Et pourtant,
l'autoportrait qu'il a écrit à la troisième personne et publié avec son
ami et compatriote alsacien Ernst Barthel (1890–1953) sous le nom de
celui-ci, montre le vrai Schweitzer, qui avait une très haute opinion de
ses capacités et de ses réalisations. Le fait que Schweitzer ait écrit des
textes autobiographiques, souvent plusieurs en même temps, devrait
tout de même constituer une raison suffisante de douter de sa supposée
modestie. Le philosophe Friedrich Schlegel (1772–1829) a ironisé en son
temps sur le fait que les autobiographies soient écrites par des personnes
« qui veulent remettre à sa place la moindre poussière avant leur mort et
ne peuvent quitter ce monde sans s'expliquer sur eux-mêmes »[8].

Même si ce soupçon ne s'applique pas totalement à Schweitzer, on ne
peut nier que les autobiographies sont souvent écrites par des personnes
qui attachent une certaine importance à leur propre vie. Étonnamment,
Schweitzer n'a cessé de répéter qu'il n'avait pas rédigé ses autoportraits de
son plein gré, mais qu'il y avait été « contraint ». Il écrivait ceci à son éditeur
Felix Meiner le 13 février 1953 : « Je vous remercie très personnellement
de m'avoir obligé à écrire *Ma vie et ma pensée*. Sans vous, je n'y aurais
jamais songé. Vous avez fait jouer votre diplomatie d'éditeur, afin de m'y
amener, alors que j'étais pleinement occupé par d'autres travaux, comme
écrire en 1929 un autoportrait pour votre *Philosophie der Gegenwart in
Selbstdarstellungen*. Si vous n'aviez pas disposé de l'aide de mon cher ami
Oskar Kraus, votre entreprise n'aurait certainement pas abouti. Tout cela
me déplaisait, car j'estimais, ayant moi-même cinquante-quatre ans, être
trop jeune pour faire le récit de ma vie[9]. »

On doit à la vérité d'observer ici qu'à quarante-huit ans, Schweitzer
n'avait en revanche eu aucun problème pour écrire le récit de son enfance
et de sa jeunesse, bien qu'il y ait naturellement été « contraint » par son
ami Oskar Pfister (cf. chapitre 2). Même si Schweitzer mérite d'être pris
au sérieux, il est tout de même difficile de croire qu'un homme qui, au
cours de sa vie, a rédigé en tout cinq autobiographies, ait pu avoir une
réelle aversion pour ce genre littéraire.

---

[7]    Johann Zürcher, « Albert Schweitzers Selbstdarstellung seiner theologischen
       Entwicklung », VVA 360.
[8]    Friedrich Strack et Martina Eicheldinger (dir.), *Fragmente der Frühromantik*,
       Berlin : de Gruyter, 2011, p. 42.
[9]    Schweitzer à Meiner, 13 février 1953 (LD VIII).

En plus de ces doutes légitimes, Schweitzer nous apporte même à l'occasion des preuves allant à l'encontre de sa prétendue modestie. À l'âge de trente ans, il écrit à sa future épouse, Helene Bresslau : « Les autres offrent aux femmes des bijoux, des perles, des diamants ; je ne t'offre que des pensées, mes pensées ! Pas des pensées empruntées à d'autres, mais mes pensées telles que mon esprit les a conçues. Mes pensées que je conçois en riant, en pleurant, avec cette fierté supérieure que l'on ressent en concevant des pensées et en ayant le sentiment d'être un penseur. Non, fondamentalement, je ne suis pas modeste, car concevoir des pensées vivantes est donné à peu de gens[10]. » Environ cinquante ans plus tard, lorsque son épouse lui demanda de ne pas signer autant d'autographes pendant leur séjour en Amérique, il lui répondit avec une confiance en soi à toute épreuve : « Je ne peux faire défaut à aucune personne qui croit que je peux l'aider, ne serait-ce que par le biais d'un autographe. Peut-être que cet autographe sera pour elle source d'encouragements dans une heure sombre de sa vie[11]. » Il est probable que beaucoup de ses biographes aient commis au sujet des propos de Schweitzer une confusion ou les aient mal interprétés. S'il y a une modestie matérielle ainsi qu'une modestie intellectuelle chez lui, il faut faire un *distinguo* entre les deux phénomènes. La « frugalité »[12] proche de l'avarice propre à Schweitzer dans son style de vie personnel n'est en rien incompatible avec son orgueil intellectuel, tel qu'il s'exprime dans les lignes qui précèdent ainsi que dans de nombreuses autres circonstances dont il sera question au cours de cette étude. Cette confusion de deux traits de caractère très distincts explique certainement pourquoi Schweitzer n'a jamais été reconnu comme le maître de l'autoreprésentation qu'il était vraiment[13]. L'objectif de cet ouvrage est de présenter précisément cet Albert Schweitzer là.

Dans le contexte qui nous intéresse, certaines limites doivent toutefois être posées. De nombreux mythes et légendes entourent la personne d'Albert Schweitzer, mais, dans bien des cas, ce n'est pas lui qui en est

---

[10] Schweitzer à Helene Bresslau, 20 mai 1905 (Briefe 94).

[11] « Albert Schweitzer – Mythos des 20. Jahrhunderts », *Der Spiegel*, n° 52 (21 décembre 1960), p. 61.

[12] *Ibid.*

[13] Nils Ole Oermann est le seul à noter dans sa biographie publiée en 2009 : « Schweitzer n'était pas humble, mais un maître de l'autoreprésentation » (Nils Ole Oermann, *Albert Schweitzer. 1875–1965*, München : C.H. Beck, ²2010, p. 307). Il n'a cependant pas perçu toute l'ampleur de cette autoreprésentation.

l'auteur. Le médecin français André Audoynaud déplore par exemple dans son livre sur Albert Schweitzer paru en 2005 que l'idée selon laquelle Schweitzer serait le premier médecin à avoir été à Lambaréné et dans ses environs soit acceptée sans contradiction, sans que soit évoquée en particulier la présence à Lambaréné du médecin militaire français Jean Jaureguiber qui y aurait effectué bien des années avant Schweitzer des interventions chirurgicales[14]. Il faut souligner cependant que s'il est communément admis que Schweitzer a été le premier médecin qui ait exercé à Lambaréné, celui-ci n'est pas responsable de cette légende, au contraire. Dans *Ma vie et ma pensée*, il mentionne le docteur Jaureguiber et toute la reconnaissance que lui inspire l'important travail préliminaire accompli par lui à Lambaréné[15]. Des indications erronées de ce type sur la vie et l'œuvre d'Albert Schweitzer ne seront pas évoquées dans le présent ouvrage. Il ne s'agira ici que d'examiner le tableau que Schweitzer lui-même a brossé de sa vie.

La partie principale de notre étude sera consacrée à la confrontation des données autobiographiques livrées par Schweitzer à la réalité historique. Elle sera divisée en trois principaux chapitres dont les titres seront inspirés des chapitres de la dernière et plus complète autobiographie de Schweitzer *Ma vie et ma pensée* (1931)[16].

– Ces chapitres commencent tous les trois par un rappel autobiographique à travers lequel l'histoire de Schweitzer sera de nouveau retranscrite telle que celui-ci la présente lui-même. Pour qu'il soit clair qu'il s'agit là – tout du moins pour une large part – d'une représentation aménagée de la réalité, cette partie sera en italique.

– Vient ensuite la section « Historique », divisée en deux parties. En premier lieu, l'environnement historique de Schweitzer sera présenté en relation avec le thème abordé. Puis sera présenté le « Schweitzer historique », c'est-à-dire l'image de Schweitzer qui ne provient pas

---

[14] Cf. André Audoynaud, *Le Docteur Schweitzer et son hôpital à Lambaréné. L'envers d'un mythe*, Paris : L'Harmattan, 2005, pp. 113–145.

[15] VP 153.

[16] La seule exception est le chapitre 5 de cet ouvrage intitulé « Respect de la vie ». Il ne se trouve pas dans l'autobiographie de Schweitzer sous cette forme. Néanmoins, cette notion est omniprésente dans l'œuvre philosophico-culturelle de Schweitzer ; cela justifie en soi que nous l'utilisions ici comme titre de chapitre.

de ses déclarations autobiographiques, mais a été reconstruite à partir d'autres sources (lettres privées, écrits inédits, etc.).

– La dernière section de chaque chapitre est constituée par une « Comparaison » entre les données autobiographiques et historiques.

Il est inévitable que les résultats de notre étude causent un certain malaise. Cela s'explique principalement par le fait que les notions « autobiographie », « autoreprésentation » ou « mise en scène de soi-même » ont une connotation négative pour bon nombre de personnes, particulièrement en référence au contexte des médias actuels, où ces termes sont rapidement associés à des personnalités de la télévision qui deviennent soudainement célèbres tout en sortant de nulle part. Mais une telle façon de voir les choses est trop limitée. Le psychologue Hans Mummendey définit le portrait autobiographique comme une tentative de « présenter l'auteur lui-même et l'environnement social de son existence comme un ensemble cohérent et consistant en laissant une impression positive »[17]. Cette définition s'applique clairement à Schweitzer, et on peut supposer que le lecteur avisé parviendra à la même conclusion après la lecture de ce livre. Cela ne signifie pas pour autant que Schweitzer ait été un imposteur et un menteur. Personne ne peut contester ses réalisations et ses réussites. Mais il n'est que justice de préciser que Schweitzer ne fut pas à son époque le seul Européen en Afrique, qu'il y avait sur ce continent en même temps que lui d'autres grands personnages actifs sur le plan médical, social et humanitaire et dont l'œuvre fut au moins aussi importante que la sienne, mais dont les noms ont été oubliés. Schweitzer a en quelque sorte contribué lui-même à ce qu'on se souvienne aujourd'hui encore de lui.

L'apport des résultats de la présente étude au niveau de la perception contemporaine d'Albert Schweitzer sera discuté à la fin du livre. Bien évidemment, cette question ne sera pas tranchée de manière catégorique. Chacun pourra et devra se faire sa propre opinion sur le « grand docteur ». Mais après la lecture des pages qui vont suivre, chacun devrait être en mesure de fonder son jugement sur la base d'une présentation conforme à la réalité.

---

[17]  Hans Dieter Mummendey, *Psychologie der Selbstdarstellung*, Göttingen : Hogrefe, ²1995, p. 29.

# 2. L'autobiographie comme source historique

« Comme l'ont déclaré à l'unanimité ses compagnons et connaissances, Schweitzer, bien sûr, avait gardé une excellente mémoire jusqu'à un âge très avancé. On peut donc supposer que ses souvenirs d'enfance et de jeunesse ont un très haut degré d'authenticité[18]. » En formulant cette affirmation, Peter Münster commet les deux mêmes erreurs de jugement relatives aux écrits autobiographiques de Schweitzer que tous ses biographes. Tout d'abord, il néglige l'hypothèse selon laquelle celui-ci aurait pu raconter son histoire consciemment de manière différente de la réalité historique. Ensuite, il ne tient pas compte du fait que la mémoire autobiographique repose sur une opération psychologique dotée de ses propres lois et que sa fiabilité a peu de choses en commun avec ce qu'on appelle la « mémoire fidèle ». Par ailleurs, même si Schweitzer avait gardé jusqu'au terme de sa vie toutes ses facultés cognitives, cela ne l'a pas immunisé contre le phénomène de l'autojustification. Ces éléments sont d'une importance de premier plan pour quiconque veut se prononcer sur l'authenticité des témoignages autobiographiques de Schweitzer. C'est pourquoi il convient de les examiner en priorité.

## 2.1 La mémoire autobiographique

Avant de nous pencher sur les particularités de la mémoire autobiographique qui ont été mises en lumière pendant les dernières décennies par des spécialistes de la question, rappelons tout d'abord que saint Augustin s'était déjà intéressé en détail dans le chapitre dix de ses *Confessions* au processus de mise en forme de ses pensées par l'individu. Il écrit en effet à ce sujet : « Je dépasserai donc cette faculté de ma nature, et me hausserai par degrés jusqu'à Celui qui m'a créé. Et j'arrive aux

---

[18] Münster, *Schweitzer*, p. 32.

plaines, aux vastes palais de la mémoire, là où se trouvent les trésors des images innombrables véhiculées par les perceptions de toutes sortes. Là sont gardées toutes les pensées que nous formons, en augmentant, en diminuant, en modifiant d'une manière quelconque les acquisitions de nos sens, et tout ce que nous avons pu y mettre en dépôt et en réserve, si l'oubli ne l'a pas encore dévoré et enseveli. Quand je suis là, je fais comparaître tous les souvenirs que je veux. Certains s'avancent aussitôt ; d'autres après une plus longue recherche : il faut pour ainsi dire les arracher à de plus obscures retraites ; il en est qui accourent en masse, alors qu'on voulait et qu'on cherchait autre chose : ils surgissent, semblant dire : "Ne serait-ce pas nous… ?" Je les éloigne, avec la main de l'esprit, du visage de ma mémoire, jusqu'à ce que celui que je veux écarter, du fond de son réduit paraisse à mes yeux. D'autres enfin se présentent sans difficulté, en files régulières, à mesure que je les appelle ; les premiers s'effacent devant les suivants, et disparaissent ainsi pour reparaître, quand je le voudrai. C'est exactement ce qui se passe quand je raconte quelque chose de mémoire[19]. »

Alors que saint Augustin s'intéresse davantage à la phénoménologie de la mémoire, notamment en tant que lieu de contact entre Dieu, le monde et le soi, qu'à la précision historique de celle-ci, Goethe, de son côté, s'exprime à plusieurs reprises sur ce problème en référence à son autobiographie, qu'il a intitulée non sans raison *Poésie et Vérité*. Nous citerons ici trois de ses textes relatifs à ce sujet :

« En effet, comme les documents de cette époque me manquent et que la mémoire ne couvre que partiellement les faits, elle ne permet pas toujours de raviver les impressions que nous avons reçues à cette époque ; d'où notre référence fréquente à des réflexions ultérieures […][20]. »

« En ce sens, j'ai appelé assez humblement cette œuvre rédigée avec le plus grand soin *Poésie et Vérité*, car je suis profondément convaincu que l'individu dans le présent, et plus encore dans ses souvenirs, modèle le monde extérieur en fonction des particularités qui lui sont propres[21]. »

---

[19]   Augustin, *Confessions*, X, 8.

[20]   Goethe à Klinger, 8 mai 1814, *in* Klaus-Detlef Müller (dir.), *Johann Wolfgang Goethe : Aus meinem Leben. Dichtung und Wahrheit*, Frankfurt (Main) : Deutscher Klassiker Verlag, 2007, p. 1026.

[21]   Goethe, *Tag- und Jahreshefte 1822*, *in* Müller, *Goethe*, p. 1031.

« Mais si une telle chose n'est pas possible dans les années ultérieures sans le souvenir, et donc non plus sans l'imagination, dans ce cas, on a toujours besoin de faire jouer son talent poétique ; de ce fait, il est clair que l'on insiste davantage sur les résultats et sur la façon dont on pense le passé au moment présent que sur les détails des situations passées[22]. »

Les mécanismes majeurs qui sont à l'œuvre dans le cadre de la mémoire autobiographique et auxquels Goethe fait déjà référence dans les extraits cités, ont fait l'objet d'une réflexion systématique aux XIX^e et XX^e siècles. Hans Glagau résume très bien les résultats de cette réflexion dans son ouvrage *L'autobiographie moderne comme source historique*, publié en 1903. Il y décrit et analyse la genèse de quelques autobiographies importantes, comme celles de Goethe ou de Rousseau. Par ailleurs, il porte une attention particulière à l'autobiographie de Madame Roland (1754–1793), qui s'était retrouvée emprisonnée pendant les troubles de la Révolution française et écrivit en prison ses mémoires peu avant son exécution. Au sujet de ce cas précis, Glagau insiste en particulier sur deux mécanismes qui nuisent gravement à la précision historique des souvenirs autobiographiques : la rétroprojection et l'égocentrisme[23].

## 2.1.1 Rétroprojection

Glagau illustre le processus de rétroprojection à propos de la relation entre Madame Roland et son mari. Comme en témoignent les lettres échangées par les deux conjoints, la phase initiale de leur relation fut marquée par « une passion ardente »[24]. Une quinzaine d'années plus tard, lorsque Madame Roland écrivit son autobiographie, cette passion s'était manifestement refroidie en faveur de l'homme politique girondin Buzot[25]. Ce changement dans ses relations intimes a évidemment conduit Madame Roland au moment d'écrire son autobiographie à ne pas se souvenir des sentiments qu'elle éprouvait à l'origine pour son mari. Elle décrit ce dernier en effet comme une sorte de philosophe asexué[26], vers

---

[22] Goethe à Zelter, 15 février 1830, *in* Müller, *Goethe*, p. 1035.

[23] Ces termes ne proviennent pas de Glagau lui-même, mais résument bien ses observations.

[24] Glagau, *Selbstbiographie*, p. 116

[25] Cf. Urs Bitterli, « Vorwort », *in* Irene Riesen (dir.), *Madame Roland. Memoiren aus dem Kerker*, Zürich : Artemis, 1987, pp. 17–18.

[26] Cf. *ibid.*, pp. 258–259.

lequel elle ne s'est jamais vraiment sentie attirée. Glagau souligne à juste titre ici que « le contenu de l'autobiographie a été fortement influencé et dénaturé par les sentiments que Madame Roland nourrissait envers son mari dans les derniers mois de sa vie, et combien la passion qu'elle ressentait pour un autre l'a rendue injuste envers son passé »[27].

Le phénomène mis en avant par Glagau s'appuyait à l'origine sur des analyses purement littéraires. Depuis, il a été confirmé par la psychologie expérimentale. L'une des expériences les plus célèbres à cet égard a été réalisée en 1973 par les psychologues américains George Goethals et Richard Reckman[28]. Dans les années 1970 fut lancé aux États-Unis le projet connu sous le nom de « bussing », dans le cadre duquel des écoliers américains vivant dans des zones résidentielles ethniquement très homogènes furent soumis à une expérimentation visant à plus de mixité. À cette fin, on leur proposa de les transporter en bus scolaire pour suivre des cours dans des établissements éloignés de leur milieu de vie habituel. Leur degré d'approbation au projet « bussing » fut ensuite testé en fonction d'un barème qui leur fut communiqué. Quelques jours après cette opération, les élèves participèrent à deux groupes de discussion qui rassemblaient des sympathisants et des opposants à ce projet. Ces groupes ont ensuite été « influencés » par les responsables de l'étude afin que les élèves changent d'avis sur le projet de « bussing ». On a ensuite demandé aux étudiants de réévaluer leur position en fonction d'un barème. Il s'est révélé qu'ils avaient changé d'opinion, comme cela avait été anticipé par les chercheurs : ceux qui approuvaient à l'origine ce projet ne cachaient plus leur scepticisme à son égard, alors que ceux qui l'avaient désapprouvé y étaient devenus plus favorables. Enfin, on a demandé aux étudiants de se rappeler les données de la première enquête et de les consigner : 72 % d'entre eux étaient convaincus que leur première évaluation était identique à la seconde, alors qu'il avait été démontré qu'elle avait changé au cours des discussions[29]. On comprend

---

[27]    Glagau, *Selbstbiographie*, p. 152.

[28]    George Goethals et Richard Reckman, « The Perception of Consistency in Attittudes », *Journal of Experimental Social Psychology*, 9 (1973), pp. 491–501. Cf. également à ce sujet Anne Wilson et Michael Ross, « Illusions of Change and Stability », *in* Rüdiger Pohl (dir.), *Cognitive Illusions. A Handbook on Fallacies and Biases in Thinking, Judgment and Memory*, New York : Psychology Press, 2004, pp. 379–396.

[29]    Cf. Goethals et Reckman, « Perception », p. 498.

ainsi que l'on a tendance à rétroprojeter ses sentiments et points de vue présents dans le passé[30].

## 2.1.2 Égocentrisme

Glagau utilise également le cas de Madame Roland pour illustrer la tendance autobiographique à l'égocentrisme. Il y parvient sur la base de la description que celle-ci propose de ses nombreux admirateurs, et qui constitue une part importante de son autobiographie. Elle décrit ainsi sa relation avec le médecin Gardanne : une de ses amies demanda à ses parents sa main au nom de Gardanne. La demande fut accueillie favorablement, mais avec la retenue requise en pareil cas, et le prétendant fut reçu peu de temps après. Le lendemain, Madame Roland partit à la campagne avec sa mère pour deux semaines. Pendant son absence, son père chercha à obtenir un maximum de renseignements sur son gendre potentiel, mais il le fit d'une manière tellement insistante et indiscrète que Gardanne contacta la cousine de Madame Roland en se plaignant, « avec la vivacité méridionale qui était la sienne, des procédés étranges d'un homme dont la fille très désirable a[vait] le tort d'avoir un père si singulier »[31]. Quand Madame Roland, toujours en séjour à la campagne, fut mise au courant, elle en fut scandalisée et prit immédiatement sa plume pour faire savoir à Gardanne qu'elle ne désirait plus le voir. Dans son autobiographie, elle résume cet épisode ainsi : « Je m'applaudis d'échapper à un lien qu'on aurait voulu serrer si brusquement[32]. »

À ce niveau, ce sont les lettres écrites par Madame Roland au moment des faits qu'elle relate qui font s'effondrer sa représentation des événements telle qu'elle vient d'être évoquée. Le 8 septembre 1773, peu après son retour de la campagne à Paris, Madame Roland raconte à son amie Sophie Cannet sa première (et unique) rencontre avec Gardanne, qui – comme elle l'indique dans l'autobiographie – avait eu lieu avant son voyage. Non sans embarras, elle raconte à son amie à quel point elle était nerveuse en prévision de cette rencontre et combien elle avait pris soin de son apparence. La rencontre elle-même, cependant, se déroula très agréablement, Gardanne se révélant charmant, attentif et plein

---

[30] Sur les causes alléguées de ce phénomène, cf. Wilson et Ross, « Illusions », p. 390.

[31] Claude Perroud (dir.), *Mémoires de madame Roland*, nouv. éd. critique contenant des fragments inédits et des lettres de la prison publiées, Paris : Plon, 1905, p. 187.

[32] *Ibid.*, p. 188.

d'humour, de sorte que la nervosité initiale de Madame Roland s'était rapidement dissipée. Depuis, écrit-elle avec une certaine tristesse, elle n'a pas revu Gardanne et l'attend avec impatience[33]. Une semaine plus tard, celui-ci ne l'ayant toujours pas recontactée, elle est de plus en plus irritée à son égard. Elle écrit à son amie : « S'il n'y prend garde, ses affaires sont en mauvais train, car je ne suis pas fille à pardonner une négligence volontaire[34]. » Deux jours plus tard, toujours sans nouvelles de Gardanne, elle écrit : « Son silence et son absence ont quelque chose d'insultant[35]. » Le lendemain, elle est enfin informée que Gardanne n'est pas en mesure de se marier en raison du veto émis par son père. On ne peut pas affirmer que Madame Roland ait mis fin à sa relation avec Gardanne de sa propre initiative. Son rôle dans cette affaire a été entièrement passif.

Dans la psychologie moderne, la notion de « biais égocentrique », introduite par les psychologues Michael Ross et Fiore Sicoly en 1979, est utilisée pour désigner le phénomène observé ici qui consiste à surestimer sa propre influence sur les événements passés[36]. Ross et Sicoly ont notamment mené une expérience au cours de laquelle on a demandé à des conjoints d'évaluer si le mari ou la femme assumait au sein du couple des tâches allant des plus simples comme le nettoyage et l'élimination des déchets jusqu'aux plus complexes comme la gestion financière et la planification de la vie de la famille. Les résultats ont été consignés en fonction d'une échelle dont les deux critères d'évaluation étaient « principalement féminin » et « principalement masculin ». Bien qu'aucun des sujets n'ait évalué lui-même sa propre part au niveau de chacune des 20 activités énumérées dans le questionnaire, on a constaté que sur un total de 27 des 37 couples testés, chacun des deux partenaires surévaluait son rôle au niveau de leur vie commune. En d'autres termes, chez les uns comme chez les autres on pouvait constater l'existence d'un biais égocentrique évident. Alors que les études de Ross et Fiore avaient tendance à se concentrer sur la perception telle quelle s'exprime dans la dimension du présent, le psychologue Anthony Greenwald a

---

[33]    Roland à Cannet, 8 septembre 1773, *in* Auguste Breuil (dir.), *Lettres inédites de M. J. Roland adressées aux Demoiselles Cannet, de 1772 á 1780*, Paris : Coquebert, 1841, pp. 73–74.

[34]    Roland à Cannet, 15 septembre 1773, *in* Breuil, *Lettres*, p. 75.

[35]    Roland à Cannet, 17 septembre 1773, *in* Breuil, *Lettres*, p. 77.

[36]    Michael Ross et Fiore Sicoly, « Egocentric Bias in Availability and Attribution », *Journal of Personality and Social Psychology*, 37/3 (1979), pp. 322–336.

publié un essai intitulé *The Totalitarian Ego. Fabrication and Revision of Personal History* (L'Ego totalitaire. Fabrication et révision de l'histoire personnelle), dans lequel il a également pu prouver l'existence de ce phénomène au niveau de la mémoire autobiographique[37]. Le titre qu'il a choisi, *Egocentricity : Ego as Self-Focused Historian Egocentrisme* (L'Ego comme historien autocentré) rend bien compte du phénomène : « On se souvient du passé comme d'un drame dans lequel on était l'acteur principal[38]. »

## 2.2 L'intention autobiographique

Les différences décrites jusqu'à présent entre la réalité historique d'une part et la représentation autobiographique d'autre part sont celles dont l'autobiographe lui-même n'est pas conscient. Il écrit des « contrevérités » de bonne foi, puisque sa mémoire lui joue un tour. Glagau l'a déjà constaté : « En règle générale, quiconque critique des sources est trop facilement enclin à renvoyer toute déviation significative par rapport aux faits historiques à une tendance délibérée de l'auteur. Tel un procureur, dans le visage duquel on peut lire à l'avance la conviction inébranlable de la culpabilité de l'accusé, il dénie à l'auteur l'honnêteté. Parce que le critique des sources dispose des éléments matériels de contrôle nécessaires, il lui est difficile de se mettre à la place du mémorialiste qui, lui, ne dispose pas de ces moyens et doit établir le lien entre les fragments de sa mémoire[39]. » En dépit de cette mise en garde importante et fort avisée, on dispose souvent de preuves de modifications conscientes opérées par les auteurs d'autobiographies. Les raisons qui conduisent ceux-ci à ces changements sont de deux ordres et renvoient soit à une intention commerciale, soit à une intention pédagogique.

---

[37] Anthony Greenwald, « The Totalitarian Ego. Fabrication and Revision of Personal History", *American Psychologist*, 35/7 (1980), pp. 603–618. Cf. aussi Rüdiger Pohl, *Das autobiographische Gedächtnis. Die Psychologie unserer Lebensgeschichte*, Stuttgart : Kohlhammer, 2007, pp. 161–163.

[38] Greenwald, « Ego », p. 604.

[39] Glagau, *Selbstbiographie*, p. 91.

## 2.2.1 *L'intention commerciale*

S'agissant des représentants illustres du genre autobiographique que
sont saint Augustin, Rousseau ou Goethe, il est exclu que, pour eux,
la perspective du succès commercial de leurs œuvres ait joué un rôle
décisif – même si, bien sûr, ils souhaitaient, eux aussi, avoir le plus grand
nombre possible de lecteurs. Dans le cas particulier d'Albert Schweitzer,
en revanche, l'aspect financier des choses a été d'une importance
décisive au niveau de la rédaction de ses écrits autobiographiques. Pour
comprendre ceci, il faut avoir présente à l'esprit la situation de Schweitzer
en 1921, lorsqu'il publia son premier ouvrage autobiographique *À l'orée
de la forêt vierge*[40]. À cette époque, l'avenir de son projet à Lambaréné
était des plus incertains. En 1917, Schweitzer et son épouse avaient été
transférés en France comme prisonniers de guerre. En 1918, ils purent
retourner en Alsace, et en janvier 1919 naquit leur fille Rhena. Les dettes
élevées que Schweitzer avait dû contracter pour financer son hôpital,
ainsi que ses nouvelles responsabilités familiales, le faisaient douter
fortement de la reprise de son projet en Afrique. Alors qu'il se trouvait
dans cette situation difficile, à la fin de 1919, il fut invité par l'archevêque
d'Uppsala, Nathan Söderblom (1866–1931), à donner des conférences
à l'Université de cette ville l'année suivante[41]. Schweitzer accepta cette
offre avec gratitude et parvint à se maintenir provisoirement à flot avec sa
famille grâce à cette série de conférences, qui fut suivie par d'autres (par
exemple à Oxford et Cambridge), ainsi que grâce à des concerts d'orgue.

Il est à présent en mesure de régler une partie de ses dettes.
Cependant, un retour à Lambaréné est encore hors de question d'un
point de vue financier. Mais une fois encore, l'archevêque Söderblom
lui vient en aide en lui suggérant de rédiger et de publier ses souvenirs
d'Afrique[42]. Le résultat est impressionnant : « Le livre put remplir son
objectif commercial au-delà de toute attente et assura la poursuite des
travaux à Lambaréné[43]. »

Ce succès a bénéficié de circonstances favorables. Après la perte de
toutes ses colonies, l'Allemagne fut de plus en plus coupée de l'Afrique,

---

[40]   Pour les éléments suivants, cf. Oermann, *Schweitzer*, pp. 179–187.
[41]   Cf. Söderblom à Schweitzer, 5 décembre 1919 (TPB 627–628).
[42]   Cf. Dietz Lange, *Nathan Söderblom und seine Zeit*, Göttingen : Vandenhoeck &
       Ruprecht, 2011, p. 302.
[43]   Oermann, *Schweitzer*, p. 190.

et de ce fait, les récits d'acteurs de l'action allemande en Afrique se firent rares. Mais le véritable secret du succès de Schweitzer fut sans aucun doute sa compréhension profonde des centres d'intérêt de son public. Le missionnaire français François Coillard, que Schweitzer admirait beaucoup (cf. chapitre 3), a rapporté non sans une certaine déception à son retour d'Afrique en France que les auditeurs de ses conférences ne s'étaient jamais intéressés à son travail de missionnaire, mais avaient toujours été avant tout friands de récits d'aventures[44]. C'est ce que Schweitzer a parfaitement compris en suscitant chez ses lecteurs la fascination pour le continent africain : « Schweitzer s'est appuyé de manière claire et compréhensible sur les clichés répandus en Europe au sujet de l'Afrique et les a soumis à une réflexion critique. Il a traité une grande variété de sujets, de la polygamie à la magie, de la traite des esclaves à la problématique de la colonisation, jusqu'à l'étude de la mentalité africaine. Et par-dessus tout, il s'est avéré être un observateur attentif et un narrateur de talent. Il pouvait parler aussi bien du commerce du bois, des problèmes dentaires en Afrique équatoriale que de la vie dans une station de mission[45]. »

Quelques années plus tard (1924), juste avant son second départ pour Lambaréné, paraît le deuxième ouvrage autobiographique de Schweitzer, *Souvenirs de mon enfance*, qui va servir en quelque sorte d'introduction à son premier livre. À nouveau, l'idée de ce livre lui a été suggérée par un tiers, en l'occurrence par le pasteur et psychologue suisse Oskar Pfister (1873–1956). Voyons d'abord comment Schweitzer décrit cette rencontre dans *Ma vie et ma pensée* : « Si au moment même où je faisais mes bagages j'ai encore écrit en hâte mes souvenirs d'enfance et de jeunesse, c'est à la suite d'une rencontre avec mon ami O. Pfister, le psychanalyste zurichois bien connu. Au début de l'été de 1923, en me rendant de Genève à Saint-Gall, j'eus deux heures d'arrêt à Zurich, et j'allai voir cet ami. Il m'offrit des rafraîchissements et l'occasion de m'allonger pour me reposer. Mais pendant cette visite il me pressa de lui raconter des épisodes de mon enfance, comme ils me viendraient à l'esprit. Il comptait s'en servir pour un article que lui avait demandé une revue de jeunesse suisse[46]. »

---

[44] Cf. Édouard Favre, *François Coillard. Missionaire au Lesotho (1834–1861)*, Paris : Société des Missions évangéliques, 1912, p. 515 : « À beaucoup d'occasions, ses auditeurs désiraient entendre parler d'aventure plutôt que de mission, et cela lui était douloureux. »

[45] Oermann, *Schweitzer*, p. 190.

[46] VP 225.

Dans ce bref récit, il y a plusieurs erreurs. Il n'y a pas eu une seule rencontre entre Schweitzer et Pfister, mais bien deux, qui n'ont pas eu lieu en 1923, mais une année auparavant. Schweitzer n'a pas seulement passé deux heures chez Pfister, mais deux matinées entières[47]. Par ailleurs, il n'est pas exact que Pfister ait eu l'intention de publier le récit fait par Schweitzer dans un périodique pour la jeunesse. Il prévoyait une publication de plus grande ampleur, dont les recettes iraient tout autant à Schweitzer lui-même qu'à l'Association suisse de la mission universelle[48]. Même si chacun de ces changements peut paraître insignifiant s'il est envisagé isolément, si on les considère solidairement, ils correspondent à un objectif précis : Schweitzer essaie de minimiser l'influence prise par Pfister dans la genèse de l'œuvre mentionnée afin de mettre en lumière surtout son propre rôle – nous avons donc probablement affaire ici au phénomène du biais égocentrique décrit précédemment. Mais la part prise par Schweitzer dans l'élaboration de l'œuvre est encore beaucoup plus importante que sa représentation *a posteriori*. Comme nous l'avons déjà mentionné, Pfister avait initialement prévu lui-même d'écrire une biographie du jeune Albert Schweitzer. Après les rencontres mentionnées ci-dessus, Pfister envoya son texte à Schweitzer le 15 août 1922, en lui demandant « d'attirer son attention sur les erreurs et les lacunes »[49] qu'il aurait pu commettre. Schweitzer ne répondit que partiellement à cette demande. Le 27 septembre, il ne renvoya pas à Pfister un manuscrit retravaillé, mais « quelque chose de complètement nouveau »[50], un récit autobiographique de sa jeunesse entièrement écrit par lui, le texte qui devait par la suite être publié sous le titre *Souvenirs de mon enfance*. Schweitzer justifie sa démarche de la façon suivante : « Premièrement, les informations que je t'ai dictées à l'époque n'étaient que partiellement destinées aux enfants. Les années d'études font déjà dépasser l'horizon de l'enfant. Deuxièmement, un récit aussi intime doit être raconté à la première personne. Enfin, pour les enfants une conclusion morale est

---

[47]    Cf. Pfister à Schweitzer, 3 octobre 1922 (TPB 576). Cf. également l'article de Pfister dans la *Neue Zürcher Zeitung* à l'occasion de la publication de *Ma vie et ma pensée* (cf. Pfister, « Albert Schweitzers Persönlichkeit und Mission im Lichte seiner Jugenderinnerungen », *Neue Zürcher Zeitung* 17 avril 1924, p. 1).

[48]    Cf. Pfister à Schweitzer, 13 septembre 1922 (TPB 575). Cf. aussi Pfister, « Schweitzers Persönlichkeit », p. 1.

[49]    Pfister à Schweitzer, 15 août 1922 (TPB 572).

[50]    Schweitzer à Pfister, 27 septembre 1922 (TPB 575).

nécessaire[51]. » Dans une lettre adressée à son collègue pasteur Hans Baur (1870–1937), Pfister révèle n'être pas ravi de ce changement : « Je lui dis : "Pendant deux matinées, je collecte les informations, puis j'écris la biographie", et lui me répond : "Mais ce serait beaucoup plus intime si j'écrivais tout moi-même." Bref, mon travail est inutile[52]. » Le désir de Schweitzer de se raconter lui-même signifie cependant bien plus qu'un simple changement de style de narration. Dans la mesure où Schweitzer est maintenant le seul auteur du livre, il peut également en réclamer l'intégralité des droits d'auteur pour lui-même.

Outre ce changement de perspective s'opèrent aussi un certain nombre de modifications de contenu. Nous ne mentionnerons ici que la plus frappante, celle qui concerne les résultats scolaires de Schweitzer. Dans le manuscrit original de Pfister, qui prend appui sur les propres déclarations de Schweitzer, on lit : « Maintenant, vous vous attendez, chers jeunes amis, à ce que ce garçon doué et animé d'un vrai sens du devoir ait été un élève modèle. Mais je dois avouer qu'il n'en est rien. Albert était beaucoup trop rêveur pour suivre les paroles du maître. En plus, il comprenait tout beaucoup plus rapidement que le reste de la classe et comme il allait bientôt se transformer en un rat de bibliothèque impénitent, il connaissait depuis longtemps les choses que le maître voulait enseigner à ses élèves. Le résultat fut que celui-ci eut bien du mal avec Albert qui réfléchissait constamment à d'autres choses que celles qu'on lui enseignait. De ce fait, l'école fut pour ce garçon précoce l'endroit où on s'ennuie[53]. » Dans son propre ouvrage, au contraire, Schweitzer s'exprime sur ce sujet par le biais de la phrase suivante : « Au demeurant, j'étais un élève tranquille et rêveur qui apprenait avec peine à lire et à écrire[54]. »

Il ne fait aucun doute que Schweitzer a transformé ici ses déclarations initiales et authentiques faites à Pfister en un autoportrait tout à fait différent de celles-ci. Il semblerait que le portrait d'un surdoué, qui domine ses camarades de classe avec une certaine supériorité, aurait plutôt été en opposition avec l'image globale qu'il voulait donner de lui-même.

---

[51] *Ibid.*

[52] Pfister à Baur, 18 décembre 1922 (Archives centrales Albert Schweitzer Gunsbach).

[53] *Meine Jugendbiographie (missraten) von Dr. Pfister*, Zürich (Archives centrales Albert Schweitzer, Gunsbach).

[54] SE 29.

## 2.2.2 *L'intention pédagogique*

Au début du XX<sup>e</sup> siècle, l'Allemagne connaît une véritable renaissance de la littérature autobiographique, qui se traduit par la publication d'anthologies et de séries des textes autobiographiques. La plus connue et la plus réussie de ces séries est sans aucun doute « Wissenschaft der Gegenwart in Selbstdarstellungen » (Les savants de notre époque – une série d'autoportraits), qui parut entre 1921 et 1929 et comportait les subdivisions suivantes : philosophie, médecine, droit, histoire de l'art, économie, histoire, sciences religieuses, éducation. Dans la préface du sixième volume de la série réservé à la philosophie (1927), l'éditeur Raymund Schmitt explique la visée éducative de l'ensemble : « Le terme "autoreprésentation", qui semblait curieux à première vue et qui est en réalité une nouveauté lexicale, a pris place au niveau de la littérature comme s'il y avait toujours été présent, et le concept d'"autoreprésentation" est devenu le symbole d'une nouvelle époque qui se détache d'un culte exagéré du passé, cherche ses guides parmi les contemporains, s'identifie à ces pionniers vivants de la culture humaine et réfléchit avec eux sur l'avenir. [...] Aujourd'hui, il nous paraît naturel de suivre un guide auquel nous sommes subjectivement liés afin qu'il nous montre le meilleur chemin à suivre[55]. »

Albert Schweitzer lui aussi a fourni en 1928 un autoportrait comme contribution à cette série, ce qui prouve qu'il était tout à fait en mesure de s'identifier aux objectifs pédagogiques de celle-ci. Dans la préface de l'ouvrage, l'éditeur parle avec enthousiasme de la contribution de Schweitzer qu'il estime « à même de stimuler l'épanouissement des forces de l'individu »[56]. Vis-à-vis de Pfister, Schweitzer a également insisté sur la dimension morale de son autoreprésentation, ce qui n'a rien de surprenant. Et ceci est effectivement le cas quand on a affaire à des souvenirs d'enfance et de jeunesse, devenus partie intégrante d'une autobiographie[57]. Dans ses souvenirs d'enfance et de jeunesse, Ernest Renan (1823–1892) écrivait que raconter sa propre vie témoignait d'une vanité ridicule, à moins que l'on ait l'intention de la proposer comme un

---

[55] Raymund Schmidt (dir.), *Die Philosophie der Gegenwart in Selbstdarstellungen*, Bd. 6, Leipzig : Felix Meiner, 1927, pp. III-IV.

[56] Raymund Schmidt (dir.), *Die Philosophie der Gegenwart in Selbstdarstellungen*, Bd. 7, Leipzig : Felix Meiner, 1929, p. IV.

[57] Michaela Holdenried, *Autobiographie*, Stuttgart : Reclam, 2000, p. 31.

exemple à méditer[58]. Goethe aussi s'inquiétait de l'effet que pouvaient produire ses souvenirs de jeunesse qu'il voulait placer à un niveau supérieur à la réalité prosaïque de tous les jours[59] : « La façon dont je suis parvenu à évoquer mon séjour à Strasbourg [1770–1771] et dans ses environs, a été accueillie avec faveur, et cette partie de mon récit a recueilli la préférence des lecteurs attentifs. Cet effet ne peut être que troublé par des épisodes sans liens avec le reste qui rompent la cohérence du récit[60]. » Ce à quoi Goethe fait allusion ici est son interdiction formelle de publier les lettres qu'il a adressées à Johann Daniel Salzmann (1722–1812), un ami de l'époque où il était à Strasbourg, car le contenu de celles-ci aurait bien évidemment perturbé le « bon déroulement » de la narration[61]. Ce qui est frappant à cet égard dans la biographie de jeunesse de Schweitzer, ce sont les nombreux « épisodes qui [le] remplissent soit d'émotion, soit de honte »[62], qui ne sont pas intégrés à la chronologie, mais sont regroupés par thèmes et présentés de toute évidence dans un but pédagogique. Ainsi, Schweitzer avait honte du mauvais traitement subi par son chien ou le cheval de son voisin[63], et en tirait la conclusion « qu'à moins d'impérieuses nécessités, nous n'avons pas le droit d'infliger la souffrance ou la mort à un autre être »[64]. Le récit ici devait de toute évidence encourager à se montrer le plus humain possible envers les animaux.

## 2.3 Perspective

Dans le cas où son autobiographie diffère des faits historiques, il ne sera que très rarement possible de déterminer si Schweitzer s'est volontairement ou non abandonné à des illusions. Le désir de créer un

---

[58] Cf. Jean-Philippe Miraux, *L'Autobiographie. Écriture de soi et sincérité*, Paris : Armand Colin, ³2012, p. 42.

[59] Johann Peter Eckermann, *Gespräche mit Goethe in den letzten Jahren seines Lebens*, herausgegeben von Christoph Michel, Berlin : Deutscher Klassiker Verlag, 2011, p. 479.

[60] Goethe à Engelhard, 5 février 1826, *in* Müller, *Goethe*, p. 1033.

[61] Cf. Carl Alt, *Studien zur Entstehungsgeschichte von Goethes Dichtung und Wahrheit*, München : Carl Haushalter, 1898, pp. 9–10.

[62] SE 56.

[63] Cf. SE 51–54.

[64] SE 56.

« mythe personnel » à travers la mémoire autobiographique, une histoire qui « fait appel non seulement à l'esprit, mais aussi au cœur, parce qu'elle veut donner à sa réalité une grande force de persuasion »[65], peut animer l'auteur aussi bien consciemment qu'inconsciemment. Pour l'historien, la tâche première reste de présenter les choses telles qu'elles s'étaient passées réellement. Les questions relatives à la personnalité des individus impliqués sont sans doute légitimes, mais cela ne doit pas prendre le pas sur cet impératif premier. Dans le cas présent, cela signifie que dans les chapitres à venir, les indications autobiographiques fournies par Schweitzer seront en priorité vérifiées afin d'établir leur degré d'exactitude historique, afin de distinguer la vérité et les contrefaçons de celle-ci. Il sera décisif ici de mettre en évidence les contrefaçons conscientes ou inconscientes.

---

[65] John Kotre, *Der Strom der Erinnerung. Wie das Gedächtnis Lebensgeschichte schreibt*, aus dem Englischen von Hartmut Schickert, München : Deutscher Taschenbuch Verlag, 1998, p. 146.

# 3. Le Jésus historique et le christianisme moderne

## 3.1 Autobiographie

*Depuis sa jeunesse, Schweitzer était convaincu que « toute vérité religieuse doit être comprise comme vérité nécessaire à la pensée »*[66], *une conviction qu'il trouve confortée dans les paroles de l'apôtre Paul : « Nous n'avons pas de puissance contre la vérité, nous n'en avons que pour la vérité » (2 Co 13, 8)*[67]. *Ces mots, qu'il porte depuis son enfance dans son cœur*[68], *constituent le fil conducteur de sa recherche théologique. La théologie doit procéder sans* a priori *et sans intention affichée, elle est uniquement au service de la vérité et ne doit pas avoir pour fondement une conviction religieuse ou comme objectif de servir à renforcer la piété. Que cette piété soit parfois ébranlée par les résultats de la recherche théologique est un facteur qui préoccupe fortement Schweitzer dans sa recherche tout en acceptant de la prendre en compte au nom de la vérité*[69]. *Les tentatives apologétiques entreprises en vue de défendre la doctrine de l'Église n'ont jamais suscité rien d'autre en lui que de la pitié*[70].

*La plus grande avancée accomplie par Schweitzer est d'avoir « déconstruit »*[71] *l'image de Jésus jusqu'alors acceptée par « tous les théologiens*

---

[66] CW 12.

[67] VP 63.

[68] Cf. VP 63.

[69] Cf. VP 63 : « La satisfaction que j'éprouvais à pouvoir résoudre maintes énigmes historiques de la vie de Jésus s'accompagnait de la conscience, douloureuse, que ces notions nouvelles [telles que l'eschatologie] dans le domaine historique seraient une source d'inquiétudes et de difficultés pour la piété chrétienne. »

[70] Cf. Schweitzer, « Unsere Zeit und die Religion », VVA 260.

[71] Schweitzer, « Albert Schweitzers Selbstdarstellung seiner theologischen Entwicklung », VVA 363.

*professionnels »*[72]*. D'une « matière brutale »*[73] *et avec une aspiration à la vérité digne d'un martyr*[74]*, Schweitzer poursuit la quête du Jésus historique. Il écrit à ce sujet : « Rarement un problème historique, qui préoccupait les chercheurs depuis des siècles, aura été présenté de façon aussi neuve*[75]*. » La clé de compréhension du Jésus historique à laquelle il a recours réside dans l'eschatologie, qui détermine toute la pensée et l'action de Jésus*[76]*. Cet aspect, en particulier la signification des prophéties de Jésus sur les persécutions (Matthieu 10, 23), avait jusqu'alors complètement échappé aux chercheurs*[77]*. Avec un certain génie qu'on peut qualifier d'artistique, Schweitzer introduit ici de l'ordre dans le chaos*[78]*. Cette nouvelle vision de la vie de Jésus a connu un succès retentissant dans le domaine de la recherche théologique. En dehors de quelques difficultés initiales, elle s'imposa peu à peu d'elle-même*[79]*. Dans la première édition de son* Histoire de la quête du Jésus historique *(1906), Schweitzer introduit également un élément complètement nouveau au niveau de la théologie moderne, le concept de « mystique »*[80]*, qui seul rend possible une vraie relation avec Jésus. En même temps, à travers cet ouvrage, son œuvre intellectuelle proprement dite est arrivée à son terme car, sur ce plan, il ne développera plus de nouvelles idées*[81]*.

## 3.2 Perspective historique

Pour mieux comprendre le rôle de Schweitzer dans la recherche historique sur Jésus, il est nécessaire non seulement de prendre en compte les résultats auxquels cette discipline particulière était parvenue à l'époque, mais aussi de se faire une idée des courants intellectuels et historiques qui dominaient à ce moment, et qui ont fortement influé sur les images de Jésus proposées alors. À ce niveau, il convient en premier

---

[72]  VVA 362.

[73]  VVA 364.

[74]  Cf. VVA 369 : « La réalité historique a un caractère sacré. »

[75]  VVA 364.

[76]  VVA 364.

[77]  Cf. VVA 365–366.

[78]  Cf. VVA 368.

[79]  Cf. VVA 374.

[80]  Cf. VVA 370.

[81]  Cf. VVA 370.

lieu de se pencher sur le culte du héros, typique pour l'Allemagne au tournant du siècle.

## 3.2.1 Le culte du héros

### 3.2.1.1 Thomas Carlyle (1795-1881)

Les idées de l'écrivain écossais Thomas Carlyle occupaient une place centrale dans la vie intellectuelle allemande au tournant du XX$^e$ siècle. Fervent admirateur de la culture allemande, Carlyle fit son entrée sur la scène littéraire en 1825 avec sa traduction en anglais de *Wilhelm Meister* de Goethe. Pour composer la première de ses œuvres proprement dites, *Sartor Resartus* (1833–1834), il choisit également comme modèle le grand poète allemand. Le héros de ce roman est un certain Diogenes Teufelsdröckh, professeur en « Allerley-Wissenschaft » (science de tout) originaire de « Weißnichtwo » (Je ne sais où), termes qui figurent dans la version originale anglaise du livre. Teufeldröckh se sent inutile et estime avoir l'esprit vide : « L'énigme de la vie spirituelle devenait de plus en plus mystérieuse pour moi, et, d'autre part, je n'avais pas fait le moindre progrès dans le mystère de la vie pratique, mais partout j'avais été ballotté, méprisé, dédaigneusement écarté. Faible unité perdue dans une menaçante infinité, il semblait que rien m'eût été accordé, que des yeux, pour voir ma propre impuissance [...] J'aurais éprouvé quelque réconfort, si, comme un Faust, j'avais pu me croire tenté et tourmenté par le Diable ; car en Enfer tel que je me l'imagine, un Enfer sans vie, toute diabolique que puisse être cette vie, serait plus effroyable : mais dans notre siècle de démolition et d'incrédulité, le Diable lui-même été jeté bas, on ne peut même plus croire au Diable[82]. »

Mais contrairement à Faust qu'il évoque ici, Teufeldröckh fait l'expérience de la conversion : « Et ce fut alors que le Moi, se dressant tout entier, dans la native majesté de la créature de Dieu, lança pour jamais sa puissante protestation. Car c'est bien une telle protestation, c'est-à-dire l'affaire la plus importante de la vie, qu'on peut voir dans cette indignation, dans ce défi[83]. » Carlyle déploie sa vision du monde, grâce

---

[82] Thomas Carlyle, *Sartor Resartus : vie et opinions de Herr Teufelsdroeckh*, trad. de l'anglais par Edmond Barthélemy, Paris : Société de Mercure, 1904, pp. 185–186.
[83] *Ibid.*, p. 188.

à la figure de Teufelsdröck, sous la forme d'un récit au centre duquel se trouve un individu de génie qui se rebelle contre le monde. Ce qui est caractéristique ici est le cas du savant qui comme Teufeldröckh remplace symboliquement la notion « Connais-toi toi-même » par « Sache ce dont tu es capable », et se détourne ainsi du monde figé du savoir pour laisser s'exprimer son énergie créatrice[84]. Cette évolution, Carlyle l'a également mise en relief en évoquant la « majesté issue de Dieu », ce qui serait propre au génie ou au héros : on ne devient pas héros, on naît héros. Le bonheur personnel n'est pas un enjeu pour le héros, il aspire à des voies plus élevées : « Sot esprit ! Quelle loi avait décidé que tu devais être heureux ? [...] Il y a dans l'homme quelque chose de plus grand que la recherche du bonheur. [...] N'est-ce point pour prêcher cette perfection que les sages et les martyrs, le poète et le prêtre, de tout temps se sont exprimés et ont souffert ; attestant, par leur vie et par leur mort, le Divin qui est en l'Homme, ce Divin qui est la seule source de force et de liberté[85] ? »

Ce que Carlyle esquisse en 1833–1834 sous la forme d'un roman, il l'élabore sur un plan théorique en 1841 dans son traité *Les héros : le culte des héros et l'héroïque dans l'histoire*. Dans cet ouvrage, il proteste avec véhémence contre le dénigrement des héros au niveau de l'historiographie de son époque : « Montrez à nos critiques un grand homme, un Luther par exemple, ils commencent par ce qu'ils appellent l'"expliquer", non l'adorer, mais à l'évaluer – et découvrent que c'est un homme tout à fait banal ! Il a été la "créature de son époque", disent-ils, son époque a favorisé son émergence, le Temps a tout fait, lui n'a rien accompli – que nous, les petits critiques, n'eussions pu faire aussi[86] ! » De même que Carlyle se refuse à rabaisser les héros au rang de simples gens ordinaires, en les considérant comme des « enfants de leur époque », en rabaissant leur propre génie ; il est également scandalisé par l'insinuation selon laquelle les grandes figures de l'histoire seraient celles qui sont avides de gloire personnelle. Pour Carlyle, l'aspiration maladive à la gloire est exclusivement le propre des gens à l'esprit étroit[87]. Le héros, en revanche,

---

[84]   *Ibid.*, p. 126.

[85]   *Ibid.*, p. 211.

[86]   Thomas Carlyle, *Les héros : le culte des héros et l'héroïque dans l'histoire*, traduction et introduction par J.-B.-J. Izoulet-Loubatières, Paris : Colin, 1888, p. 21.

[87]   Cf. *Sartor Resartus*, pp. 349–350 : « Les Grands Hommes ne sont pas ambitieux en ce sens ; c'est un petit et pauvre homme que celui qui est ambitieux ainsi. Examinez l'homme qui vit misérable parce qu'il ne brille pas sur d'autres hommes ; qui va

n'est pas avide d'admiration, au contraire, il fait partie « des hommes au cœur noble, silencieux, dispersés çà et là, chacun dans le domaine qui est le sien, qui pensent en silence, agissent en silence, et dont aucun journal du matin ne fait mention ! Ils sont le sel de la Terre[88]. » Les héros de Carlyle sont toujours des personnes humbles, terre à terre, qui ne sont pas des intellectuels (si tel est le cas, ce sont des convertis comme Teufeldröckh), mais des travailleurs honnêtes, le plus souvent des paysans, personnages pour lesquels Carlyle a une grande estime[89]. Ce ne sont pas non plus des calculateurs ; dans toutes les situations, ils ne font qu'accomplir par définition ce qui doit l'être.

Pour comprendre le culte que vouait Carlyle aux héros, il est nécessaire de prendre en compte sa vision statique de l'histoire, en d'autres termes, sa vision statique de l'homme : « Car au fond le Grand Homme, tel qu'il émerge de la main de la Nature, correspond toujours au même modèle représenté par Odin, Luther, Johnson ou Burns ; j'espère réussir à faire percevoir que ces hommes sont tous originellement configurés de façon identique ; que c'est seulement à travers la façon dont le monde les perçoit, et la façon dont ils se développent qu'ils sont si incommensurablement divers[90]. »

La « main de la Nature » dont parle ici Carlyle est similaire au concept évoqué ci-dessus de « majesté de la créature de Dieu ». De façon récurrente, Carlyle souligne que le grand homme représente une constante au sein

---

de-ci de-là, se produisant lui-même, dans le prurit et l'anxiété de ses dons et de ses prétentions ; essayant d'obtenir de force de chacun, et pour ainsi dire mendiant pour l'amour de Dieu, auprès de chacun, qu'on le reconnaisse grand homme, et qu'on le place sur les têtes des hommes ! Une telle créature est parmi les plus misérables spectacles qu'on voie sous ce soleil. Un grand homme ? Un pauvre homme vide au prurit morbide, plus digne d'une salle d'hôpital que d'un trône parmi les hommes. Je vous conseille de vous tenir hors de son chemin. Il ne peut marcher dans des sentiers tranquilles ; si vous ne le regardez, si vous ne l'admirez, si vous n'écrivez des articles sur lui, il ne peut vivre. Il est la vacuité de l'homme, non sa grandeur. Parce qu'il n'y a rien en lui, il est affamé et assoiffé de vous voir trouver quelque chose en lui. »

[88]  *Ibid.*, p. 351.

[89]  Carlyle insiste particulièrement sur l'origine paysanne de Robert Burns (cf. *ibid.*, pp. 156–157). En soulignant la pauvreté matérielle de ses héros, Carlyle a cependant souvent tendance à exagérer lorsqu'il écrit sur Luther, par exemple, « qu'il est né pauvre, et qu'il a été élevé pauvre, l'un des plus pauvre entre les hommes » (*ibid.*, p. 203).

[90]  Cf. Thomas Carlyle, *Les héros*, pp. 69–70.

de la nature créée par Dieu, qu'il demeure pareil à lui-même à toutes les époques et que seul son environnement se modifie[91]. Cette idée explique aussi la conception de l'histoire défendue par Carlyle qui, par définition, ne peut rien être d'autre que l'histoire des grands hommes[92]. C'est de cette conception que découle celle de l'historiographie défendue par Carlyle : « Pour se rappeler l'histoire telle qu'elle s'est déroulée, il faut disposer d'une faculté rare, dont la rareté confine à l'impossibilité. Il faut disposer d'une faculté dépassant encore celle de Shakespeare, celle qui consiste à voir un individu avec les yeux de celui-ci et en fonction de toutes les choses qu'il a vues, ce qui revient à connaître sa carrière et lui, comme peu d'historiens vraisemblablement sont à même d'y parvenir[93]. »

« La grandeur reconnaît la grandeur », voilà comment on pourrait résumer la conception de Carlyle. Comme à toute époque, l'homme de génie reste immuablement semblable à lui-même, son génie ne peut être perçu que par quiconque lui est semble – en clair uniquement pas l'homme de génie. De ce fait, l'individu ordinaire ne parvient pas à appréhender la raison pour laquelle il n'a aucune qualification pour scruter l'histoire.

### 3.2.1.2 *Friedrich Nietzsche (1844-1900)*

En Allemagne, c'est surtout Friedrich Nietzsche qui, en dépit de son aversion personnelle pour Carlyle, a introduit le concept de héros dans la vie intellectuelle et littéraire[94]. C'est ce qui a conduit Hans Weichelt à désigner Nietzsche comme le « philosophe de l'héroïsme »[95]. Nietzsche cultive en effet, tout comme Carlyle, l'image de l'individu génial dans

---

[91]   Cf. Heinrich Kahlert, *Der Held und seine Gemeinde. Untersuchungen zum Verhältnis von Stifterpersönlichkeit und Verehrergemeinschaft in der Theologie des freien Protestantismus*, Frankfurt (Main) : Peter Lang, 1984, pp. 146–147.

[92]   Cf. Carlyle, *Heroes*, p. 26.

[93]   *Ibid.*, pp. 348–349.

[94]   Cf. e.a. Friedrich Nietzsche, « Morgenröthe. Gedanken über die moralischen Vorurtheile », *in* Giorgio Colli et Mazzino Montinari (dir.), *Friedrich Nietzsche. Kritische Studienausgabe, Bd. 3 : Morgenröte. Idyllen aus Messina. Die fröhliche Wissenschaft*, München : Deutscher Taschenbuch Verlag, [2]1999, p. 222 : « Les formules propres à ce culte du génie [...] ont été inventées par ce vieux prétentieux à l'esprit brouillon que fut Carlyle, qui a employé toute sa vie à rendre – mais en vain – romantique la raison des Anglais. »

[95]   Hans Weichelt, *Nietzsche, der Philosoph des Heroismus*, Leipzig : Baustein Verlag, 1924.

l'histoire : « Heureusement qu'elle [l'histoire] conserve aussi la mémoire des grandes luttes contre l'histoire, c'est-à-dire contre la puissance aveugle de la réalité et qu'elle se cloue elle-même au pilori, en mettant précisément en relief les véritables natures historiques qui se sont préoccupées de ce qui est pour obéir au contraire, avec une fierté joyeuse, à ce qui doit être. Ce qui pousse celles-ci à aller sans cesse de l'avant, ce n'est pas de porter en terre leur génération, mais de fonder une génération nouvelle. [...] Le but de l'humanité ne peut pas être au bout de ses destinées, il ne peut s'atteindre que dans ses types les plus élevés[96]. »

Pour Nietzsche, de même que pour Carlyle, une forte volonté et le désintéressement sont les qualités qui font un héros. Il ne connaît pas la recherche du bonheur personnel, il est totalement désintéressé[97]. Le héros s'efforce d'atteindre un but, « face auquel lui-même ne compte pas »[98], son âme entière « doit être occupée à une seule chose, et la vie comme le bonheur ne doivent pas compter face à celle-ci »[99]. La différence principale que l'on constate ici par rapport à Carlyle, dont les héros ont toujours été des hommes que leur héroïsme a menés au succès, est que Nietzsche s'intéresse davantage aux héros tragiques qui n'atteignent pas le succès escompté, mais que leur propre vertu mène à leur perte[100], car « la protestation du grand homme reste inefficace si on la met en relation avec le nihilisme du devenir »[101]. Malgré cette différence

---

[96] Friedrich Nietzsche, *Seconde Considération Inactuelle. De l'utilité et de l'inconvénient des études historiques pour la vie* (1874), traduction Henri Albert, Paris : Garnier-Flammarion, 1998, pp. 220–230.

[97] Nietzsche, « Nachgelassene Fragmente 1887–1889 », *in* Giorgio Colli et Mazzino Montinari (dir.), *Friedrich Nietzsche. Kritische Studienausgabe, Bd. 13 : Nachlaß 1887–1889*, München : Deutscher Taschenbuch Verlag, ²1999, p. 468 : « En résumé, l'héroïsme n'a rien à voir avec l'égoïsme – car celui-ci est la perte de l'homme. »

[98] Nietzsche, « Nachgelassene Fragmente 1882–1884 », *in* Giorgio Colli et Mazzino Montinari (dir.), *Friedrich Nietzsche. Kritische Studienausgabe, Bd. 10 : Nachlaß 1882–1884*, München : Deutscher Taschenbuch Verlag, ²1999, p. 194.

[99] Nietzsche à Paul Rée (Entwurf, 1882), *in* Elisabeth Förster-Nietzsche, *Friedrich Nietzsches Briefe an Mutter und Schwester*, Bd. 2, Leipzig : Insel, 1909, p. 506.

[100] Cf. Nietzsche, « Nachgelassene Fragmente 1882–1884 », *in* Nietzsche, *Kritische Studienausgabe*, Bd. 10, p. 17 : « L'anéantissement du fait de la vertu. Voilà ce qu'est l'héroïsme. »

[101] Katrin Meyer, *Ästhetik der Historie : Friedrich Nietzsches. Vom Nutzen und Nachteil der Historie für das Leben*, Würzburg : Königshausen & Neumann, 1998, p. 135. Au sujet d'autres différences entre l'image héroïque de Carlyle et celle de Nietzsche, qui ne seront pas examinées en détail ici, cf. Philip Rosenberg, *The Seventh Hero*.

considérable par rapport à Carlyle dans l'évaluation des capacités des personnalités d'exception, Nietzsche considère les personnages en question également comme « des ponts qui enjambent le désordre du devenir », ils vivent à la fois dans « l'intemporel et la contemporanéité, ce qui ouvre la possibilité d'entrer en contact avec eux »[102], étant entendu que seule une grande personnalité peut reconnaître une autre grande personnalité et la comprendre. Comme dans le cas de Carlyle, cette idée est d'une importance décisive au niveau de la vision de l'historiographie développée par Nietzsche : « Mais [pour être historien], il convient avant tout de disposer d'une grande puissance artistique, de se placer de façon créatrice en surplomb par rapport à la réalité, de se plonger avec délice dans les données empiriques, d'agir de façon créatrice en ce qui concerne certains types [d'individus]. [...] Or, quand c'est ce qu'il y a de plus élevé et de plus rare qui doit être exposé, l'indifférence manifeste, l'argumentation volontairement plate et sèche, sont d'autant plus révoltantes, et cela surtout quand c'est la vanité de l'historien qui le pousse à cette impassibilité aux allures d'objectivité. [...] Ce n'est qu'en prenant appui sur la plus grande force du présent que doit être interprété le passé : ce n'est que par la plus forte tension de vos facultés les plus nobles que vous devinerez ce qui, dans le passé, est digne d'être connu et conservé, que vous devinerez ce qui est grand. Expliquer l'égal par l'égal ! Autrement vous abaissez le passé à votre niveau. N'accordez pas crédit à une historiographie qui ne sort pas de la pensée des cerveaux les plus exceptionnels[103]. »

Le principe nietzschéen de « l'éternel retour du même » comme loi suprême de l'historiographie correspond donc en grande partie au principe de Carlyle selon lequel « la grandeur reconnaît la grandeur ». Malgré son nihilisme, Nietzsche reconnaît en fin de compte un sens à l'écriture de l'histoire : « C'est à l'histoire qu'appartient la tâche [...] de pousser toujours à nouveau à l'émergence de ce qui est grand des grands hommes, de libérer les forces qui permettent d'y parvenir[104]. »

---

*Thomas Carlyle and the Theory of Radical Acitvism*, Cambridge : Harvard University Press, 1974, pp. 193–200.

[102] Nietzsche, *Études historiques*, p. 230.

[103] *Ibid.*, pp. 192–193.

[104] *Ibid.*, p. 317.

### 3.2.1.3 *Le mouvement de la « Heimatkunst » (art du terroir)*

Le culte des héros décrit précédemment trouve sa traduction littéraire dans le mouvement de la « Heimatkunst », dont les débuts remontent au milieu du XIX$^e$ siècle, et qui atteint son apogée dans les années 1897–1904, à travers la parution du magazine *Deutsche Heimat*[105]. Deux des plus grands représentants de ce mouvement furent Julius Langbehn (1851–1907) et Friedrich Lienhard (1865–1929). Les particularités marquantes de ce courant littéraire résidaient avant tout dans l'hostilité à ce qui est intellectuel et dans le culte voué à la personnalité. Cette hostilité s'exprimait en particulier dans le discrédit constant jeté sur la caste des professeurs, qui, dans *Rembrandt als Erzieher* (1890) de Julius Langbehn – la référence à *Schopenhauer als Erzieher* de Nietzsche est ici évidente –, sont notamment décrits comme porteurs de la « maladie nationale allemande »[106]. Le savant est considéré par Langbehn comme le contraire ce qu'est un humain[107]. Comme le titre de son ouvrage le suggère, l'auteur considère que l'artiste de génie est en tous points l'opposé de l'homme de science : « Le savant, même s'il accomplit bien sa tâche, est toujours, en tant que tel, intellectuellement un parvenu, ce qui n'est jamais le cas pour l'artiste authentique. On peut se transformer en savant. Pour être artiste, il faut l'être de naissance[108]. » Ici, on retrouve l'idée de Carlyle concernant la « main de la Nature » et la « majesté innée de la créature de Dieu » qui forme le héros et lui est propre. Le second élément caractéristique du mouvement « Heimatkunst » est le culte de la personnalité. Bien que ce culte puisse être décrit à juste titre comme du « nietzschéisme de troisième main »[109], il renvoie en fin de compte à Carlyle. Friedrich Lienhard écrit : « Par quoi fut marquée la Réforme ? Pas par un nouveau système ou un club ou un "isme" ou une technique, mais par la personnalité de Luther. Est-ce par ailleurs

---

[105] Fondée en 1897 sous le titre *Bote für die deutsche Literatur* (messager de la littérature allemande), la revue fut rebaptisée en 1900 *Heimat* et finalement *Deutsche Heimat*, cf. Peter Sprengel, *Geschichte der deutschsprachigen Literatur 1900–1918. Von der Jahrhundertwende bis zum Ende des Ersten Weltkriegs*, München : C. H. Beck, 2004, pp. 103–104.

[106] Julius Langbehn, *Rembrandt als Erzieher*, Leipzig : Hirschfeld, 1890, p. 96.

[107] Cf. *ibid.*

[108] *Ibid.*, pp. 46–47.

[109] Karlheinz Rossbacher, *Heimatkunstbewegung und Heimatroman : Zu einer Literatursoziologie um die Jahrhundertwende*, Stuttgart : Klett, 1975, p. 42.

l'armée de Frédéric II qui a remporté la guerre de Sept Ans ? Non, ce fut l'homme qui commandait cette armée[110]. » Dans une certaine mesure, l'hostilité à ce qui est intellectuel et le culte de la personnalité constituent, pour ces auteurs, les deux faces d'une même médaille, car ils sont d'avis que les savants sont responsables du déclin de la grandeur de l'individu. Selon Langbehn, « leur "objectivité", qui considère toutes choses égales, est tout aussi fausse que cette "humanité" moderne qui déclare tous les êtres humains équivalents »[111]. L'idée de l'égalité de tous les individus représente, pour les tenants de la « Heimatkunst », la grande erreur de l'époque, qui fait obstacle au culte de la personnalité et de l'individualisme. Cette attitude – comme on peut déjà l'observer chez Carlyle et Nietzsche – a naturellement un effet sur la perception de l'histoire : « Dans la vie d'un peuple, ce ne sont que les traits récurrents de son individualité qui sont vraiment durables ; se référer à eux et souligner en particulier où, quand et comment ils émergent : voilà la tâche de la véritable science de l'histoire[112]. »

Partant de ce principe, il est clair que pour le mouvement de la « Heimatkunst » le sens de l'histoire échappe aux intellectuels. La compréhension d'une autre personne, et donc de l'histoire, n'est pas possible par le biais de la raison, mais seulement par celui du sentiment : « J'ai un ami paysan, un homme d'une grande richesse, avec qui j'ai parlé pendant de nombreuses heures jusqu'à tard dans la nuit. Il ne comprend pas la moitié du fatras des choses que j'ai dans ma tête, mais son cœur comprend mon cœur ; et moi, en tant qu'individu réputé supérieur, je découvre au fond de mon cœur les mots et les sujets qui vont animer notre discussion [...] qui porte sur des questions profondes, sur les êtres, la religion et les fins ultimes[113]. » Une fois de plus, l'hostilité aux intellectuels de certains auteurs tels que Lienhard apparaît au grand jour. Le savoir est avant tout perçu par eux comme un fardeau, le modeste paysan (cf. le romantisme paysan de Carlyle) n'est en aucun cas inférieur à ce qui est supposé être « supérieur ». La connaissance des choses importantes est possible par le biais du sentiment, et à travers ce biais,

---

[110]    Friedrich Lienhard, « Persönlichkeit und Volkstum – Grundlage der Dichtung (1897) », *in* Friedrich Lienhard, *Neue Ideale*, Leipzig : Georg Heinrich Meyer, 1901, p. 12.

[111]    Langbehn, *Rembrandt*, p. 67.

[112]    *Ibid.*, p. 96.

[113]    Lienhard, *Neue Ideale*, p. 257.

malgré la distance intellectuelle qui les sépare, les deux hommes peuvent se comprendre comme des frères. « Le cœur comprend le cœur » est ici la devise, ce qui fait écho à des principes déjà connus tels « la grandeur reconnaît la grandeur » et « l'égal par l'égal ».

### 3.2.1.4 L'école d'histoire religieuse

Au niveau de la théologie, le culte de la personnalité au sens de Carlyle, Nietzsche ou encore du mouvement « Heimatkunst » finit par être adopté par l'école d'histoire religieuse, qu'Adolf von Harnack qualifia à juste titre de « nouveau romantisme »[114]. En formulant cette appréciation, Harnack pensait très certainement à son collègue Wilhelm Bousset (1865–1920), fervent admirateur de Thomas Carlyle. Dans son essai publié en 1897 dans la *Christliche Welt*, Bousset célébrait Carlyle comme le « Prophète du XIXᵉ siècle ». En soi, déjà la présentation de la biographie de Carlyle sous cet angle signifiait une adhésion de son auteur au culte du héros à l'ordre du jour à l'époque. Carlyle, nous dit-il, venait « d'une famille de personnages rugueux prêts à mettre leur sang et leurs biais au service de leur foi »[115]. Bousset souligne avec insistance que Carlyle ne venait pas d'une famille éduquée, mais « était comme Luther, fils de paysan »[116]. Au sujet de l'environnement dans lequel Carlyle avait grandi, il écrit : « C'était une piété silencieuse, taciturne et valeureuse qui trouvait son expression non pas dans une foi dogmatique ni dans la sentimentalité piétiste, mais dans une manière robuste, courageuse et sérieuse de prendre la vie à bras le corps, d'assumer son devoir sans bavardage, et surtout dans une implacable de la vérité et la haine de tout ce qui est mensonge, apparence et rhétorique creuse[117]. »

Concernant l'esprit et le caractère de Carlyle, il écrit : « Ce n'est pas par une contemplation patiente et calme ou à travers une réflexion persévérante et dans un travail de réflexion soutenu, qu'il a conquis le nouvel univers intellectuel au sein duquel il sera plongé plus tard, c'est l'Esprit qui l'a saisi tel un cyclone. [...] Si un démon mystérieux gouvernait le monde, il ne se soumettrait pas au Diable ; son Moi, créé

---

[114] Adolf von Harnack, *Lehrbuch der Dogmengeschichte I*, ⁵1931, Tübingen : Mohr, p. 45.
[115] Wilhelm Bousset, « Thomas Carlyle. Ein Prophet des neunzehnten Jahrhunderts », CW 11 (1897), Sp. 251.
[116] *Ibid.*
[117] *Ibid.*, col. 251–252.

par Dieu, s'est levé dans toute sa majesté et a déclaré au diable : "Je ne t'appartiens pas, je te voue une haine éternelle."[118] »

Tous les éléments de l'idéologie héroïque sont rassemblés dans ce portrait. Carlyle venait d'un milieu simple, c'était un travailleur honnête et courageux, un paysan, doté d'un amour ardent pour la vérité et de la bravoure nécessaire pour la défendre. Ce ne sont pas l'intellect ni la réflexion qui dominent son identité, mais une volonté irrépressible de se battre. L'expression « créé par Dieu, dans toute sa majesté » est presque littéralement tirée de *Sartor Resartus*. La « foi en Dieu » de Bousset, telle que celui-ci l'a décrite dans un livre éponyme en 1908, correspond quant à elle pleinement à la vision du monde de Carlyle, notamment en matière d'éthique : « Qui nous dit que nous sommes en vie pour être heureux ? D'autre part, nous sommes là pour prendre conscience de la tâche qui nous incombe dans notre existence et faire pour que s'épanouissent en nous, là où nous sommes les forces supérieures de la vie de manière à trouver Dieu et en Lui la mesure, le but et le sens de notre vie[119]. »

Pour Bousset, la foi est toujours une foi simple, exempte de spéculation, exempte d'accessoires inutiles[120]. La réflexion théorique n'a aucune valeur pour la foi, « croire signifie faire l'expérience de la révélation d'un monde supérieur, d'une réalité profonde »[121]. L'accès à cette réalité est ouvert au croyant par le contact avec les pères fondateurs des religions : « Mais le secret de l'émergence de la foi repose sur le fait que se transmet de personne en personne l'étincelle qui émane des grands hommes, des pères de la vie religieuse, des personnalités auxquelles la réalité de Dieu s'est révélée comme une certitude intérieure sensible[122]. » Le plus grand de ces chefs religieux est pour Bousset Jésus de Nazareth, et c'est ceci qui inspire les phrases ultimes de son « manuel populaire » sur la foi en Dieu : « Notre foi en Dieu trouve sa substance dans la communauté spirituelle qui a son origine en Jésus de Nazareth. Abandonnons-nous au courant de cette vie qui émane de son esprit, de sa vie portée par l'Esprit saint, et ouvrons notre âme. Dieu Tout-Puissant agira alors, le contact s'établira et le courant se répandra dans toute votre âme[123]. »

---

[118] *Ibid.*, col. 253.
[119] Bousset, *Unser Gottesglaube*, Tübingen : Mohr, 1908, p. 28.
[120] *Ibid.*, p. 38.
[121] *Ibid.*, p. 62.
[122] *Ibid.*, p. 62.
[123] *Ibid.*, p. 63.

Collègue lui-même de Bousset, Hermann Gunkel (1862–1932), représentant influent de l'école d'histoire religieuse, fut également un adepte de l'idéal de la personne défendu par Carlyle. Dès 1888, il explique dans son ouvrage intitulé *Die Wirkungen des heiligen Geistes* (Les effets de l'Esprit Saint), qu'en matière religieuse les concepts dogmatiques sont toujours de valeur secondaire et qu'il faut remonter aux expériences et aux visions des croyants[124]. Il s'agit d'essayer de comprendre ce que signifient les déclarations d'hommes comme Saint Paul « à partir de leurs visions et de leurs expériences »[125], qu'il faut en quelque sorte faire renaître[126]. En ayant recours à cette dernière notion, Gunkel fait à nouveau référence au principe herméneutique que nous avons déjà reconnu comme caractéristique de l'époque de Carlyle et Nietzsche. À travers cette mise en valeur par Gunkel de l'expérience par opposition à la pensée et la lecture des Écritures, se révèle tout l'anti-intellectualisme typique de cette époque. Gunkel décrit également Paul comme un écrivain « qui s'intéresse principalement non pas à la théorie et à la dialectique, mais à la pratique et à la religion »[127]. Enfin, Gunkel souligne avec insistance l'originalité de l'apôtre, qui exprime ses propres expériences indépendamment de toute sagesse juive[128].

Gunkel s'intéresse particulièrement aux prophètes d'Israël : « Ces hommes – nous dit-il – sont des natures passionnées, d'une force qui nous bouleverse et nous élève [...]. Les pensées les plus élevées de la religion se sont emparées d'eux avec la force de la tempête[129]. » En s'exprimant de la sorte, Gunkel reprend à son compte l'esprit qui était celui de l'époque de Carlyle et Nietzsche. À travers cette mise en valeur

---

[124] « Si on en croit les déclarations du fils de Gunkel, celui-ci considérait comme fondamental le mot "concret" qui, dans son système, avec le concept "vision" emprunté à Goethe renvoyait à un esprit antiphilosophique » (Werner Klatt, *Hermann Gunkel : Zu seiner Theologie der Religionsgeschichte und zur Entstehung der formgeschichtlichen Methode*, Göttingen : Vandenhoeck & Ruprecht, 1969, p. 31, note 13).

[125] Hermann Gunkel, *Die Wirkungen des heiligen Geistes nach der populären Anschauung der apostolischen Zeit und der Lehre des Apostels Paulus*, Göttingen : Vandenhoeck & Ruprecht, ³1909, p. 57.

[126] Cf. *ibid.*

[127] *Ibid.*

[128] Cf. *ibid.*, pp. 80–81.

[129] Gunkel, « Vorwort », pp. XXX-XXXI, *in* Hans Schmidt, *Die großen Propheten*, Göttingen : Vandenhoeck & Ruprecht, ²1923.

récurrente de la valeur de l'expérience comparée à celle de la pensée et de la lecture, Gunkel apparaît comme un représentant typique de l'anti-intellectualisme de son époque. Comme Carlyle, Gunkel admire aussi les prophètes principalement en tant qu'artistes, en tant qu'écrivains, et considère les œuvres de ces grands écrivains comme constituant le cœur même de l'histoire littéraire d'Israël.[130] Selon lui, il est évident que l'accès à la religion et à l'histoire ne peut avoir lieu qu'à travers la proximité affective avec ces hommes. « Celui qui commente Isaïe doit rêver qu'il est Isaïe »[131] : tel est le résumé que Gunkel propose de sa méthode pour expliquer l'histoire littéraire d'Israël. Poursuivant sur cette idée, il plaide pour une mystique christique : « Par sa résurrection, le Christ met en lumière ce qu'est la vie ; voici ce que nous découvrons avec lui lorsque nous nous unissons mystiquement à lui[132]. »

Le troisième représentant de l'école d'histoire religieuse est Rudolf Otto (1869–1937), dont les œuvres importantes n'ont pas eu d'influence directe sur Schweitzer, mais résument de façon concise la pensée et en particulier l'herméneutique de l'école d'histoire religieuse. À ce niveau, on évoquera le concept d'*anaphétie* forgé par Otto. Écoutons ce qu'il écrit : « Seule l'expérience spirituelle constitue la norme qui permet d'évaluer le passé, sa réalité et sa nature. L'égal est reconnu par l'égal dans son actualité et dans son essence. Et votre force spirituelle se transforme en une faculté de prophétie rétrospective, en une "anaphétie", en une connaissance qui est reconnaissance[133]. » Malgré la nouveauté de ce concept, qui ne connut pas de postérité, Otto s'en sert pour regrouper les principes d'herméneutique décrits dans ce chapitre. Quand Otto parle ici de savoir, il n'est pas question de savoir intellectuel ; c'est tout au plus un « squelette conceptuel » peut être reconstruit à travers ce savoir[134]. Ce qui est décisif pour Otto, c'est comment on arrive en communion avec un sujet charismatique comme Jésus : « Au contraire, être impressionné par quelqu'un ici signifie percevoir et reconnaître un sens particulier

---

[130]   Gunkel, « Literaturgeschichte Israels », RGG I, Bd. 1 (1909), Sp. 1189–1194.

[131]   Cf. Hans Schmidt, « In memoriam Hermann Gunkel », *Theologische Blätter*, 11 (1932), p. 101 : « Wer Jesaja erklärt, muß träumen, er sei Jesaja. »

[132]   Hermann Gunkel, *Zum religionsgeschichtlichen Verständnis des Neuen Testaments*, Göttingen : Vandenhoeck & Ruprecht, 1903, p. 93.

[133]   Rudolf Otto, *Aufsätze – Das Numinose betreffend*, Gotha : Leopold Klotz, 1923, p. 163.

[134]   Otto, *Das Numinose*, p. 14.

en lui, être saisi par ce sens particulier et s'y soumettre. Mais cela n'est possible qu'à travers un mouvement qui émane du plus profond de l'être, de "l'esprit qui est en vous" et dont l'essence à la fois perception, compréhension appréciation et reconnaissance[135]. »

Il est presque inutile de mentionner ici que cette vision de l'histoire religieuse présuppose elle aussi une image statique de l'homme. Ainsi, Otto parle du sacré comme d'une « catégorie purement *a priori* »[136], d'une disposition innée à l'esprit humain qui s'est imposée quand l'espèce humaine est entrée dans l'histoire[137]. L'*anaphétie* à laquelle Otto aspire n'est possible qu'à travers cette prédisposition commune à tous les humains.

### 3.2.2 Le Jésus historique et le Royaume de Dieu[138]

À la fin du XIXe siècle, la théologie protestante allemande a été fortement influencée par la conception du Royaume de Dieu défendue par Albrecht Ritschl (1822–1889)[139]. Ritschl envisageait le Royaume de Dieu comme une notion exclusivement morale. Par l'incarnation de Dieu en tant que Christ, le Royaume de Dieu entre dans le monde. Le facteur décisif ici est l'idée d'une évolution. Bien que le Royaume de Dieu soit devenu réalité du fait de l'apparition du Christ, sa réalisation morale ne peut s'accomplir qu'imparfaitement et dans un avenir lointain en raison de la condition de pécheur qui est celle de l'homme. L'homme a de ce fait pour tâche de réaliser le Royaume de Dieu en ce monde en agissant en être moral. Cette conception allait cependant bientôt être battue en brèche.

---

[135] Otto, *Das Heilige*, p. 188.

[136] Otto, *Das Heilige. Über das Irrationale in der Idee des Göttlichen und sein Verhältnis zum Rationalen (1917)*, München : C. H. Beck, ³2013, p. 137.

[137] Otto, *Das Heilige*, p. 141.

[138] La séparation de cette sous-section de la précédente peut être considérée comme problématique. Le culte du héros dans le sens de Carlyle n'a pas manqué son effet sur les théologiens évoqués à présent. Appartenant à l'école d'histoire religieuse, Weiß aurait également pu être traité dans le chapitre précédent. L'école d'histoire religieuse, d'autre part, a naturellement aussi mené des recherches historiques sur Jésus. Néanmoins, la séparation a été effectuée pour des raisons de clarté.

[139] Cf. Christian Walther, *Typen des Reich-Gottes-Verständnisses*, München : Chr. Kaiser Verlag, 1961, pp. 137–155.

### 3.2.2.1 Heinrich Julius Holtzmann (1832–1910)

Heinrich Julius Holtzmann, qui fut le professeur de Schweitzer (Nouveau Testament) et son soutien à la Faculté de théologie de l'Université de Strasbourg, faisait encore partie des émules de la théologie libérale de Ritschl. Holtzmann considère la prédication de Jésus comme le cœur de toute la théologie, mais met en garde contre toute tentation de réduire celle-ci à « une sagesse transmise de façon purement scolaire », car chez Jésus, jamais n'entrent en ligne de compte « les concepts didactiques, la réflexion doctrinale ou la systématique »[140]. Holtzmann ne s'intéresse pas non plus à la conception dogmatique du Christ défendue par l'Église. Car dans la prédication de Jésus, ce qui est en jeu est « toujours centré sur la résolution de tâches pratiques, à travers la médiation de la foi en un monde de vérité divine »[141]. Au lieu de la « vérité rationnelle », on trouve dans la parole de Jésus « l'expression de l'esprit religieux à travers l'impétuosité de la volonté morale »[142]. En raison de la profonde dimension émotionnelle de la prédication de Jésus, selon Holtzmann, celle-ci n'est accessible que sous certaines conditions à la simple compréhension intellectuelle[143].

Bien qu'il rejette catégoriquement une « interprétation des Écritures censurée par l'Église », Holtzmann manifeste un vif intérêt pour « une interprétation *pratique* du Nouveau Testament »[144]. Pour lui, la théologie doit se constituer « comme science au sens du temps présent »[145], ce qui implique pour elle fondamentalement liberté et inconditionnalité. Il estime cependant que l'exégèse scientifique a besoin d'être complétée, car « à travers la simple compréhension scientifique de l'Écriture, ne sont en aucun cas satisfaits les besoins de l'Église, au service de laquelle se place la théologie »[146]. Pour pallier ce manque pointé par lui, Holzmann propose

---

[140] Heinrich Julius Holtzmann, *Lehrbuch der neutestamentlichen Theologie I*, Freiburg : Mohr, 1897, p. 124.

[141] *Ibid.*, p. 125.

[142] *Ibid.*, p. 126.

[143] Cf. Henning Pleitner, *Das Ende der liberalen Hermeneutik am Beispiel Albert Schweitzers*, Tübingen : Francke, 1992, p. 31.

[144] Holtzmann, « Über die sog. praktische Auslegung des Neuen Testaments », *Protestantische Monatshefte*, 2 (1898), p. 283.

[145] Holtzmann, « Die theologische, insonderheit religionsphilosophische Forschung der Gegenwart », *Jahrbuch für protestantische Theologie*, 1 (1875), p. 2.

[146] Holtzmann, « Auslegung », p. 284.

une interprétation pratique de l'Écriture dont l'objectif est « de libérer de sa gangue littéraire et de l'appareil scientifique qui s'est progressivement stratifié, le noyau original vivant d'une pensée imprégnée d'histoire et de didactique afin de la rendre accessible à la conception de la religion de notre époque et de la rendre applicable au niveau de celle-ci »[147]. Pour Holtzmann, toute époque a un fond religieux qui correspond à un besoin propre à la nature humaine et qui transcende le temps[148]. Cette disposition religieuse inhérente à la nature humaine connaît son acmé à travers les grandes figures comme Jésus, mais chacun peut se reconnaître en elle[149]. C'est cette idée qui constitue la base de toute la théologie de Holtzmann. Sa méthode consiste en la distinction entre « coquille » et « noyau » ou, comme il le dit souvent, entre le « temporel » et l'« éternel », et c'est cette distinction qui, selon lui, s'applique précisément à la prédication de Jésus. Ces deux facteurs, unis par une relation qui se manifeste sous la forme de celle qui existe entre « l'essence et l'apparence, le contenu et la forme, l'éternel et le devenir, le nouveau et l'ancien »[150], trouvent leur unité en Jésus à travers le « pouvoir non évaluable et non analysable de l'être de génie »[151]. L'exégèse suppose la capacité « de percevoir sous la surface de tout texte, sous sa surface agitée et parcourue par les ondes de l'histoire, […] le courant souterrain qui reste constant et obéit à une loi immuable dont la connaissance est accessible à tout niveau de la mer au plongeur expérimenté »[152].

Pour Holzmann, le sens et la finalité de l'exégèse ne peuvent être que les suivants : « prendre conscience de l'indépendance de la flamme que Jésus a fait jaillir sur l'autel par rapport à toutes considérations nationales et temporelles liées à la théologie juive, à la légende messianique, de cette flamme qui depuis lors ne s'est jamais éteinte, mais s'est développée à travers les plus grands changements grâce à son feu intérieur et qui, de ce fait, pourrait devenir de façon durable le principe d'une nouvelle vie religieuse au niveau de tous les pays »[153].

---

[147]　*Ibid.*

[148]　*Ibid.*

[149]　Cf. Pleitner, *Ende*, p. 37.

[150]　Holtzmann, *Lehrbuch I*, p. 344.

[151]　*Ibid.*

[152]　Holtzmann, « Auslegung », p. 291.

[153]　Holtzmann, *Lehrbuch I*, p. 343.

Les vérités évoquées ici par Holzmann reposent sur les visions eschatologiques que Jésus qualifiait de « palette de couleurs du judaïsme tardif »[154], cette palette même à laquelle le Christ dut recourir par manque d'autres formes possibles d'expression[155]. Mais il n'en reste pas moins que cette position conceptuelle s'oppose à l'objectif de rendre la prédication de Jésus « accessible au niveau de l'idée présente du religieux » (cf. ci-dessus), puisque l'homme moderne n'est pas en mesure de sa familiariser avec les idées apocalyptiques du judaïsme tardif. Holtzmann est convaincu que « l'originalité de la pensée de Jésus ne doit pas être recherchée au niveau où l'accomplissement du Royaume de Dieu est présenté dans l'iconographie apocalyptique, mais au niveau d'un nouveau Royaume déjà présent, mais encore caché et en mouvement vers la perfection »[156]. À travers cette idée d'un royaume moral de Dieu qui se réalise progressivement, Holtzmann se retrouve tout à fait dans la tradition d'Albrecht Ritschl.

### 3.2.2.2 *Johannes Weiß (1863–1914)*

C'est Johannes Weiß, le propre gendre d'Albrecht Ritschl qui, le premier, a remis en question le modèle d'un Royaume de Dieu en développement à l'échelle temporelle, systématisé par son beau-père et par Holtzmann. Dans son ouvrage sur « La prédication du Royaume de Dieu par Jésus » (*Die Predigt Jesu vom Reiche Gottes*), on lit en effet : « La première édition de ce livre trouve son origine dans un conflit personnel dont j'ai eu du mal à me libérer. À l'école d'Albrecht Ritschl, je me suis pénétré de l'importance exceptionnelle de la représentation au niveau systématique du Royaume de Dieu qui constitue le point central organique de sa théologie. Je demeure convaincu aujourd'hui encore que son système, et particulièrement cette idée centrale, représente la forme de la doctrine la plus à même de nous faire comprendre ce qu'est la religion chrétienne et que son usage approprié et avisé est propice à promouvoir cette vie religieuse saine et vigoureuse dont nous avons aujourd'hui besoin. Mais très tôt déjà, j'ai eu fortement le sentiment que l'idée du Royaume de Dieu défendue par Ritschl et la même idée au niveau de la prédication de Jésus sont deux choses très différentes[157]. » Selon Weiß, si

---

[154] *Ibid.*, p. 335.
[155] Cf. ibid., p. 345.
[156] *Ibid.*, pp. 336–337.
[157] Johannes Weiß, *Die Predigt Jesu vom Reiche Gottes*, Göttingen : Vandenhoeck & Ruprecht, 21900 (1. Auflage 1892), p. XI.

on envisage la perspective du Jésus historique, le Royaume de Dieu est « une notion surnaturelle par excellence [...] exclusive de ce monde »[158]. De ce fait, toute idée d'émergence du Royaume au niveau temporel est exclue – mais cela vaut uniquement au niveau de la pensée de Jésus, en non pas à celui de la théologie moderne : « Qui veut faire grief à la théologie moderne de fonder son système sur cette interprétation *a posteriori*, selon laquelle, à travers l'activité de Jésus, le Royaume de Dieu a été introduit en le monde en tant que communauté des humains attachés à Dieu en tant que Père et Roi, et unis entre eux dans la charité ? [...] Il faut protester contre le fait que cette vision d'une époque postérieure soit intégrée à l'interprétation de la parole et de la foi de Jésus[159]. » Folke Holmström résume à juste titre ce point de la façon suivante : « Weiß veut certes éradiquer de la théologie néotestamentaire la conception du Royaume de Dieu défendue par Ritschl, mais celle-ci maintient sa présence au niveau de la théologie systématique et pratique[160]. » De plus, il faut noter que pour Weiß, ce n'est pas toute la prédication de Jésus qui a cette dimension eschatologique : « Ce n'est pas constamment qu'on ressent cette ambiance orageuse propre à toutes les époques de changement. La tension baisse et la pression émanant du puissant message qui s'impose à l'âme de Jésus commence à se dissiper. [...] Et c'est ainsi qu'il n'est plus ce prophète sombre et rude, mais un enfant de Dieu parmi les enfants de Dieu. C'est dans ce climat qu'émergent ces paroles et ces paraboles d'une fraîcheur permanente et qui en rien n'évoquent la lassitude face au monde ou l'ascèse ou la fin du monde ou le jugement dernier. En de tels moments, il a prononcé ces "préceptes" d'une vérité pure et profonde qui ne trahissent en rien l'angoisse eschatologique, mais expriment ce que son esprit pur, clair et pénétré de Dieu ressent comme évident[161]. » Ces extraits montrent que Weiß est encore fortement influencé par l'image de Jésus diffusée par le protestantisme libéral. Pour lui, il est également clair que c'est à travers les messages de nature éthique que « la nature intérieure et vraie de Jésus se révèle pleinement à nous »[162]. Cette idée d'un

---

[158] Weiß, *Predigt (1892)*, p. 49.

[159] Weiß, *Predigt (1900)*, p. 177.

[160] Folke Holmström, *Das eschatologische Denken der Gegenwart. Drei Etappen der theologischen Entwicklung des zwanzigsten Jahrhunderts*, aus dem Schwedischen von Harald Kruska, Gütersloh : Bertelsmann, 1936, pp. 62–63.

[161] Weiß, *Predigt (1900)*, pp. 135–136.

[162] *Ibid.*

Jésus maître moral n'affecte en rien la valeur en soi de l'œuvre de Weiß. Sa présentation du caractère (en partie) eschatologique de la prédication de Jésus allait avoir une influence considérable sur la recherche relative au Nouveau Testament.

## 3.3 Le Schweitzer historique

### 3.3.1 Les débuts de Schweitzer (1899-1904)

« La recherche appliquée menée correctement sert la foi, alors que si elle n'est pas correctement menée, elle est nuisible à celle-ci. Là où la foi et la piété existent déjà, la connaissance de ces choses est utile [...] Celui qui pense qu'au moyen de son seul entendement, il découvre la vérité et se doit de la proclamer *urbi et orbi* même si cela peut blesser les autres dans leur foi, celui-là n'est pas qualifié pour enseigner la parole de Dieu. [...] La véritable science religieuse traite la foi en se faisant sa servante dévouée et attentive[163]. »

C'est par ces mots que Schweitzer décrit la manière dont il perçoit le sens et la finalité de la science théologique en 1902. Celle-ci se fonde selon lui sur deux principes : 1. La foi est une condition préalable à la théologie. 2. La théologie est au service de la communauté chrétienne. En reconnaissant ceci, Schweitzer reprend les mêmes idées que son contemporain Martin Kähler (1835–1912). Celui-ci avait expliqué en 1883 : « Mais elle [la recherche théologique] n'est accessible qu'à celui qui vit personnellement dans le christianisme, ou pour le chrétien croyant. [...] Ainsi, il s'ensuit que l'Église, comme communauté de croyants, est le fondement sur lequel se construit toute la théologie, qui en conséquence trouve sa finalité dans l'Église[164]. » Schweitzer met en garde de façon répétée contre « l'orgueil prétentieux et l'arrogance insupportable »[165] de certains théologiens forts de leur savoir. D'une manière globale, sa pensée durant cette période est marquée par un certain anti-intellectualisme : « La science et la connaissance sont la vérité. Cette

---

[163] GNT 10–11.

[164] Kähler, *Die Wissenschaft der christlichen Lehre. Von dem evangelischen Grundartikel aus im Abrisse dargestellt (1883)*, Neukirchen-Vluyn : Neukirchener Verlag, 1966 (unveränderter Nachdruck der 3. Auflage 1905), pp. 8–9.

[165] Predigten 344.

affirmation constitue, dirais-je, le grand mensonge inconscient de notre époque. Car cette connaissance des choses par l'esprit, même lorsqu'elle atteint la plus grande clarté, n'est que l'image morte de la vérité. [...] La vérité surplombe la connaissance – accessible quant à elle à l'homme de science comme à l'être l'inculte –, cette vérité saisit l'être humain dès qu'il commence à comprendre qu'en tant qu'esprit, il appartient au royaume éternel de Dieu[166]. » Cet extrait d'un sermon du 22 juin 1902 illustre la distinction que Schweitzer opère entre la science et la vérité. Lorsqu'il définit la science comme « la connaissance des choses par l'esprit », il a présents à l'esprit avant tout les résultats auxquels parviennent les sciences de la nature[167]. Pour lui, cette connaissance est morte, alors que la vérité est « vivante et vivifiante », et correspond à un sentiment, à une conscience qui est fortement connotée religieusement : « la vérité est puissance : cette puissance qui nous conduit vers Dieu »[168]. De ce fait, la vérité existe indépendamment de la connaissance et lui est clairement supérieure. Elle ne peut être appréhendée par la raison, c'est pourquoi le savant n'en est pas plus proche que le profane. Ceci vaut aussi et surtout pour le théologien. Schweitzer voit dans l'attitude de Jésus la confirmation de sa façon de voir : « Tout comme il se comportait à l'égard du savoir juif, il aurait été intérieurement indifférent à notre science et à notre savoir, s'il était né dans notre monde et avait connu notre éducation. Il aurait montré une indifférence supérieure, celle dont seul peut faire preuve un roi. [...] Les gens qui, forts de leur culture scientifique, ont perdu leurs repères spirituels n'auraient inspiré que pitié à Jésus. Il combattrait la science ; il démasquerait sans pitié dans son indigence spirituelle[169]. » Le 17 mars 1901, Schweitzer donne même les conseils suivants aux auditeurs de ses sermons : « Une seule chose importe : laisser de côté la raison et les questions qu'elle pose et s'obliger à vivre, comme le Christ nous l'a enseigné, et c'est ainsi que viendra d'elle-même la foi en sa parole[170]. »

Au début de ses études sur la Sainte Cène (1901), Schweitzer s'exprime sur sa façon d'envisager le bon usage de son savoir par le théologien : « La science [théologique] a pour tâche de s'attaquer aux questions dangereuses avant que celles-ci ne troublent l'opinion publique, afin d'en écarter

---

[166] Predigten 402.
[167] *Ibid.*
[168] *Ibid.*
[169] GNT 158–160.
[170] Predigten 249.

tout ce qui peut être explosif et d'accomplir dans le silence un travail bénéfique[171]. » Lorsque Schweitzer demande aux théologiens de « mettre leur science au service de l'Église »[172], il a donc à l'esprit une sorte de « mission de déminage » qui incomberait à ceux-ci. La théologie devrait détecter tout ce qui peut causer conflit pour la foi à un stade précoce et désamorcer sans bruit ces conflits avant qu'ils ne se soustraient à tout contrôle et créent le trouble dans la conscience des croyants. Ici Schweitzer définit une conception de la théologie largement identique à la théologie historique. Il ne fait aucune distinction entre la science du Nouveau Testament et l'histoire de l'Église ; de telles frontières disciplinaires sont d'une importance secondaire pour lui. À l'aide de la théologie historique, Schweitzer veut « trouver une justification historique de ce qui est »[173], afin de protéger la piété chrétienne : « *Nous devons croire en l'histoire*, en clair : nous devons être convaincus que le progrès de la connaissance historique est nécessairement lié à l'approfondissement et à l'unification de la foi[174]. »

Toutefois, Schweitzer reconnaît aussi à la théologie une valeur propre au-delà de la promotion de la foi. Elle peut se consacrer aux questions qui ne sont pas directement liées à la foi, tant qu'elle le fait au niveau interne, sans « troubler le peuple ». Le 17 septembre 1899, par exemple, à la fin de son sermon sur la première épître de Pierre, il évoque en ces termes la question du lieu de rédaction de l'épître : « Cette question n'est pas encore tranchée : laissons cela aux savants, qui ont le devoir d'examiner soigneusement toutes les hypothèses, même les plus ténues[175]. » Dans ces lignes, on peut également clairement percevoir un certain scepticisme à l'égard du travail des savants. Schweitzer ne cesse de souligner à quel point les questions que ceux-ci se posent sont insignifiantes, en particulier quand ils étudient les variantes textuelles des différents manuscrits. Selon lui, à ce niveau, ils ne repèrent que « des trivialités qui n'affectent guère le sens de l'Écriture »[176]. Cela n'empêche pas que dans pareils cas, la science se trouve dans une sorte de position neutre, qu'elle n'est ni propice ni préjudiciable à la foi.

---

[171]   Abendmahl IX.

[172]   Predigten 96.

[173]   Abendmahl VIII.

[174]   Abendmahl XI.

[175]   Predigten 96.

[176]   GNT 34.

La présentation de Jésus par Schweitzer dans la première phase de sa carrière est entièrement déterminée par le culte romantique des héros. On en a un exemple lorsqu'il décrit Jésus comme un adepte romantique de la nature au sourire supérieur : « Avec un sourire, il s'intéressa à la nature et vit qu'elle était belle. Les scribes fantasmaient sur les Écritures décrivant la gloire et la richesse du roi Salomon ; lui, il louait ses amis, les lys rieurs et les oiseaux joyeux[177]. » Schweitzer situe Jésus aussi dans la lignée des grands esprits[178], mais certainement pas au niveau de ceux qui brillent par leur savoir intellectuel. Au contraire, les premières représentations de la personne de Jésus par Schweitzer sont plongées dans ce souffle d'anti-intellectualisme, que nous avons déjà repéré quand Schweitzer parlait de l'attitude de Jésus envers la science, et que nous avons rencontré également au niveau du culte des héros qui avait cours à l'époque[179]. Quand Schweitzer évoque la grande force spirituelle de Jésus, il entend par là le génie poétique qui brise le carcan du monde étroit dans lequel il est né[180] – et cette idéalisation s'inscrit entièrement dans la lignée de l'éloge du poète par Carlyle[181]. Schweitzer écrit au sujet des paraboles de Jésus : « On ne peut y ajouter ni en retrancher un seul mot car là où ils sont, les mots utilisés sont parfaits, et même le plus grand poète du monde n'aurait pas pu s'exprimer ainsi, voire mieux. [...] Jésus sait peindre avec des mots, ce qui est le summum de l'art de l'orateur et de l'écrivain[182]. » Il n'est donc pas contradictoire que, malgré tout le génie de Jésus, Schweitzer insiste toujours sur la simplicité de ses discours[183] ou sur le fait qu'il a effectivement travaillé comme charpentier[184]. Comme Carlyle, Schweitzer estime que le pragmatisme et la simplicité sont le propre du véritable héros. Il en va de même en ce qui concerne la modestie des grands personnages historiques auxquels leur époque n'a accordé que peu d'attention. Carlyle avait parlé à leur propos des « nobles personnages silencieux [...] dont aucun journal du matin ne fait mention », et s'était

---

[177] GNT 151.

[178] Cf. GNT 130.

[179] Ce topos peut encore être trouvé à d'autres endroits dans les premiers écrits de Schweitzer, cf. e.a. GNT 99.

[180] Cf. GNT 130.

[181] Cf. Carlyle, *Heroes*, pp. 77–103.

[182] GNT 120.

[183] GNT 99.

[184] GNT 57–58.

moqué de la course à la gloire à laquelle se livraient certains. Schweitzer quant à lui écrit : « Il y a de nombreuses personnes qui à notre époque pourraient faire avancer les choses si elles n'usaient pas leur souffle et leur force pour courir après leur ombre plus grande qu'eux-mêmes. Alors que l'homme qui a bouleversé le monde, dont la parole porte plus que celle des empereurs et des rois, qui nous a révélé la religion universelle, s'est exprimé dans la petite Galilée ! Dans le monde on ne savait rien de lui ; les historiens de cette époque ne mentionnent pas son nom et les philosophes ne le connaissaient pas non plus[185]. »

Schweitzer cherche à envisager sous un angle pratique l'image héroïque de Jésus. Il voudrait offrir à l'homme moderne un Jésus « utile », et considère cela comme le but de toute la théologie : « Il faut que nous en revenions à ressentir ce qui est héroïque en Jésus, nous devons nous prosterner sans même oser comprendre sa nature devant cette personnalité mystérieuse, qui, en utilisant les formes de son temps, sait qu'elle crée, par ses actions et sa mort, un monde moral portant son nom : c'est ainsi seulement que ce qui est héroïque dans notre christianisme et dans notre vision du monde redeviendra vivant[186]. » Le message essentiel contenu dans cette phrase concerne l'accent mis sur les « formes de son temps ». La forme même sous laquelle Jésus exprime ses pensées est inscrite dans la temporalité et donc finalement indifférente. Car, en tant qu'« esprit souverain », Jésus est enraciné en son temps, « et le domine de manière incommensurable »[187]. Lorsque Schweitzer évoque la « personnalité surnaturelle »[188] de Jésus, cette affirmation doit être comprise dans son sens littéral. Il considère que la personnalité de Jésus surplombe le monde, détachée de l'espace et du temps : « C'est ainsi qu'il [Jésus] donne le droit à toutes les générations et à toutes les époques de le saisir dans leurs pensées et leurs idées afin que son esprit imprègne leur réalité, tout comme il vivifia et transfigura l'eschatologie juive[189]. » Pour Schweitzer, l'eschatologie juive, c'est-à-dire cet univers intellectuel tout à fait étranger à l'esprit moderne et que la théologie libérale a essayé de séparer de l'éthique de Jésus, constitue uniquement la forme sous

---

[185] GNT 140–141.
[186] MLG 109.
[187] MLG 28. Cf. Erich Gräßer, *Albert Schweitzer als Theologe*, Tübingen : Mohr Siebeck, 1979, p. 77.
[188] MLG 97.
[189] MLG 97.

laquelle s'est imposé en son temps l'esprit héroïque de Jésus. Si la forme change, l'esprit de Jésus reste semblable à lui-même. Ainsi donc, le fossé entre Jésus et nous n'existerait qu'en apparence, car notre foi peut se fonder sur la personnalité de Jésus, « sans tenir compte de la forme sous laquelle elle a agi en son temps »[190]. Dans cet hommage au Jésus héroïque se trouve la réponse de Schweitzer à l'interrogation au sujet d'un Jésus « utile » pour le monde moderne. Malgré une certaine singularité dans l'approche et malgré sa distinction entre l'esprit et la forme, Schweitzer s'inscrit complètement dans le sillage de son maître Holtzmann.

Pour « rendre sensible au niveau de l'époque et de la dogmatique morale la grandeur héroïque exceptionnelle de Jésus »[191], Schweitzer fait lui aussi usage de la méthode apologétique, surtout quand il est question concrètement de la personne de Jésus. C'est de cette façon qu'il procède pour contrer l'accusation selon laquelle l'histoire de la naissance de Jésus serait une invention : pour lui, il est incontestable que les récits de Matthieu et Luc sur l'appartenance de Jésus à la lignée de David et sa naissance à Bethléem reposent sur une construction théologique : « Pendant la vie terrestre de Jésus, […] personne ne s'était soucié de la lignée dont il était issu »[192], lui-même « ne parlait pas de sa famille »[193], et ses parents « étaient des gens pauvres, qui travaillaient pour gagner leur pain quotidien et nourrir leurs enfants. Il ne leur est pas venu à l'esprit de se demander s'ils descendaient de David »[194]. Pour Schweitzer, toute tentative de prouver historiquement l'un des événements mentionnés à ce niveau, comme le recensement ordonné par Auguste évoqué par Luc, était absurde, car les récits qui existaient à ce sujet apparaissaient trop nettement inventés : « Pas plus à l'époque que de nos jours, il ne serait venu à l'esprit de personne de recenser les gens non pas là où ils habitaient, mais dans le lieu dont leur lignée était originaire[195]. » La raison sous-jacente à cette construction est également évidente pour Schweitzer, car il s'agissait de prouver que Jésus était le Messie : « S'il était vraiment le Messie, il fallait qu'il soit né dans la tribu de

[190] MLG 98.
[191] MLG 109.
[192] GNT 39.
[193] GNT 39.
[194] GNT 42.
[195] GNT 45.

David et de Bethléem, car c'est ce que les Écritures disent du Messie[196]. »
Mais sachant que Jésus avait grandi à Nazareth, sa naissance devait être
transférée à Bethléem par un « détour » : « Soit, disait-on, ses parents
avaient vécu autrefois à Bethléem et n'étaient partis vivre à Nazareth
qu'après sa naissance, soit ils vivaient depuis toujours à Nazareth, mais
au moment de la naissance de Jésus, des circonstances particulières les
avaient conduits à se rendre Bethléem »[197] – et Matthieu, à travers son
récit du massacre des Innocents a choisi la première variante, alors que
Luc, en évoquant le recensement ordonné par Auguste, a opté pour la
seconde. L'apologie de Schweitzer n'a donc pas pour but de défendre la
crédibilité historique des récits évangéliques. Au lieu de cela, il s'efforce
de déterminer si l'histoire apparemment inventée de la naissance de Jésus
met en péril la foi chrétienne. En guise de réponse, il remonte à la foi
primitive des disciples : « Jésus n'a pas parlé à ses disciples de sa naissance
et de son origine – et bien qu'ils n'en sachent rien, ils ont cru en lui à
travers sa parole et ses œuvres[198]. » Comme cette foi était la foi originelle
des disciples, Schweitzer en arrive à la conclusion suivante : « De même,
notre foi est indépendante de toute idée sur les origines et la naissance
de Jésus[199]. »

Une stratégie apologétique similaire se retrouve autour de l'idée de la
conception virginale, qui a occupé une place dans les écrits des apologistes
dès les premiers jours de l'Église. Ici aussi, Schweitzer s'appuie sur la foi
originelle des premiers chrétiens. Jésus lui-même n'a jamais parlé de sa
naissance (surnaturelle), « dans les Actes des Apôtres, cette question n'est
jamais mentionnée, l'apôtre Paul n'en parle jamais non plus »[200]. Ainsi,
Schweitzer peut démontrer que dans ce cas aussi la foi chrétienne est
indépendante de la question de la conception virginale de Jésus[201].

### 3.3.2 *La crise (1905–1906)*

Dans une lettre adressée en date du 12 mai 1906 à Martin Rade,
cofondateur et rédacteur en chef de la revue du protestantisme culturel

---

[196] GNT 40.
[197] GNT 43.
[198] GNT 46.
[199] GNT 46.
[200] GNT 49.
[201] Cf. GNT 51.

*Die Christliche Welt*, Schweitzer révèle ce qu'il avait ressenti lors de la rédaction de son livre *Von Reimarus zu Wrede. Eine Geschichte der Leben-Jesu-Forschung* (« De Reimarus à Wrede. Histoire de la quête du Jésus historique »), récemment publié. Il parle d'un ouvrage qu'il n'avait « pas pu écrire autrement » en raison du « trouble interne » qui avait presque entièrement consumé ses forces lors de cette rédaction, tout en soulignant que le seul but du livre était la « contemplation et [la] réflexion »[202]. Dans l'avant-propos, il souligne : « À la fin, ce livre ne peut qu'exprimer le devenir fou sur le Jésus historique évoqué par la théologie moderne[203]. » Toute la crise que traversait alors Schweitzer s'exprime dans ces formulations. Avec *Von Reimarus zu Wrede*, il jette presque toutes ses convictions antérieures par-dessus bord : « Nous, les théologiens modernes, sommes trop fiers de notre historicité, trop fiers de notre Jésus historique, trop confiants relativement à ce que notre théologie de l'histoire peut apporter spirituellement au monde. L'idée selon laquelle, grâce à la connaissance historique, nous pouvons construire un nouveau christianisme vivant et que nos facultés intellectuelles pourraient nous délivrer du monde, nous domine comme une idée fixe[204]. » Quand Schweitzer utilise l'expression « nous, les théologiens modernes », il y a là une certaine autocritique. En 1901, s'il avait encore prétendu que « le progrès de la connaissance historique implique nécessairement l'approfondissement et l'unification de la foi », il confesse à présent : « Nous devons accepter que la connaissance historique relative à la nature et à la vie de Jésus ne sera pas un élément favorable pour la religion, mais sèmera plutôt le doute au niveau de celle-ci[205]. » Les découvertes de la recherche allemande[206], qui n'ont pas leurs pareilles au monde, n'ont été profitables ni à la foi ni à l'Église, mais leur ont plutôt été nuisibles. Cette nouvelle attitude découle en particulier d'une constatation méthodologique décisive : « Il n'est pas possible pour l'histoire de séparer au plan historique ce qui en Jésus est durable et éternel des formes historiques qu'il a empruntées pour s'imposer comme source de vie en notre monde[207]. »

---

[202] Schweitzer à Rade, 12 mai 1906 (TPB 618–619).
[203] RW VIII.
[204] RW 398.
[205] RW 399.
[206] Cf. RW 1.
[207] RW 399.

Schweitzer continue de considérer le Jésus historique comme le fondement du christianisme : « La base historique du christianisme, définie par la théologie rationaliste, libérale et moderne, n'existe plus, mais cela ne signifie pas que le christianisme ait perdu son fondement historique[208]. » Pour le chrétien moderne, cependant, le Jésus historique a perdu toute signification : « Ce n'est pas le Jésus décrit par les historiens, mais seulement le Jésus spirituel qui a été ressuscité en l'homme qui peut signifier quelque chose en notre époque et nous aider. Ce n'est pas le Jésus historique, mais l'esprit qui émane de lui et qui est à l'œuvre dans l'esprit humain pour arriver à un nouveau règne, qui est le vainqueur du monde[209]. » En choisissant cette nouvelle perspective, Schweitzer tourne également le dos au culte des héros : « Ils pensaient que notre temps pouvait saisir la nature [de Jésus] en lui conférant un statut de héros qu'ils honoreraient comme ses pairs. Mais qu'est-ce que le culte des héros ? Les héros n'en ont pas besoin, car lorsqu'ils sont vraiment grands, ils sont grands par eux-mêmes et il ne sert à rien de les honorer car cela ne fait pas d'eux des héros[210]. » Le contexte n'éclaire pas ici pour déterminer à qui Schweitzer songe en commençant sa phrase par « ils ». L'hypothèse la plus vraisemblable serait qu'à ce stade, il parle des « théologiens », précisément de ceux qui, à son avis, mènent la théologie dans la mauvaise direction – lui-même y compris. Alors qu'autrefois Schweitzer avait dépeint Jésus comme un romantique amoureux de la nature, c'est à présent un déni radical du monde par Jésus qui occupe le point central de son enseignement[211]. Le grand reproche que Schweitzer adresse maintenant à ses prédécesseurs et en particulier à Bousset est d'avoir présenté en 1892 dans *Jesu Predigt in ihrem Gegensatz zum Judentum* (« La prédication de Jésus et ce qui l'oppose au judaïsme ») l'esprit et les enseignements de Jésus comme une acceptation du monde. Dans ce contexte, Schweitzer se réfère également à Thomas Carlyle. Sans équivoque – et sans surprise – son attitude à l'égard de l'écrivain écossais a fondamentalement changé : « Que [le travail de Bousset] soit inspiré de l'esprit de Carlyle, qu'il cherche à sauvegarder le droit de la grande personnalité qui se dissout dans les considérations contemporaines, est sa grandeur et sa faiblesse. Bousset ne sauve pas Jésus pour l'histoire,

---

[208]   RW 397.
[209]   RW 399.
[210]   Schweitzer, « Jesus und wir », VVA 278.
[211]   RW 247. Cf. aussi RW 400.

mais pour le protestantisme, faisant de lui le héros d'une acceptation profondément pieuse du monde dans un monde apocalyptique[212]. » Cette voie pour Schweitzer n'est plus praticable.

En 1906, Albert Schweitzer sait d'abord et avant tout comment les choses ne peuvent pas se poursuivre[213]. Sa vision du monde s'est effondrée, une nouvelle orientation est déjà en vue, mais elle doit encore être nourrie par des idées concrètes.

### 3.3.3 Le renouveau (1913)

La *Geschichte der Leben-Jesu-Forschung* (« Histoire de la recherche sur Jésus ») publiée en 1913 par Schweitzer fut perçue par les chercheurs surtout comme une nouvelle édition de *Von Reimarus zu Wrede*, ce qui explique pourquoi on n'a pas encore procédé à une comparaison détaillée entre les deux éditions. Pourtant, une telle comparaison est d'une valeur inestimable, car elle illustre parfaitement l'évolution de Schweitzer au cours de ces années. Il aurait en effet été impensable d'imaginer dans la première édition un passage semblable aux lignes qui suivent : « Après tout, il en va des mouvements spirituels comme des gens : ils doivent passer par des humiliations pour grandir et mûrir. La seule chose qui importe est que la théologie moderne en vienne à la connaissance de soi, abandonne ce qui est en elle non naturel et devienne véritablement "libérale" afin de pouvoir remplir la grande mission à laquelle elle est appelée. Elle doit à nouveau apprendre à penser et à sentir au niveau élémentaire, renoncer à tous les artifices, revenir de l'histoire fictive à l'histoire réelle, de la théologie historicisante à la religion réelle, qu'elle recherche le contact réel avec la philosophie, y compris celle qui est scientifique et moniste. Elle ne doit pas continuer à faire passer un discours édifiant pour de la pensée, elle doit se libérer du confort de la scolastique, ne pas spéculer sur le double sens des mots, vaincre la crainte du rationalisme et de l'intellectualisme, devenir gnostique au sens le plus

---

[212] RW 246–247.

[213] Cf. Traugott Koch, « Albert Schweitzers Kritik des christologischen Denkens – und die sachgemäße Form einer gegenwärtigen Beziehung auf den geschichtlichen Jesus », *Zeitschrift für Theologie und Kirche*, 73 (1976), p. 222 ; Henning Pleitner, « Schweitzers Suche nach einem Zugang zu Jesus als Weg zur "Ehrfurcht vor dem Leben" », *in* Wolfgang E. Müller (dir.), *Zwischen Denken und Mystik. Albert Schweitzer und die Theologie heute*, Bodenheim : Philo, 1997, p. 62.

profond et le plus noble, chercher et penser historiquement, mais ne pas s'enfermer dans l'histoire, fonder la religion sur l'esprit, afin de faire en sorte que celui-ci gouverne la tradition[214]. » Ce plaidoyer enflammé a des caractéristiques clairement liées à un retour sur soi. Schweitzer a dû subir des humiliations, il a dû faire l'expérience directe de l'effondrement de sa vision du monde. Mais alors qu'il touchait le fond de l'humiliation en 1906, il a désormais grandi et présente sa nouvelle approche avec la même confiance en soi que celle qui caractérisait le jeune Schweitzer. La présentation qui suit sera articulée autour des trois nouveaux chapitres de la deuxième édition de son livre. Les travaux discutés dans ces chapitres fondent la nouvelle vision théologique de Schweitzer, qui trouve son expression tout à fait claire dans le chapitre final fortement révisé.

### 3.3.3.1 La dernière mise en cause de l'historicité de Jésus (pp. 451–499)

Dans le premier des trois nouveaux chapitres en question, Schweitzer s'adresse aux auteurs qui cherchent à réfuter l'existence du Jésus historique. Cette thèse de la non-existence du Jésus historique, apparue pour la première fois à la fin du XVIII<sup>e</sup> siècle[215], trouva une diffusion plus large au début du XX<sup>e</sup> siècle, notamment à travers *Die Christusmythe* (« Le mythe du Christ », 1909, second volume 1911) d'Arthur Drews (1865–1935), professeur de philosophie à Karlsruhe, dont Schweitzer parle en détail dans ce chapitre. Concernant Drews, il faut souligner que les arguments isolés qu'il peut faire valoir pour réfuter l'existence du Jésus historique sont de moins de poids que la conception générale de l'histoire qu'il développe en se démarquant consciemment du culte du héros de Thomas Carlyle et de ses disciples. Pour Carlyle, rappelons-le, l'histoire du monde n'était rien d'autre que la biographie de grands hommes. Il avait vivement combattu l'idée selon laquelle ceux-ci ne seraient que des produits de leur époque respective. C'est précisément cette idée que défend Drews. À propos de la personnalité de Luther, que Carlyle ou des représentants de la « Heimatkunst » (« L'art du terroir ») comme Friedrich Lienhard citaient à l'appui de leur culte des grands hommes, Drews écrit : « Cependant, tous les historiens s'accordent pour dire que sans l'action préalable d'un Huss, d'un Jérôme de Prague,

---

[214] LJ 515.

[215] Cf. LJ 451–452.

d'un Savonarole, sans la mystique d'Eckhart et de Tauler, etc., Luther n'aurait pas atteint son objectif. Et aux côtés de Luther, il y a d'autres personnalités non moins puissantes, un Zwingli, un Calvin, un Hutten, des hommes qui, à la fois par leur émergence et leur activité, ont aidé la Réforme à percer dans l'atmosphère religieuse étouffante de leur temps. Mais tous ces hommes auraient-ils pu arriver à quoi que ce soit, s'ils n'avaient pas trouvé une masse réceptive à leurs idées et une époque qui était tendue vers la solution d'une crise déjà existante[216] ? »

Drews établit également un lien entre cette conception de l'histoire et la question du Jésus historique. Par exemple, il considère qu'il est inconcevable de vouloir prouver l'existence du Jésus historique en démontrant que seule une personnalité puissante comme lui aurait pu engendrer un mouvement spirituel des dimensions du christianisme[217]. Au-delà de ce débat, Drews considère que la question de l'historicité de Jésus relève de la philosophie religieuse : « Le but de la religion est de libérer l'homme de la dépendance au monde et donc aussi de la dépendance et de la contingence propre à son existence temporelle[218]. » En ce sens, la foi en la réalité historique de Jésus est le « principal obstacle au progrès religieux »[219]. Pour Drews, l'évolution du monde n'est pas déterminée par des personnalités, mais par des idées. En conséquence, ce n'est pas le Jésus historique qui serait le fondement de la religion chrétienne, mais « l'idée selon laquelle il est le Dieu qui a souffert et s'est sacrifié pour l'humanité, […] qui, par sa mort et sa résurrection consécutive à celle-ci, apporte aux humains le salut de l'âme »[220]. Cette idée est selon lui en fin de compte le fondement de toute religion[221].

### 3.3.3.2 La discussion sur l'historicité de Jésus (pp. 500-560)

Après avoir rendu compte du contenu des œuvres de Drews et d'autres auteurs qui contestent le caractère historique de Jésus, Schweitzer aborde, dans le chapitre suivant, la signification théologique de cette

---

[216] Arthur Drews, *Die Christusmythe. Zweiter Teil : Die Zeugnisse für die Geschichtlichkeit Jesu*, Jena : Eugen Diederichs, 1911, p. 397.

[217] Cf. *ibid.*, pp. 396–398.

[218] *Ibid.*, p. 413.

[219] *Ibid.*, p. 416.

[220] Cf. *ibid.*

[221] Cf. *ibid.*

question. Pour lui, le problème comporte quatre dimensions : celles de la philosophie religieuse, de l'histoire religieuse, de l'histoire des dogmes et de l'histoire littéraire[222]. La dimension de la philosophie religieuse est pour lui de loin la plus importante : « Quelle est la position théorique du personnage de Jésus décrit dans les Évangiles selon qu'on choisit une perspective chrétienne ou plus ou moins chrétienne ? Dans quelle mesure est-il le fondement de la religion ou en est-il simplement un élément ? Quelles conséquences sa perte éventuelle peut-elle entraîner, à moins que la religiosité moderne ne ressente cette personnalité comme insatisfaisante et étrange, ou en vienne même à mettre en doute son existence[223] ? » Pour Schweitzer c'est le premier cas qu'il faut évoquer. Il n'a aucun doute sérieux sur l'existence du Jésus historique[224]. Mais la perte de la personnalité de Jésus en raison du constat que cette figure apparaîtrait insatisfaisante et étrangère à la religiosité moderne, correspond exactement à cette perte que Schweitzer a ressentie et qui a entraîné chez lui la grande crise de 1906[225]. Bien qu'il ne voie aucune raison de douter de l'existence du Jésus historique, il est conduit à la constatation suivante : « Le christianisme moderne doit toujours et *a priori* tenir compte de la possibilité d'un éventuel abandon de l'historicité de Jésus[226]. » C'est pourquoi Schweitzer critique également les tentatives apologétiques des théologiens qui, dans leurs débats avec Drews, se sont limitées à prouver l'existence historique de Jésus : « Il aurait été beaucoup plus important et impressionnant que la théologie ait pu en même temps montrer que, dans le cas où on n'aurait pas pu apporter la preuve de l'existence de la personnalité historique de Jésus, elle aurait perdu beaucoup, mais pas tout. Le christianisme libéral aurait alors pu continuer à s'appuyer sur une religiosité spontanée, libre de toute légitimité historique[227]. » Comment Schweitzer s'imagine-t-il cette existence religieuse ? Il l'explique ainsi : « La religion doit se fonder sur une métaphysique, c'est-à-dire sur une conception globale de la nature

---

[222] Cf. LJ 505.

[223] LJ 505.

[224] Cf. Le résumé de Schweitzer, LJ 560 : « On peut conclure que l'hypothèse selon laquelle Jésus a existé est tout à fait vraisemblable, alors que l'hypothèse inverse est tout à fait invraisemblable. »

[225] À l'époque, Schweitzer écrivait : « La question que je nous pose – et que je me pose – est la suivante : Que devons-nous faire si Jésus ne peut être considéré que comme une figure de l'eschatologie juive ? » (Schweitzer à Rade, 12 mai 1906, TPB 619).

[226] LJ 513.

[227] LJ 512.

et du sens de l'être, qui soit totalement indépendante de l'histoire et des savoirs traditionnels et peut être recréée à tout moment et au niveau de tout sujet religieux. [...] Le seul chemin authentique nous éloigne des chemins des contrebandiers historiques et nous conduit aux sommets de la pensée[228]. »

Cette profession de foi de Schweitzer constitue le fondement de sa nouvelle conception de la religion (chrétienne). Alors qu'en 1906, il s'était déjà éloigné de ses conceptions antérieures, mais n'avait pas encore trouvé une véritable alternative à celles-ci, il la trouve maintenant sous une forme métaphysique. Il est frappant dans ce contexte que Schweitzer fasse positivement mention de la théosophie qui, selon lui, « démontre les avantages d'une métaphysique qui découle d'elle-même »[229]. Il met en avant en particulier deux œuvres caractéristiques de cette forme de pensée : *The Life of Jehoshua, the Prophet of Nazareth* (1909)[230] (« La vie de Jehoshua, le prophète de Nazareth ») de Franz Hartmann (1838–1912) ainsi que *The Pleroma. An Essay on the Origin of Christianity* (1909) (« Pleroma. Un essai sur les origines du christianisme ») de Paul Carus (1852–1919).

Hartmann rend compte de son évaluation du Nouveau Testament dans les termes suivants : « Si nous examinons ce livre sans aucun préjugé ni parti pris sectaire, nous y trouvons deux courants de pensée. Le premier s'applique à la vie d'un homme qui – s'il n'a pas été représenté de façon totalement erronée – a dû être un grand génie, un héros et un réformateur. Le deuxième courant fait référence aux vérités sacrées, telles qu'elles ont été enseignées dans les doctrines secrètes des Ariens et des Égyptiens ; vérités que nous trouvons énoncées dans l'Hermès Trismégiste, dans la Bhagavad Gita et d'autres ouvrages encore. Dans ces livres anciens, nous trouvons une référence au principe du Christ bien avant que le nom de "christianisme" ne soit connu[231]. » Par cette prise de position, Hartmann n'a pas seulement exprimé son point de vue sur le contenu de l'Évangile, mais il a en même temps esquissé la

---

[228] LJ 519.

[229] LJ 513, note 10.

[230] Hartmann a publié pour la première fois cet ouvrage en 1888, dont parut en 1897 une édition allemande fortement remaniée. L'édition de 1909, à laquelle Schweitzer fait référence, est une réimpression de l'œuvre originale.

[231] Franz Hartmann, *The Life of Jehoshua. The Prophet of Nazareth*, London : Paul Kegan, 1909, pp. 7–8.

structure de son propre livre. Il présente la vie du « Jésus historique », tout en prenant appui sur cette même métaphysique théosophique que Schweitzer percevait si positivement.

Hartmann croit tout à fait en l'existence d'un Jésus historique, mais ce Jésus n'est que partiellement celui des Évangiles. Il le connaît sous le nom de Jehoshua Ben-Pandira, né à Nazareth, fils illégitime du soldat romain Pandira et de la femme juive Stada. Hartmann se fonde ici sur une tradition du Talmud juif, qui attribue des origines de ce type à Jésus[232]. Cependant, il est plus probable que Hartmann, qui n'avait lui-même bénéficié d'aucune formation historique ou philologique, ait repris cette théorie directement des travaux de l'égyptologue anglais Gerald Massey[233], auquel il se réfère au début de son livre[234]. Contrairement au récit talmudique, qui « contredit radicalement l'histoire de l'enfance de Jésus du Nouveau Testament »[235], Hartmann considère la naissance illégitime de Jehoshua comme une preuve de sa prétention à la vérité[236]. Jehoshua grandit chez sa mère et un charpentier anonyme que celle-ci avait épousé après avoir été abandonnée par Pandira. Dans sa jeunesse, Jehoshua discute souvent avec les Pharisiens dans le temple de Jérusalem et démasque toutes leurs arguties. C'est ce qui attire l'attention du rabbin Perachia[237], qui l'accueille comme disciple et le conduit en Égypte. Arrivé là-bas, Jehoshua est admis dans la « Sainte Fraternité ». Il se soumet au rite de l'initiation ainsi qu'à plusieurs étapes de formation et arrive ainsi à la connaissance de la « religion de la sagesse ». Il retourne ensuite en Palestine pour libérer ses compatriotes de la superstition qu'ils portent à Jéhovah et leur annoncer la vérité. Ses disciples comprennent son message et consignent par écrit certaines de ses paroles. Les Pharisiens commencent déjà à élaborer des plans contre lui, sans toutefois oser s'en prendre à lui. Mais lorsque Jehoshua renverse un étal de marchand dans l'enceinte du temple, il se produit une bousculade, au cours de laquelle

---

[232]  Cf. Peter Schäfer, *Jesus im Talmud*, Tübingen : Mohr Siebeck, ²2010, pp. 29–49.

[233]  Gerald Massey, *The Historical Jesus and the Mythical Christ. A Lecture*, London : Privat, 1887.

[234]  Hartmann, *Jehoshua*, p. 5.

[235]  Schäfer, *Jesus*, pp. 29–30.

[236]  Hartmann, *Jehoshua*, p. 32.

[237]  Ce personnage se trouve aussi déjà dans les sources juives. Cf. Schäfer, *Jesus*, pp. 69–82 ; Dan Jaffé, *Le Talmud et les origines juives du christianisme. Jésus, Paul et les judéo-chrétiens dans la littérature talmudique*, Paris : Cerf, 2007, pp. 137–151.

un grand nombre de personnes présentes en profitent pour voler les commerçants. À la suite à cet incident, Jehoshua fuit la ville, mais y retourne à Pâques. Les Pharisiens soudoient alors un de ses disciples afin qu'il leur révèle où Jehoshua va passer la nuit. Cette nuit-là, il est arrêté par les gardes du temple à Gethsémani et lapidé le lendemain matin. Ensuite on crucifie son corps, afin que tout cela tienne lieu d'avertissement.

En ce qui concerne la définition du « Jésus historique », Hartmann part du postulat de base suivant, repris ensuite par Schweitzer : « La croyance en un Jésus historique peut en fin de compte être simplement une affaire d'opinion, et une foi basée simplement sur une opinion éventuellement fallacieuse, n'ayant aucune connaissance de son fondement, elle repose en effet sur une base très précaire. [...] La question n'est pas de savoir si oui ou non les doctrines énoncées dans la Bible ont été inspirées par des faits réels ou si les événements décrits dans la Bible se sont passés dans une autre vie[238]. » Même si Hartmann ne met aucunement en doute l'existence de Jehoshua Ben-Pandira, il n'est pas possible de dire dans quelle mesure il accorde une valeur historique au récit qu'il fait. En effet, il écrit : « Dans les pages précédentes, nous avons tenté de donner une image de Jehoshua Ben-Pandira, en qui le Christ éternel est devenu manifeste[239]. » Nous arrivons maintenant à la deuxième partie du livre de Hartmann, sa métaphysique théosophique, qui s'exprime à travers des notions telles que « Christ éternel », « principe du Christ » ou « Esprit du Christ »[240]. Hartmann partage l'opinion de la plupart des théosophes selon lesquels il n'y a qu'une seule vérité absolue qui a été apportée à l'homme par les prétendus Avatars[241], dont Jésus ferait partie également[242]. S'appuyant sur cette conviction, il cherche à prouver que les paroles de Jésus/Jehoshua se trouvent déjà dans des textes religieux plus anciens. Sous le titre « The Doctrines of the Christ Spirit » (Les doctrines relatives à l'esprit de Jésus), il procède au total à douze comparaisons dont voici un exemple :

---

[238] Hartmann, *Jehoshua*, pp. 4–5.

[239] *Ibid.*, p. 187.

[240] *Ibid.*, p. 12.

[241] Le terme vient de l'hindouisme et décrit une divinité descendue sur terre, cf. Stephan Holthaus, *Theosophie – Speerspitze des Okkultismus*, Asslar : Schulte & Gerth, 1989, pp. 90–91.

[242] Pour une vue d'ensemble de la christologie du mouvement théosophique, cf. *ibid.*, pp. 90–96.

« 1. "Le sage, dans sa dévotion totale, vénère l'Un, atteint la suprême excellence. Car je suis cher par-dessus tout au sage, et il m'est cher." – Bhagavad Gita, VII.17

2. "Étreins-moi de tout ton cœur et de tout ton esprit, et je t'enseignerai tout ce que tu voudrais apprendre." – Hermes Trismegistus, II.3

3. "Celui qui réfléchit et médite reçoit la joie dans toute son ampleur." – Dhammapada[243]

4. "Tu aimeras le Seigneur, ton Dieu, de tout ton cœur, de toute ton âme, et de toute ta pensée." – Matthieu 22, 37[244]. »

Hartmann indique cependant que ces similitudes ne correspondent en aucun cas à des plagiats. Bien que le voyage de Jehoshua en Égypte soit pour Hartmann aussi un simple signe de proximité locale avec les religions de l'Orient, il estime que les enseignements de Jehoshua sont identiques à ceux des religions orientales surtout parce que toutes participent de la même vérité et l'expriment sous une forme précise en leur temps[245]. Pour Hartmann, Jehoshua fait partie des grands maîtres qu'a connus l'histoire universelle et rapprochent les hommes de la vérité divine. Tout être humain est, selon Hartmann, capable d'accéder à cette vérité divine intemporelle : « L'esprit du Christ enseigne encore ces doctrines à ceux qui veulent l'écouter ; car il n'est pas mort, mais vit comme un pouvoir immortel dont le nom est la Sagesse divine, "le Verbe"[246]. » Les conceptions défendues par Hartmann présentent, comme l'ensemble de la théosophie, d'importantes similitudes avec la Gnose antique, en particulier dans la définition de la religion comme connaissance : « La vraie religion – le pouvoir de connaître les vérités spirituelles et d'y accéder – est obtenue par ceux qui peuvent s'élever au-dessus de la sphère de leur soi illusoire[247]. »

S'il est clair que Hartmann se situe dans le camp théosophique, le cas de Paul Carus dans son œuvre *The Pleroma* est moins évident à cet égard – et Schweitzer n'est pas clair à ce sujet dans son propos. Carus se fixe comme propos d'envisager l'origine du christianisme

---

[243] Le Dhammapada est un recueil de sentences du Bouddha.

[244] Hartmann, *Jehoshua*, pp. 109–110.

[245] Cf. *ibid.*, p. 115.

[246] *Ibid.*

[247] *Ibid.*, p. 12.

comme le botaniste examinerait la croissance d'un arbre[248], il s'éloigne avec insistance de tout ce qui caractérise l'esprit théosophique. Qu'il ait réussi ou non à satisfaire cette prétention peut en soi donner lieu à des appréciations diverses, mais dans tous les cas son livre est fondé sur une approche historico-scientifique qui s'écarte de toute spéculation ésotérique ou mythologique. Carus est un grand admirateur et défenseur des sciences de la nature, qualifiant même les découvertes de celles-ci de révélations du Saint-Esprit[249]. Seul le concept de « Pleroma » utilisé par lui renvoie à un esprit gnostique, bien qu'il y ait recours dans un sens exclusivement temporel, pour désigner un accomplissement.

La vision globale du monde de Carus est évolutionniste et téléologique[250]. Cela signifie, d'une part, pour lui que dans les représentations propres à l'esprit humain s'opère une progression jusqu'à des idées plus élevées. Ainsi, Carus estime que la figure du héros ou du sauveur dans les cultures primitives correspondait simplement à un homme fort qui se battait contre des animaux sauvages. Ce n'est que plus tard, avec le progrès de la civilisation, que le héros serait devenu un homme d'esprit noble qui se soucie du bien-être de l'humanité. D'autre part, Carus croit que ces évolutions, ainsi que tous les autres événements historiques, se produisent en fonction d'une nécessité interne et ont pour finalité un but précis. Cela est le cas précisément d'un point de vue religieux. Pour Carus, le christianisme constitue l'objectif, l'accomplissement d'un développement religieux : « Le christianisme n'est pas le fruit d'un accident, mais de la nécessité. Il y a là des causes et des effets précis. Ses doctrines, ses cérémonies, son éthique sont le produit de conditions données dont le résultat ne pourrait être différent[251]. » Sa conviction relative à ce développement indispensable le conduit même jusqu'à affirmer que les êtres qui vivraient sur d'autres planètes parviendraient inévitablement à une religion semblable à la religion chrétienne, une religion d'amour universel, au centre de laquelle se trouve la figure d'un Dieu Rédempteur[252].

---

[248] Cf. Paul Carus, *The Pleroma. An Essay on the Origin of Christianity (1909)*, New York : Cosimo, 2007, p. vi.

[249] Cf. *ibid.*, p. 132

[250] Cf. *ibid.* p. 130.

[251] *Ibid.*, p. v.

[252] *Ibid.*, p. vi.

Carus part – comme Hartmann et Drews – du principe que toutes les religions sont finalement fondées sur les mêmes idées, en particulier celle d'un Dieu rédempteur. Cependant, s'appuyant sur sa conviction relative à un développement téléologique, il est convaincu que ces idées n'ont pas toujours existé telles quelles, mais se sont améliorées au fil du temps. Comme Hartmann, qui a tenté de mettre en évidence les parallèles entre la prédication de Jésus et les contenus des religions indienne et égyptienne, Carus aborde dans ce contexte les points de convergence qui existent entre le Christ et l'homme-Dieu babylonien Marduk. Ayant énuméré un total de 14 similitudes, il arrive à la conclusion : « L'idée du sauveur païen s'est progressivement transformée en la conception du Christ. Ce processus peut être constaté en différents lieux et force est de reconnaître que partout il se développe selon la même loi[253]. »

Concernant le Jésus historique, Carus n'a aucun doute sur son existence, et souligne, comme Hartmann, son origine païenne[254]. Mais quand il évoque la signification de ce Jésus historique pour la religion chrétienne, il déclare catégoriquement – comme Hartmann : « La religion ne peut jamais être fondée sur des faits historiques ou des événements uniques, ni sur des caractères individuels, mais doit toujours reposer sur des vérités éternelles[255]. » Finalement, la recherche du Jésus historique ne présenterait qu'un intérêt purement archéologique[256].

Les travaux de Drews, Hartmann et Carus évoqués ici conduisent à différentes interprétations de la problématique du Jésus historique. Carus croit en l'existence de Jésus tel qu'il est décrit dans les Évangiles, Hartmann parle d'un personnage qui lui ressemble mais qui s'en écarte également clairement, et Drews considère le Jésus historique comme une pure fiction. Mais en fin de compte, cette différence est marginale, dans la mesure où aucun des trois auteurs n'attache une importance vraiment majeure au Jésus historique. Car sur le fond, ils sont d'accord pour estimer que la religion chrétienne n'est pas basée sur le Jésus historique, mais sur le Christ métaphysique, le principe éternel, la vérité divine intemporelle.

---

[253]  *Ibid.*, p. 52.
[254]  Cf. *ibid.*, pp. 114–115.
[255]  *Ibid.*, p. 120.
[256]  Cf. *ibid.*, pp. 120–121.

### 3.3.3.3 1907–1912 (pp. 561–619)

Le chapitre suivant du livre de Schweitzer, intitulé « 1907–1912 », est quelque peu trompeur dans la mesure où la plupart des écrits traités dans les chapitres précédents datent également de cette période. Apparemment, il était difficile à Schweitzer de résumer les travaux rassemblés ici sous un seul titre. Il est toutefois frappant que, dans aucun des chapitres antérieurs, il n'ait fait l'éloge des œuvres analysées par lui autant que dans celui-ci. Le court traité *Jesu Persönlichkeit* (1908) (« La personnalité de Jésus ») de Karl Weidel (1875–1943) recueille en particulier toute son attention et son estime ; il écrit en effet : « Les quarante-sept pages de Karl Weidel sont plus importantes pour la philosophie de la religion et la dogmatique que bien des écrits de christologie[257]. » Weidel présente la personnalité de Jésus directement dans la lignée du culte du héros qui avait cours au XIXᵉ siècle, et auquel Schweitzer adhérait à ses débuts. On soulignera ici qu'il est d'autant plus étonnant que Schweitzer, qui, entre-temps, semblait avoir pris ses distances par rapport à ce culte, trouve à nouveau des paroles très louangeuses au sujet d'une étude qui s'inscrit dans cette lignée.

Dans le conflit sur le rapport entre l'idée et la personnalité dans l'histoire, Weidel prend le contrepied de Drews[258] : « En ce moment capital de l'histoire du monde, l'ancienne loi, qui s'applique à tout développement historique, se révèle particulièrement opérante : le moteur de la vie historique ne réside jamais dans les idées générales, aussi convaincantes et précieuses soient-elles, mais dans les personnalités supérieures dont l'individualité est la plus manifeste. Lorsque la force qui anime des milliers d'esprits et de cœurs devient le centre de l'existence d'une personnalité forte et concrète, lorsque tous les rayons qui, isolément, dispensent lumière et énergie, convergent comme dans un prisme pour faire émerger un caractère d'une telle netteté, c'est alors que se révèle le pouvoir irrésistible de la nouveauté, qu'il entraîne l'inversion presque révolutionnaire de valeurs jusqu'alors reconnues et – comme cela est toujours consécutif à l'apparition des héros – ouvre une nouvelle ère historique[259]. »

---

[257] LJ 576.

[258] Chronologiquement, cependant, le travail de Weidel est le plus ancien.

[259] Karl Weidel, *Jesu Persönlichkeit*, Halle : Carl Marhold, 1908, pp. 6–7.

En ce qui concerne Jésus, Weidel souligne essentiellement les contradictions inhérentes à sa personnalité : « Roi et mendiant, héros et enfant, prophète et réformateur, combattant et prince de la paix, souverain et serviteur : il était tout en une seule personne[260]. » Weidel ne cherche en rien à atténuer ces contradictions, au contraire, nous dit-il, « par la force supérieure de sa volonté puissante »[261], Jésus a pu réunir ces contradictions en sa personne. C'est précisément cette volonté qui ferait le propre de son personnage[262]. Mais selon Weidel, la force de sa volonté n'explique pas seulement la personnalité contrastée de Jésus. Pour lui, les guérisons qu'il opère ne sont « rien d'autre que les effets évidents de son énergie débordante sur des esprits confiants qui s'abandonnent à lui et quêtent son aide »[263]. Et il précise d'une part que la volonté ne peut pas être confondue avec l'intellect : « La valeur morale d'une personnalité ne repose pas sur une meilleure faculté de comprendre, mais sur une meilleure volonté[264]. » Il souligne également à plusieurs reprises que Jésus n'avait pas transmis un enseignement abouti[265] et insiste toujours sur la simplicité de ses paroles, un critère de sa grandeur au sens de Carlyle[266]. D'autre part, il insiste sur le contraste entre volonté et sentiment religieux : « Il [Jésus] n'a pas non plus un penchant pour la contemplation du monde et des phénomènes sensibles[267]. » Ici, Weidel prend clairement ses distances envers la conception de la religion héritée de Friedrich Schleiermacher. Il est certes en accord avec le point de vue de celui-ci, selon lequel l'essence de la religion « n'est ni la pensée ou l'action, mais la vision et le sentiment », dans la mesure où il ne trouve pas non plus l'essence de la religion dans la pensée ; en revanche, il contredit complètement Schleiermacher ce qui concerne le domaine de l'action : « Sa religion [de Jésus] est plutôt une religion de l'action, de la volonté morale. Après lui et par lui, la religion et la moralité sont absolument inséparables. Agir selon la volonté de Dieu, agir moralement, voilà l'essence de la religion pour lui[268]. »

---

[260]  *Ibid.*, p. 11.

[261]  *Ibid.*, p. 12.

[262]  Cf. *ibid.*

[263]  *Ibid.*, p. 17.

[264]  *Ibid.*, p. 36.

[265]  Cf. e.a. *ibid.*, pp. 20, 36.

[266]  Cf. *ibid.*, pp. 37–38.

[267]  *Ibid.*, p. 20.

[268]  *Ibid.*, p. 21.

C'est en référence également au pouvoir de la volonté de Jésus que Weidel résout le problème eschatologique : « Une personne comme lui ne pouvait pas attendre dans l'inaction et la nostalgie la perfection future. [...] Le pouvoir de Satan est déjà brisé par son apparition, il le voit tomber du ciel, le Royaume de Dieu est déjà là, même si des yeux stupides ne le voient pas ; lui-même est en possession de ses biens et les dispense : ces biens ont pour noms pardon des péchés et filiation divine. Face à cela, l'avenir n'apporte plus rien de fondamentalement nouveau[269]. » Le fait que Jésus ait mal jugé la distance séparant le monde des hommes du Royaume de Dieu s'explique aussi pour Weidel par la volonté qui triomphe de la pensée et de la connaissance : « Qu'il se soit trompé sur le plan temporel et qu'il ait cru cet accomplissement très proche n'a pas d'importance. Au contraire : ceci n'est que l'expression naturelle de l'énergie de sa volonté et de sa conscience de soi, face auxquelles le temps a disparu[270]. » Weidel explique également la contradiction évidente entre l'exigence d'une action morale et la foi dans le Royaume en tant que don gratuit de la grâce de Dieu, en se référant à l'aspect non abouti de l'enseignement de Jésus, dont la volonté transcende cette contradiction[271]. L'éthique de Jésus quant à elle, pour Weidel, ne consiste pas en exigences particulières, mais en « cette disposition spirituelle qui fait se fondre entièrement l'amour de soi dans l'amour de Dieu. [...] Si cette disposition spirituelle anime toute action, tout commandement particulier deviendra superflu[272]. » En s'exprimant ainsi, l'auteur sait qu'il s'inscrit dans la lignée de Kant, auquel il se réfère plusieurs fois, allant jusqu'à affirmer qu'à travers Jésus l'impératif catégorique s'est incarné[273]. Et il assimile le célèbre principe de Kant « Tu dois, donc tu peux » à la conviction fondamentale qui anime Jésus quand il fait appel à la volonté des hommes[274]. S'appuyant sur l'image de l'arbre et de ses bons fruits utilisée par Jésus, Weidel s'inscrit dans une éthique de l'esprit située entièrement dans la tradition de Kant : « Aucun acte isolé n'est bon ou mauvais : ces deux prédicats n'ont de sens que s'ils s'appliquent au noyau de la personnalité, à son

---

[269] *Ibid.*

[270] *Ibid.*, p. 13.

[271] Cf. *ibid.*, p. 37.

[272] *Ibid.*, p. 22.

[273] *Ibid.*, p. 23.

[274] Cf. *ibid.*, p. 26.

cœur, à sa conviction. Tout dépend d'elle. Si elle est bonne, alors ses actes sont bons par eux-mêmes[275]. »

Un trait de caractère déterminant de Jésus est pour Weidel sa « foi en la victoire »[276], qui lui permet malgré toute la misère du monde de ne pas tomber dans la résignation : « Le pessimisme juif paralysant et oppressant toujours présent chez Paul lui est tout à fait étranger : ce pessimisme qui veut que le monde soit sens dessus dessous, qu'il soit le domaine de Satan et de ses démons, que la volonté humaine soit irrémédiablement corrompue et incapable de faire le bien. Pour lui au contraire, le monde appartient à Dieu et n'écoutant que la voix de la volonté, il en appelle à la volonté qui réside en tout individu afin qu'il se lance avec lui dans le combat[277]. » Pour illustrer vraiment la spécificité de la religion de Jésus, Weidel établit une comparaison avec Bouddha. Celui-ci, nous dit-il, incarne exactement le contraire de Jésus, puisqu'il fait de la volonté la cause de tout mal dans le monde et érige la négation de la volonté en principe suprême de sa religion : « Résigné, Bouddha, tourne le dos au monde parce qu'il est mauvais, Jésus en revanche entre en lutte avec le monde[278]. »

Si Schweitzer fait l'éloge de l'ouvrage de Weidel, c'est essentiellement parce que son analyse historique débouche sur le plan métaphysique[279]. Il reprend littéralement une formulation de Weidel, qui écrit dans la dernière partie de son livre : « Voici atteint le point où de la forme historique on passe nécessairement au niveau supra-historique. L'histoire apparaîtrait à l'humanité comme un travail de Sisyphe, totalement sans but et sot, si nous n'admettions pas qu'en elle, sous l'habit de la temporalité, et donc de la finitude et de la limitation, se manifestent des impulsions éternelles et infinies qui émanent du fondement même de l'univers, qui porte tout. [...] C'est ce que dit Iphigénie : Les dieux nous parlent à travers nos cœurs. C'est ce que dit aussi Tasso : Tout doucement, un dieu parle dans notre sein, et nous dit qu'à travers tout ce qui est bon et grand dans notre âme, c'est le divin qui se manifeste et veut se révéler[280]. »

---

[275]　*Ibid.*, p. 38.

[276]　*Ibid.*, p. 25.

[277]　*Ibid.*, p. 26.

[278]　*Ibid.*

[279]　Cf. LJ 576.

[280]　Weidel, *Persönlichkeit*, pp. 44–45.

Le second ouvrage de cette période dont Schweitzer fait l'éloge, est *Jesu Diesseitsreligion* (« La religion terrestre de Jésus ») de Bruno Wehnert. Dès les premières pages de ce livre paru en 1911, l'auteur explique la thèse principale qu'il défend : « En fait, nous savons qu'au niveau religieux Jésus a été le premier à défendre le nouveau principe selon lequel le chemin – et non pas le but – était tout. Il a cherché à placer le comment à la place du quoi, et ceci précisément et prioritairement au niveau religieux. C'est là qu'il a accompli son acte premier à l'échelle de l'histoire universelle[281]. » D'autres développements contenus dans le livre sont parfois fastidieux et redondants : c'est pourquoi nous nous bornons ici à une présentation concise du point de vue de Wehnert.

Wehnert reconnaît dans les paroles de Jésus les extrêmes, les paradoxes et les contradictions[282]. Il en conclut que dans les paroles de Jésus, le « quoi », ne peut pas être l'essentiel. Comme nous l'avons vu, c'est également ce que Weidel a souligné. Mais là où il met l'accent sur la force de la volonté de Jésus, Wehnert affirme que les paroles de celui-ci ne peuvent pas être comprises littéralement. Jésus, nous dit-il, ne pouvait pas vraiment demander à être giflé sans raison sur l'autre joue. Selon lui, à travers cette formule, Jésus voulait dire ce qui suit : « Je ne formule pas ici une règle qui s'appliquerait à tous les cas particuliers. Je vous livre un symbole, afin que vous reconnaissiez dans le caractère imagé de mes mots, qu'il faut vaincre un adversaire immoral par un comportement moral élevé à une puissance supérieure[283]. » Wehnert estime que Jésus ne voulait pas donner d'instructions concrètes en vue de l'action. Le facteur décisif est pour lui le comportement moral, la volonté *morale* ; en ce sens, il rejoint Weidel qui, lui aussi, met l'accent sur la volonté propre à Jésus. S'inspirant de Schopenhauer, Wehnert fait remarquer que le « devoir vouloir » est une question brûlante[284]. C'est pourquoi Jésus n'aurait pas donné s'instructions aux hommes mais aurait voulu les encourager à penser par eux-mêmes et à agir en pleine responsabilité : « Jésus voulait soumettre des problèmes aux hommes. Il est venu pour questionner et non pas pour répondre. Son but était de provoquer la contradiction. Il fallait éveiller l'esprit. D'où les paradoxes auxquels il avait recours. D'où ses constantes contradictions. D'où ses citations sans cesse critiques.

---

[281] Bruno Wehnert, *Jesu Diesseitsreligion*, Groß-Salze : Eugen Strien Verlag, 1911, p. 2.
[282] Ces trois mots clés sont les titres des chapitres du livre.
[283] *Ibid.*, p. 12.
[284] *Ibid.*, p. 145.

D'où ses points de vue extrêmes[285]. » Ici, on touche du doigt la différence importante qui sépare Wehnert de Weidel, qui considérait Jésus avant tout comme celui qui donnait des ordres, niant ainsi les effets pédagogiques de la prédication de Jésus[286].

Comme Weidel, Wehnert se démarque également clairement de Drews, auquel il déclare avoir été comparé[287]. « Drew ne connaît pas les humains »[288], selon Wehnert, car les idées générales ne peuvent rien leur apporter. « L'idée est et reste liée à son porteur, à une personnalité qui a des idées[289]. » Par conséquent, le Jésus historique reste indispensable pour l'humanité en tant que celui qui a incarné l'idéalisme religieux. Néanmoins, Wehnert reste plus proche de Drews que de Weidel, du fait qu'il a moins en vue la personnalité historique de Jésus que l'idéalisme intemporel qui réside en elle et qui est indépendant de sa forme historique concrète : « Il a vu dans un grand système d'énergies spirituelles le sens de la nature religieuse du monde. L'énergie religieuse ainsi générée, émanant du fond de son cœur humain, est constante. Et le processus religieux en général réside dans le fait que l'énergie religieuse de Jésus et son idéalisme, qui ne sont pas perdus dans le monde, ont pris de nouvelles formes idéales[290]. »

### 3.3.3.4 Conclusion (pp. 620–630)

Le dernier chapitre écrit par Schweitzer en 1913 diffère fondamentalement de celui de 1906. En 1906, Schweitzer avait commencé ce chapitre en notant, non sans résignation : « Il n'y a rien de plus négatif que le résultat de la recherche sur la vie de Jésus[291]. » Sept ans plus tard, il estime ce résultat « négatif », sans plus. Bien qu'il n'y ait là qu'une nuance, celle-ci correspond à un tournant décisif dans la perception de Schweitzer : Il a gagné en assurance.

La clé de la confiance retrouvée de Schweitzer réside dans la distinction qu'il opère entre la *volonté* et la *représentation*. La représentation qui

---

[285] *Ibid.*, p. 130.
[286] Cf. Weidel, *Persönlichkeit*, p. 36.
[287] Cf. Wehnert, *Diesseitsreligion*, p. 190.
[288] *Ibid.*
[289] *Ibid.*, p. 191.
[290] *Ibid.*, p. 198.
[291] RW 396.

selon Schweitzer, sous-tend la croyance de Jésus en une « perfection surnaturellement réalisable »[292] s'inscrit dans le temps et ne peut pas de ce fait, être transposée à notre époque moderne. En ce sens, il est resté fidèle à son appréciation négative. En revanche, la volonté qui selon lui imprègne et façonne cette représentation est intemporelle, « révélant l'essence insaisissable et primaire d'une personnalité »[293]. De cette façon, les différences au niveau de la représentation deviennent « secondaires »[294]. Sur un plan méthodologique, cette séparation correspond à la distinction antérieurement faite par Schweitzer entre l'esprit et la forme. Ceci est d'autant plus étonnant que Schweitzer avait encore reconnu quelques années auparavant qu'il « n'est pas possible de séparer au plan historique ce qui en Jésus est durable et éternel des formes historiques qu'il a empruntées pour s'imposer comme source de vie en notre monde ». Le nouvel élément décisif ici est la *volonté*. Pour Schweitzer, Jésus doit d'abord et avant tout être un modèle éthique. Ce qui est en jeu ici n'est pas le « quoi », mais le « comment » de l'éthique : « La seule chose qui compte est que nous pensions l'idée que le Royaume doit être créé par le travail moral, avec la même véhémence qu'il portait en lui l'idée d'une intervention divine[295]. » Cette vigueur de la volonté, cette véhémence du vouloir, c'est ce que nous pouvons apprendre de Jésus et « si nous ne dépendions que de nous-mêmes et n'étions pas sous l'influence de sa personnalité, nous n'y arriverions pas »[296]. Malgré l'importance de la personnalité de Jésus pour l'éthique moderne, dans ce passage qui est le plus important de tout le chapitre, Schweitzer souligne : « Mais il ne serait pas exact de dire que nous possédons l'idée de la perfection morale du monde et de ce que nous devons faire en notre temps, car nous l'avons puisée en lui par une révélation historique. Elle se trouve en nous et réside dans la volonté morale. Parce que Jésus, dans la succession des plus grands parmi les prophètes, a saisi cette idée dans toute sa vérité et son immédiateté, et a placé en elle sa volonté et sa grande personnalité, il contribue à ce qu'elle pénètre en nous et à nous transformer en forces morales

---

[292] LJ 627.
[293] LJ 623.
[294] LJ 623.
[295] LJ 627.
[296] LJ 624.

pour notre époque[297]. » L'accès à la volonté de Jésus se fait dans une union mystique car « en dernière analyse, notre relation avec Jésus est mystique »[298]. Mais ici aussi, Schweitzer insiste sur l'indépendance de la personnalité historique. En fin de compte, ce qui importe est « l'union avec la volonté morale infinie du monde »[299].

Comme il est facile de le constater, ce nouveau modèle est une synthèse des chapitres mentionnés ci-dessus. De la théosophie, Schweitzer adopte le concept métaphysique général d'un « Esprit du Christ », qui doit être strictement distingué du Jésus historique. À Weidel et Wehnert, il emprunte l'accent mis sur l'éthique, Weidel insistant prioritairement sur le concept central de la volonté, tandis que Wehnert influence Schweitzer à travers l'accent qu'il met sur le fait que l'éthique dépend du « comment ». Schweitzer adopte de Wehnert également l'idée d'un « système de relations énergétiques ». Quant à l'idée d'une union mystique, Schweitzer la trouve chez Wilhelm Bousset et adopte presque littéralement le *credo* de celui-ci : « Notre foi en Dieu trouve sa substance dans la communauté spirituelle qui a son origine en Jésus de Nazareth. Abandonnons-nous au courant de cette vie qui émane de son esprit, de sa vie portée par l'Esprit saint, et ouvrons notre âme. Dieu Tout-Puissant agira alors, le contact s'établira et le courant se répandra dans toute votre âme. » La notion concrète de mysticisme, que Bousset n'avait pas utilisée dans ce contexte, avait déjà été employée par son collègue Hermann Gunkel : « Par sa résurrection, le Christ met en lumière ce qu'est la vie ; voici ce que nous découvrons avec lui lorsque nous nous unissons mystiquement à lui. »

## 3.4 Comparaison

Les indications autobiographiques de Schweitzer sur son développement intellectuel et son travail religieux en relation avec le Jésus historique et le christianisme moderne ne résistent pas à la comparaison avec les réalités historiques. Dès sa jeunesse, Schweitzer a profondément rejeté l'idée d'une religion qui prendrait son origine uniquement au niveau de la raison et de la pensée. En outre, toujours à cette époque, il ne se réclamait pas d'une priorité de la connaissance historique face à la piété

---

[297] LJ 628.
[298] LJ 629.
[299] LJ 628.

ecclésiale, mais critiquait précisément les savants qui présentaient leurs résultats sans tenir compte de la conscience des fidèles. La conviction initiale de Schweitzer était que la théologie devait partir de la foi et de la piété et être au service de l'Église. En fonction de cela, beaucoup de ses premiers écrits présentent clairement des caractéristiques apologétiques, et relèvent d'une technique par laquelle par la suite il allait également prendre ses distances. Sa prise de distance par rapport à l'apologétique est dirigée essentiellement contre Christoph Ernst Luthardt (1823–1902) et Otto Zöckler (1833–1906)[300], deux théologiens qui ont pris une part importante dans le débat occasionné par la publication des œuvres de Darwin.

Tout aussi frappant également est le changement radical d'attitude de Schweitzer par rapport au culte du héros. Dans *Ma vie et ma pensée* il note de façon succincte : « On Heroes, hero-worship and the heroic in history ("Le culte des héros"), de Carlyle, n'est pas un livre profond[301]. » Mais il n'en reste pas moins que dans sa jeunesse, il avait adhéré à l'idéologie présente dans cette œuvre, et considérait le culte du héros à la Carlyle comme le seul moyen efficace de faire revivre le Jésus historique au niveau du christianisme moderne. Dans un esprit proche de celui de Nietzsche appliqué à son propre domaine, il était convaincu qu'il pouvait donner une nouvelle force à la modernité par la représentation de Jésus comme héros. Par la suite, il trouvera ce projet absurde.

On ne peut pas dire par ailleurs que Schweitzer, par son interprétation eschatologique de la prédication de Jésus, a détruit une image de ce

---

[300] Luthardt considérait le conflit entre les sciences de la nature et l'idéologie chrétienne comme une « lutte pour le règne de l'esprit moderne » (Christoph Ernst Luthardt, *Apologetische Vorträge über die Grundwahrheiten des Christentums (1864)*, [12]1897, Leipzig : Dörffling und Franke, p. V), dont seule une des deux parties pouvait sortir victorieuse. En ce qui concerne la relation entre le darwinisme et le christianisme, il déclara catégoriquement : « Dans le contraste largement prédominant entre les deux, toute idée de compromis ou même de fusion […] apparaît tout à fait aventureux » (Ernst Luthardt, « Das Darwinistische Moralprinzip und seine Konsequenzen III », *Allgemeine Evangelisch-Lutherische Kirchenzeitung*, 8, n° 45 (12 novembre 1875), Sp. 1074). Otto Zöckler, collègue de Luthardt, évoque quant à lui l'harmonie entre la foi et les sciences de la nature : « Nous sommes plutôt convaincus que la vérité établie par la science n'est jamais en contradiction avec la vérité révélée à la foi, que le conflit entre les deux, là où il est revendiqué, ne peut être qu'apparent. […] Concilier un tel conflit est une question d'apologétique » (Otto Zöckler, « Vorwort », Der Beweis des Glaubens 1 (1865), pp. 2–3).

[301] VP 101.

dernier unanimement reconnue en son temps. Dès 1892, Johannes Weiß avait souligné le caractère eschatologique de la prédication du Christ et interprété en ce sens le *Discours aux douze apôtres de Jésus* (Matthieu 10)[302], une interprétation dont Schweitzer se réclame pour lui-même. Bien qu'il envisage toute l'œuvre de Jésus sous l'angle eschatologique et va donc plus loin que Weiß, on ne peut plus parler chez lui d'une approche fondamentalement nouvelle. Le fait que Schweitzer considère que sa propre interprétation est correcte peut difficilement lui être reproché, mais quand il prétend qu'elle a été ensuite adoptée par tous les chercheurs, il est difficile de le suivre. C'est ce qu'écrit à juste titre Helmut Groos quand il note : « La solution interprétative de Schweitzer se distinguera sans aucun doute toujours comme l'une des plus intéressantes et des plus grandioses, mais en même temps, historiographiquement parlant, elle a échoué[303]. » Même du vivant de Schweitzer, ceci était déjà prévisible, car il n'y a jamais eu un « spécialiste notable du Nouveau Testament » qui ait fait sienne la construction imaginée par Schweitzer[304].

Quant à la notion de *mystique*, les remarques autobiographiques de Schweitzer à cet égard sont doublement trompeuses. D'une part, ce terme n'était nullement une trouvaille de Schweitzer. Hermann Gunkel l'avait déjà utilisé dans le même sens des années auparavant. D'autre part, ce terme n'apparaît absolument pas dans la version 1906 de la *Geschichte der Leben-Jesu-Forschung* (« Histoire de la recherche sur la vie de Jésus ») de Schweitzer. Il en va de même pour beaucoup d'autres idées du Schweitzer « tardif », et c'est pourquoi son affirmation selon laquelle son cheminement spirituel aurait atteint son terme dans ce livre est dénuée de crédibilité. Alors que le Schweitzer autobiographique nous est présenté comme un réformateur radical disposant un système d'idées cohérentes dès sa jeunesse, nous découvrons à travers le Schweitzer historique un homme qui, à l'âge d'environ trente ans (1905–1906), se trouva plongé dans une crise fondamentale. Jusqu'alors, il avait vécu et pensé entièrement selon les idéaux romantiques de son temps, y compris et surtout par rapport à Jésus, dont il cherchait à se rapprocher par le culte du héros. En 1906, il rompt avec cette position et déclare le Jésus historique insignifiant pour le chrétien moderne. Il rejette maintenant aussi toutes les prémisses de la science théologique et se considère comme

---

[302] Cf. Weiß, *Predigt*, p. 161, note 1.

[303] Helmut Groos, *Schweitzer*, p. 247

[304] Gräßer, *Schweitzer*, p. 126. Cf. *ibid.* sur les raisons individuelles de cet échec.

au seul service de la vérité historique. À ce moment, nous sommes face à un homme qui sait comment les choses ne peuvent pas se poursuivre, mais qui ne semble pas encore avoir trouvé une nouvelle conception à même de le satisfaire. Cette conception, il ne la développa que sept ans plus tard, sous la forme d'une éthique mystique de la volonté. Le système en question n'est cependant que partiellement original. Il repose sur un conglomérat de conceptions déjà existantes. Comme nous le verrons dans le chapitre suivant, cette crise au niveau théologique se déroula parallèlement à une crise personnelle traversée par Schweitzer.

## Excursus : les études psychiatriques de Schweitzer 1912-1913[305]

À peu près en même temps qu'il mit un point final à la deuxième édition de son *Histoire de la quête du Jésus historique*, Schweitzer acheva également de rédiger sa thèse de doctorat en médecine intitulée *Die psychiatrische Beurteilung Jesu* (« Jésus envisagé sous l'angle psychiatrique »). Le choix par Schweitzer d'un sujet de doctorat en médecine en lien avec ses études théologiques correspond tout à fait au tempérament pragmatique qui est le sien[306]. Le 9 novembre 1912, par ailleurs, Schweitzer donne également à Strasbourg devant des médecins une conférence qui a pour sujet « Les problèmes liés à la recherche psychiatrique sur la vie de Jésus »[307]. Le texte de la conférence correspond en très grande partie à celui de sa thèse de doctorat[308], d'où le choix de traiter ici les deux écrits solidairement.

---

[305] En raison des conditions mêmes de leur élaboration, les travaux psychiatriques de Schweitzer peuvent difficilement être intégrés à l'étude de sa recherche de Schweitzer sur Jésus. Par souci d'exhaustivité, ils sont toutefois évoqués ici sous la forme d'un bref excursus.

[306] Malgré son amour pour le travail pratique des médecins, Schweitzer n'a jamais montré d'ambitions au niveau de la recherche médicale, cf. Gräßer, *Schweitzer*, p. 140.

[307] VVA 285–303.

[308] La principale différence entre les deux textes est la mention (positive) de l'œuvre de Jules Soury dans la conférence de Schweitzer, alors qu'il ne mentionne pas Soury dans sa thèse de doctorat.

## La situation initiale

« La participation des médecins à la recherche sur le Jésus historique n'est pas souhaitable du fait de leur méthode fondée sur des lois scientifiques et par conséquent impersonnelle et non historique[309]. » Si Schweitzer place cette phase du théologien T. Baumgarten en exergue à sa conférence, c'est cependant pour prendre ses distances vis-à-vis du point de vue de celui-ci. Pour lui, il n'est pas question pour des raisons apologétiques de couper les ponts avec les sciences de la nature, car il estime tout à fait légitime et conforme aux préoccupations de l'époque d'analyser sur un plan médical ce que fut l'état d'esprit de Jésus[310]. En effet, l'analyse psychologique de la personnalité de Jésus s'inscrivait dans l'air du temps. Tout comme Charles Darwin avait défié le christianisme par sa théorie de l'évolution, les travaux de Sigmund Freud (1856–1939) avaient confronté la théologie à des défis jusqu'alors inconnus. Non seulement Freud allait devenir dans la tradition de Ludwig Feuerbach l'un des opposants les plus véhéments à la religion traditionnelle (chrétienne) ; mais au tournant du XXe siècle entrèrent en scène une série de chercheurs qui mirent Jésus « sur le divan » et formulèrent le concernant des diagnostics qui allaient clairement d'un état hallucinatoire à la paranoïa[311]. Évidemment, ces diagnostics suscitèrent des répliques de la part des théologiens, mais Schweitzer n'accorda pas grand crédit à celles-ci car il n'y voyait « pas de vraies analyses, mais seulement des démarches apologétiques »[312]. Bien que l'aversion de Schweitzer pour une certaine forme d'apologétique puisse être perçue dans ce contexte,

---

[309] VVA 285.

[310] *Ibid.*

[311] Au sujet de la pathographie de Jésus cf. Wilhelm Lange-Eichbaum et Wolfram Kurth, *Genie, Irrsinn und Ruhm. Genie-Mythus und Pathographie des Genies*, München : Ernst Reinhardt, [6]1967, pp. 403–434 ; David Friedrich Strauß, *Das Leben Jesu für das deutsche Volk bearbeitet*, Leipzig : Brockhaus, 1864, p. 236 ; Carl Friedrich Stäudlin, *in* Helmut Groos, *Albert Schweitzer. Größe und Grenzen*, München : Ernst Reinhardt, 1974, p. 268. Les auteurs auxquels Schweitzer eut recours étaient les suivants : Jules Soury, *Jesus et les Évangiles*, Paris, 1878 ; Emil Rasmussen, *Jesus. Eine vergleichende psychopathologische Studie*, deutsch von A. Rothenburg, Leipzig, 1905 ; De Lootsen, *Jesus Christus vom Standpunkt des Psychiaters*, Bamberg, 1905 ; William Hirsch, *Religion und Zivilisation vom Standpunkte des Psychiaters*, München, 1910 ; C. Binet-Sanglé, *La folie des Jésus*, vol. I-III, Paris, 1908–1912.

[312] VVA 290.

il envisage cependant son travail de façon défensive : « Je me suis senti obligé de remplir cette tâche car, dans mon "histoire de la quête du Jésus historique". [...] J'ai défini ce qui est apocalyptique et, dans les termes modernes, fantastique dans l'imaginaire du Nazaréen, plus que tout autre chercheur. C'est pourquoi H.J. Holtzmann et d'autres m'ont répété à plusieurs reprises que je présentais un Jésus dont le système de représentation ressemblait à un "système de folie"[313]. » En s'exprimant ainsi, Schweitzer a également indiqué que sa propre apologie était fondée sur ce type de questionnement. Son désir est d'expliquer qu'il n'y a aucune raison de douter de la bonne santé psychique de Jésus. Pour ce faire, il a recours à un double niveau à une stratégie défensive.

## Les défaillances de la méthodologie adverse

Selon Schweitzer, la réussite d'une recherche dans le domaine où il se situait « dépend[ait] d'une connaissance précise des sources combinée à une expérience suffisante en matière médicale » et surtout psychiatrique, et nécessitait un véritable «esprit critique». Or, poursuivait-il, « on ne rencontre que rarement cette combinaison ». Et « de ce fait, dans de nombreux cas, on fait face à des erreurs grossières causées par l'absence de l'une ou l'autre des aptitudes nécessaires à cette recherche »[314].

Schweitzer reproche tout particulièrement à ses opposants de « collecter des données sur les antécédents médicaux [de leur patient] sans évaluation critique de leur origine. Ils puisent dans les évangiles apocryphes et dans le Talmud avec la même confiance que dans les écritures canoniques[315]. » Pour lui, l'utilisation excessive de l'Évangile de Jean est un problème fondamental relatif aux études en question. Le Jésus de l'Évangile de Jean est « avant tout une personnalité librement créée. [...] Les pathographes ne manquent naturellement pas de mettre en lumière dans son comportement de nombreux aspects étranges, non naturels et affectés qu'ils considèrent comme pathologiques. La matière des études de Lootsen, de Binet-Sanglé et de Hirsch provient pour les trois quarts du quatrième évangile[316]. »

---

[313]  PBJ V.

[314]  PBJ 1.

[315]  LJ 378.

[316]  PBJ 15.

Pour Schweitzer, seuls les évangiles synoptiques ont une valeur historique. Toute conclusion psychiatrique tirée d'autres textes est donc pour lui *a priori* incorrecte et il refuse de l'examiner. Il opère également des distinctions au sein des récits synoptiques quant à la crédibilité historique de ceux-ci. Selon lui, l'Évangile de Luc est sujet à caution lorsqu'il va au-delà de Matthieu et Marc, surtout en ce qui concerne l'histoire de Jésus, âgé de douze ans, alors qu'il se trouve dans le temple[317]. « Les histoires relatives à la naissance et à l'enfance du Christ relatées par Matthieu (Matthieu 1 et 2) appartiennent à la légende, pas à l'histoire. Il ne reste donc, comme sources utiles, que l'Évangile de Matthieu, à l'exception des deux premiers chapitres, et celui de Marc[318]. » Toutefois, Schweitzer souligne aussi ici que « le Nazaréen n'entre dans la lumière de l'histoire que le jour où il entame sa prédication en Galilée »[319] ; c'est pourquoi les récits antérieurs comme celui de son baptême appartiendraient à une « tradition obscure et incertaine »[320]. En conséquence, les hallucinations que Jésus aurait eues lors de son baptême seraient à ce point incertaines sur le plan historique qu'un examen psychiatrique plus approfondi de celles-ci ne serait pas nécessaire[321].

## Les symptômes particuliers[322]

Après avoir éliminé une grande partie des symptômes psychiatriques invoqués en soulignant le caractère non fiable des sources (première stratégie de défense), Schweitzer analyse maintenant les symptômes attestés par des sources fiables. Ici aussi, il souligne un problème méthodologique fondamental, déjà mentionné plus haut : « Ceux qui prennent au sérieux le côté scientifique d'un jugement auront la plus grande hésitation à bâtir une expertise uniquement sur des documents

---

[317]  PBJ 16. Cf. aussi VVA 290.

[318]  PBJ 16.

[319]  PBJ 38.

[320]  PBJ 38.

[321]  PBJ 38–39.

[322]  Il est à noter que les condamnations proférées par Schweitzer et mentionnées plus haut n'affectent pas toutes les études psychologiques sur Jésus, mais surtout celles de Hirsch, de Lootsen et Binet-Sanglé (cf. note 311). Schweitzer reconnaît cependant les travaux de Jules Soury et Emil Rasmussen comme méthodologiquement solides, du moins en ce qui concerne leur connaissance des sources (cf. VVA 288–289). Mais, comme on le verra, Schweitzer ne partage pas leurs diagnostics.

écrits. [...] Si ces écrits sont des témoignages que nous a légués le passé, voire *a fortiori* des sources de seconde ou de troisième main, le risque de s'engager dans une démarche non scientifique se trouve élevé à la puissance dix, voire vingt[323]. » Schweitzer ne veut cependant pas se contenter de cette mise en garde globale et aborde certains symptômes en détail. Pour l'instant, on ne reprendra pas par le menu son raisonnement à cet égard. On évoquera plutôt à partir de quelques exemples sa méthode.

Schweitzer estime qu'« il convient en premier lieu de garder présent à l'esprit le fait que toutes les idées religieuses que Jésus partage avec ses contemporains et a reprises à la tradition ne peuvent en rien être qualifiées de pathologiques, même si elles semblent étrangères et incompréhensibles en fonction de nos conceptions modernes. [Et il est indéniable que] De Lootsen, Hirsch et Binet-Sanglé enfreignent constamment cette règle élémentaire[324]. » Dans ces lignes est formulé le principe essentiel sur lequel Schweitzer s'appuie, pour réfuter la majorité des diagnostics relatifs à une pathologie dont Jésus serait atteint. En particulier, il applique ce principe à l'accusation de mégalomanie, celle qui a probablement été soulevée le plus souvent contre Jésus à cette époque.[325] Mais Schweitzer a encore une autre raison de traiter également ce point avec une attention particulière : comme il l'indique dans sa préface, il a lui-même contribué à cette perception en soulignant le caractère eschatologique de la prédication de Jésus. Faire un pas en arrière par rapport à cette interprétation n'est bien sûr pas imaginable pour lui, et il exprime en conséquence toute l'incompréhension que lui inspirent les opposants à l'image eschatologique de Jésus comme Holtzmann, qui « continuent à se considérer comme ceux qui ont sauvé Jésus de la maison des fous »[326]. Schweitzer veut démontrer que Jésus était sain d'esprit sans pour autant renoncer à son approche eschatologique. Il essaie en priorité de prouver que Jésus partageait à bien des égards les vues de ses contemporains, comme l'idée que les humains sont exposés aux mauvais esprits, et attendent qu'advienne le règne du Messie[327]. Le fait que Jésus se soit coulé dans de telles traditions de pensée ne suffit cependant pas pour conclure qu'il se considérait lui-même comme le Messie. D'aucuns

---

[323]  VVA 285.
[324]  PBJ 31.
[325]  Cf. PBJ 29.
[326]  LJ 381.
[327]  Cf. PBJ 32.

ont estimé que le contraste entre la situation sociale modeste de Jésus et sa prétention à être le fils de Dieu attesterait sa folie[328]. Pour Schweitzer ce prétendu contraste lui aussi correspond à l'imaginaire de l'époque de Jésus. L'accusation selon laquelle Jésus aurait exagéré à la manière d'un mégalomane le prestige de sa lignée[329], en se déclarant lui-même descendant de David, ferait quant à elle litière du fait qu'on a affaire ici à une réalité historique. L'argument utilisé ici par Schweitzer frappe d'autant plus que quelques années auparavant il avait estimé que les allégations sur les origines de Jésus étaient historiquement non crédibles. Il semble donc possible, quoique non démontrable, qu'il ait pu changer d'avis à cet égard pour des raisons apologétiques. Cette impression est renforcée par une autre observation similaire. Si Schweitzer avait auparavant encore prétendu que Jésus s'était considéré lui-même comme le Messie à partir du début de sa vie publique[330], il soulignait aussi avec insistance, dans le contexte de ses investigations psychiatriques, que Jésus lui-même n'avait jamais prétendu être le Messie, « mais celui qui se révélerait comme le Messie Fils de l'Homme lors de la transformation générale des élus en êtres angéliques »[331]. Cette affirmation renvoie également à une intention apologétique, car elle permet à Schweitzer à nouveau de réfuter l'allégation selon laquelle Jésus aurait été un malade mental : « Nous ne sommes donc pas en face de la simple réalisation d'une prétention comme dans le cas des délires paranoïaques, mais d'un phénomène de transformation parmi d'autres [...]. Sa prétention repose donc sur quelque chose de plus général[332]. » Lorsque Schweitzer évoque ici un « phénomène de transformation parmi d'autres », il se réfère à un autre élément qu'il considère comme faisant partie du répertoire ordinaire des représentations véhiculées à l'époque de Jésus par la pensée apocalyptique juive, la croyance en une « réévaluation des valeurs »[333] dans le monde futur. Par ailleurs, il se sert de cette affirmation aussi pour contrer l'accusation déjà évoquée relative à l'opposition entre la position de Jésus dans ce monde et sa prétention à la filiation divine, car il était « tout à fait indispensable que celui qui était destiné à occuper la place la

---

[328]   Cf. PBJ 34 ; VVA 288–289.

[329]   PBJ 34.

[330]   Cf. GNT 215 Fn 1.

[331]   VVA 295.

[332]   *Ibid.*

[333]   PBJ 34.

plus élevée dans le monde futur, fasse partie dans le monde de la réalité concrète, des humbles et des exclus »[334].

Pour être complet, il convient de noter que Schweitzer démontre ici ses connaissances médicales et vérifie la validité des tableaux cliniques relatifs à la pathologie qui l'intéresse. C'est ce qui le conduit à déclarer que « Si les allégations des trois auteurs en question [Lootsen, Hirsch, Binet-Sanglé] étaient correctes, on aurait à affaire à un cas rare de développement unilatéral de la mégalomanie. [Car] Il est bien connu que les malades mentaux peuvent produire des représentations mégalomaniaques dans la durée ; mais dans le cas d'espèce, on n'observe ni la progressivité ni surtout l'évolution systématique que les trois auteurs semblent avoir à en tête[335]. » Schweitzer argumente de la même manière en ce qui concerne le diagnostic de paranoïa, qui a également été posé dans le cas de Jésus. Il souligne que les patients qui présentent des « cas de *délire chronique à évolution systématique*, proches de la forme paranoïde de la démence *praecox Kraepelins*[336], sont généralement internés peu après l'apparition de leur maladie, et que ce ne sont précisément pas ces formes de pathologie qu'on observe dans le cas de membres de sectes ou de partisans de celles-ci [...] Il est bien connu que les malades souffrant de délire de persécution sont à même de poursuivre leur activité professionnelle pendant des années et tirent très rarement les conséquences pratiques de leurs illusions et délires, en clair qu'ils se défendent – légalement ou illégalement – contre leurs persécuteurs[337]. » Notons ici que Schweitzer a recours encore à un autre argument dans ce contexte. L'affirmation relative au délire de persécution qui aurait frappé Jésus pouvait difficilement être conforme à la réalité parce que la persécution à laquelle celui-ci dut faire face était bien réelle : « En fait, Jésus avait des ennemis et des adversaires parce qu'il s'opposait à la piété étroite et extravertie des pharisiens. Face à ces adversaires non pas imaginaires mais bien réels, il adopte un comportement diamétralement opposé à celui d'un individu souffrant de délire de la persécution[338]. » Le

---

[334]  PBJ 34.

[335]  PBJ 31.

[336]  Emil Kraepelin (1856–1926), psychiatre allemand, auquel on doit les fondements du système actuel de classification des troubles mentaux, cf. e.a. Paul Hoff, *Emil Kraepelin und die Psychiatrie als klinische Wissenschaft : ein Beitrag zum Selbstverständnis psychiatrischer Forschung*, Berlin : Springer, 1994.

[337]  PBJ 27–28.

[338]  PBJ 36.

diagnostic de délire de la persécution était également invoqué par ceux qui reprochaient à Jésus un manque pathologique de sens de la famille[339], en raison de la faible affection qu'il témoignait à ses proches. Ici non plus, Schweitzer ne voit pas une particularité à monter en épingle sur le plan psychologique, mais plutôt un comportement rationnel fondé sur la réalité : « Mais si on persiste à considérer qu'elle [la famille de Jésus] voulait ramener celui-ci tel un possédé sous sa tutelle, on comprendra qu'il n'avait aucun désir de se soumettre à elle[340]. » Face à cette nouvelle hypothèse, Schweitzer recourt encore à un autre élément de preuve pour mettre un terme à sa réfutation de l'argumentation de ceux qui font état de la mégalomanie dont Jésus aurait été atteint : si Jésus – estime-t-il – déclare les liens de la foi plus importants que les liens du sang, on a bien affaire à « une conception précise des choses qui s'explique à partir du contexte historique spécifique de son époque, et il en va de même pour tout ce qui est considéré par les pathographes modernes comme un défaut moral inhérent au comportement éthique de Jésus et à sa prédication »[341].

## Résumé

La position apologétique de Schweitzer concernant la santé mentale de Jésus peut être résumée de la façon suivante :

1. La plupart des éléments utilisés pour prouver la maladie de Jésus sont historiquement peu fiables.
2. Beaucoup d'actions et de visions de Jésus évaluées comme pathologiques s'inscrivent dans la mentalité de son époque et ne doivent donc pas être considérées comme pathologiques.
3. D'autres opinions et actions de Jésus, que l'on qualifie de pathologiques, sont fondées sur des situations réelles et peuvent donc être expliquées rationnellement.
4. Dans certains cas, le trouble mental diagnostiqué ne répond pas aux définitions qui fondent son évaluation médicale en pareil cas.

---

[339] Cf. PBJ 41.
[340] VVA 302.
[341] PBJ 41. Il est à noter que cet argument n'apparaît que dans la thèse de doctorat, dans la conférence de Schweitzer il est absent.

# 4. La décision de devenir médecin dans la forêt équatoriale

## 4.1 Autobiographie

*Pendant les vacances de la Pentecôte 1896[342], Schweitzer prend la décision de se consacrer à la science et à l'art jusqu'à l'âge de 30 ans afin de « se consacrer ensuite directement au service de l'humanité »[343]. Il ressent – dit-il – l'obligation de prendre cette décision en réponse au bonheur qu'il a connu dans sa vie, car « celui qui a été comblé de bienfaits par la vie est tenu d'en répandre à son tour et dans la même mesure. Celui qui a été épargné par la souffrance doit contribuer à diminuer celle d'autrui[344]. » En s'exprimant ainsi, Schweitzer se réclame du sens de la parole de Jésus dont il était pénétré bien avant de prendre sa décision : « Quiconque en effet voudra sauver sa vie la perdra, mais quiconque perdra sa vie pour moi la trouvera » (Matthieu, 16, 25)[345]. À ce moment-là, il n'est pas encore certain de la forme exacte que prendra pour lui le service des autres. Tout d'abord, il envisage de recueillir des orphelins. À l'automne 1903, il entreprend ses premières tentatives à ce sujet, mais échoue à cause des obstacles bureaucratiques qu'il rencontre[346]. Même le fait de travailler avec des vagabonds et d'anciens détenus ne le*

---

[342] Le dimanche de Pentecôte de cette année-là tombait le 24 mai.

[343] VP 94. Dans *Souvenirs de mon enfance*, Schweitzer décrit la même expérience, mais mentionne également la théologie, à laquelle il a voulu se consacrer jusqu'à l'âge de 30 ans (SE 105), en plus des sciences et de la musique. Dans l'édition originale allemande de 1924 – la version française parut pour la première fois en 1951 –, Schweitzer mentionne la prédication au lieu de la théologie.

[344] SE 104.

[345] Cf. VP 94–95. Dans *À l'orée de la forêt vierge*, il estime en revanche que la parabole de l'homme riche et du pauvre Lazare, est capitale au niveau du message de Jésus.

[346] Cf. VP 94–95.

*satisfait pas complètement*[347]. *Finalement, il trouve ce qu'il cherche depuis si longtemps : « Un matin, à l'automne de 1904, je trouvai sur mon bureau, au Séminaire Saint-Thomas, une de ces brochures vertes dans lesquelles la Société des Missions évangéliques de Paris rendait compte chaque mois de son activité. Une demoiselle Scherdlin avait l'habitude de me les passer. Elle savait que je m'intéressais particulièrement à cette société de missionnaires en raison de l'impression que m'avaient laissée, dans mon enfance, les lettres d'un des premiers d'entre eux, Casalis, quand mon père nous les avait lues au cours d'une réunion religieuse organisée en faveur des missions.*

*Machinalement, je feuilletais la brochure déposée la veille sur ma table, avant de commencer à travailler. Mon regard tomba alors sur un article intitulé : "Les besoins de la Mission du Congo". Il était signé d'Alfred Boegner, un Alsacien qui dirigeait la Société des Missions à Paris ; il y déplorait que la Mission manquât de personnel pour poursuivre son œuvre au Gabon, au nord du Congo. L'article exprimait l'espoir que cet appel déciderait "ceux sur qui se pose déjà le regard du Maître" à s'offrir pour cette tâche urgente. Il se terminait ainsi : "C'est de tels hommes qui répondent simplement sur un signe du Maître : Seigneur, me voici, dont L'Église a besoin." Ayant achevé l'article, je me mis tranquillement au travail. Mes recherches avaient atteint leur terme*[348]. *»*

*Au moment où Schweitzer décide de suivre l'appel de la Société des Missions évangéliques, son souhait n'est pas d'aller en Afrique comme simple missionnaire mais plutôt comme médecin, « pour pouvoir travailler en silence »*[349] *; il craint par ailleurs que la Société ne le refuse comme missionnaire en raison de ses positions religieuses libérales*[350]. *Malgré le scepticisme de son entourage*[351], *Schweitzer persiste dans sa décision, termine ses études de médecine en 1912, épouse Helene Bresslau la même année, et quitte sa terre natale pour Lambaréné le Vendredi saint 1913 (le 21 mars).*

---

[347]  Cf. VP 95–97.

[348]  VP 97–98.

[349]  VP 105.

[350]  VP 106–108.

[351]  VP 99–100.

## 4.2 Histoire

Comme on va le voir par la suite, si on veut analyser le récit fait par Schweitzer de sa décision capitale d'abandonner la carrière académique pour devenir médecin en Afrique, c'est moins en référence au climat de son époque qu'à des modèles rhétoriques qu'il faut se référer. En effet, son récit présente toutes les caractéristiques du récit de conversion.

### *4.2.1 L'histoire d'une conversion*

Le récit de Schweitzer est, au sens propre du terme, un récit de conversion et correspond de ce fait à un genre narratif obéissant à des critères précis. À titre d'exemple, reportons-nous à la première et peut-être à la plus célèbre conversion rapportée dans une autobiographie, celle de saint Augustin (354–430). En l'an 386, Augustin se sentait mal à l'aise dans sa condition de professeur de rhétorique : « Pour moi, j'avais pris en dégoût la vie que je menais dans le siècle ; elle me pesait, maintenant que je ne brûlais plus des passions de jadis, désir des honneurs et de l'argent, pour supporter un si lourd esclavage. Ces passions avaient perdu pour moi leur charme, en regard de ta douceur et de *la beauté de ta maison que j'ai aimée*[352]. » À l'âge de 19 ans, il s'était déjà fixé l'objectif de « mépriser les félicités de la terre »[353], sans toutefois avoir jamais vraiment pu s'y résoudre. Désormais, après plus de douze ans d'indécision, il ne peut plus se voiler la face. Il s'accuse et constate « que d'autres qui ne se sont pas usés dans de telles recherches, qui n'ont pas médité dix ans et plus sur ces problèmes, se voient pousser des ailes sur leurs plus libres épaules »[354]. Bouleversé, Augustin raconte cette expérience à son ami Alypius : « As-tu entendu ? Des ignorants se lèvent et prennent le ciel de force, et nous, avec notre science sans cœur, voici que nous nous roulons dans la chair et le sang[355] ! » Au cours de cette phase de désespoir, un événement décisif se produit : « Et voici que j'entends, qui s'élève de la maison voisine, une voix de jeune garçon ou de jeune fille, je ne sais. Elle dit en chantant et répète à plusieurs reprises : "Prends et lis ! Prends et lis !" Et aussitôt, changeant de visage, je me mis à chercher attentivement dans mes souvenirs si ce

---

[352] Augustin, *Confessions* VIII, 2.
[353] Augustin, *Confessions* VIII, 7.
[354] Augustin, *Confessions* VIII, 1.
[355] Augustin, *Confessions* VIII, 8

n'était pas là quelque chanson qui accompagnât les jeux enfantins, et je ne me souvenais pas d'avoir entendu rien de pareil. Je refoulai l'élan de mes larmes et me levai. Une seule interprétation s'offrait à moi : la volonté divine m'ordonnait d'ouvrir le livre et de lire le premier chapitre que je rencontrerais [...] Je revins donc en hâte à l'endroit où était Alypius : car j'y avais laissé, en me levant, le livre de l'Apôtre. Je le pris, l'ouvris et lus en silence le premier chapitre où tombèrent mes yeux : "Ne vivez pas dans la ripaille ni dans les querelles et les jalousies ; mais revêtez-vous du Seigneur Jésus-Christ, et ne pourvoyez pas à la concupiscence de la chair." Je ne voulus pas en lire davantage, c'était inutile. À peine avais-je fini de lire cette phrase qu'une espèce de lumière rassurante s'était répandue dans mon cœur, y dissipant totalement les ténèbres de l'incertitude[356]. » Après cette expérience dramatique, Augustin décida d'abandonner sa carrière universitaire et de consacrer entièrement sa vie à Dieu.

Cette histoire nous permet de mettre en lumière les éléments constitutifs d'une histoire de conversion :

1. **La crise personnelle qui prélude à la conversion**[357] :

   À travers la relation de cette crise, l'auteur indique clairement qu'il est aux prises avec un problème qui revêt dans sa vie une importance existentielle. La crise est encore soulignée en référence à l'échec de tentatives antérieures pour entreprises pour y porter remède[358].

2. **Le signe :**

   Le signe déclencheur de la conversion qui libère l'auteur de la crise en question est un événement externe, apparemment fortuit. Ainsi, l'auteur indique clairement que la conversion n'a pas eu lieu de sa propre initiative[359].

---

[356]  Augustin, *Confessions* VIII. 12.

[357]  Cf. Bernd Ulmer, « Konversionserzählungen als rekonstruktive Gattung. Erzählerische Mittel und Strategien bei der Rekonstruktion eines Bekehrungserlebnisses », *Zeitschrift für Soziologie*, 17/1 (1988), p. 32.

[358]  Cf. *ibid.*, p. 24.

[359]  Cf. *ibid.*, p. 29.

### 3. Les effets de l'expérience de conversion :

La conversion se manifeste d'abord sur le plan émotionnel, « par exemple à travers les sensations de joie, d'équilibre et de paix intérieure »[360]. Cette phase constitue le pendant précis de la crise émotionnelle qui précède la conversion. Si le récit de la conversion est intégré dans une biographie globale, l'expérience de la conversion est le début d'« une nouvelle biographie »[361]. L'accent est mis en particulier sur le changement des pratiques de vie. Pour l'auteur, faire le récit de la conversion dans son autobiographie remplit donc aussi une fonction importante de légitimation[362], puisque l'événement décrit détermine sa vie entière à partir de cet instant.

Pour évaluer correctement le type de récit en question, le danger de rétroprojection (cf. chapitre 2) doit être pris en compte. Comme le récit de la conversion s'effectue en fonction du présent qui est celui du converti, « ainsi que le souligne à juste titre le sociologue Bernd Ulmer les informations qu'un converti donne en particulier sur sa biographie avant sa conversion [...] ne doivent pas être utilisées aveuglément comme source d'informations pour l'analyse scientifique »[363].

Un autre exemple qu'Augustin, dont Schweitzer est nettement plus proche dans le temps et sur le plan biographique, mais qui présente des caractéristiques presque identiques par rapport au sien, est celui du missionnaire français François Coillard (1834–1904), auquel Schweitzer lui-même fait parfois référence[364]. Coillard a connu son chemin de Damas spirituel le 27 juin 1852, un jour « qu'il plut à Dieu de marquer de son

---

[360] Bernd Ulmer, « Die autobiographische Plausibilität von Konversionserzählungen », *in* Walter Sparn (dir.), *Wer schreibt meine Lebensgeschichte. Biographie, Autobiographie, Hagiographie und ihre Entstehungszusammenhänge*, Gütersloh : Gütersloher Verlagshaus, 1990, pp. 292–293.

[361] Ulmer, « Konversionserzählungen », p. 29.

[362] Walter Sprondel s'intéresse particulièrement à cet aspect : « Subjektives Erlebnis und das Institut der Konversion », *in* Burkart Lutz (dir.), *Soziologie und gesellschaftliche Entwicklung. Verhandlungen des 22. Deutschen Soziologentages in Dortmund 1984*, Frankfurt (Main) : Campus, 1985, pp. 549–558.

[363] Ulmer, « Konversionserzählungen », p. 19.

[364] Cf. e.a. Schweitzer à Boegner, 9.7.1905, *in* Werner Zager, *Albert Schweitzer als liberaler Theologe. Studien zu einem theologischen und philosophischen Denker*, Münster : LIT Verlag, 2009, p. 315.

sceau »[365]. Le pasteur Henri Jaquet (1788–1867), qui fut le professeur de Coillard, présenta à celui-ci le livre intitulé *Wheat or Waffle* (« Le bon grain et l'ivraie ») du pasteur anglican John Charles Ryle[366]. Le titre de cette œuvre fait référence à la prophétie de Jean-Baptiste : « Moi, je vous baptise d'eau, pour vous amener à la repentance ; mais celui qui vient après moi est plus puissant que moi, et je ne suis pas digne de porter ses souliers. Lui, il vous baptisera du Saint-Esprit et de feu. Il a son van en sa main, et il nettoiera entièrement son aire, et il assemblera son froment au grenier ; mais il brûlera la paille au feu qui ne s'éteint point » (Mathieu 3, 11–12). La lecture de *Wheat or Waffle* eut une énorme influence sur Coillard. La question de savoir s'il faisait partie de l'ivraie ou du bon grain le plongea dans un réel désespoir existentiel, accompagné de symptômes physiques importants (perte d'appétit, troubles du sommeil, etc.)[367]. Il ne trouva de réconfort que dans une conversation avec Jaquet, et peu de temps après, il se sentit comme un homme neuf : « Une paix, une joie que je n'avais jamais connue, se répandirent dans mon âme et l'inondèrent[368]. » Cependant, le véritable tournant annonciateur de sa vie future ne se produisit que quelque temps plus tard, lorsque Jaquet attira l'attention de ses étudiants sur un appel de la Société des Missions évangéliques de Paris. Depuis son enfance, l'idée de mission enthousiasmait Coillard, en particulier sous l'influence du missionnaire français Eugène Casalis[369], mais il s'était toujours considéré comme inapte à cette tâche. Pourtant, lorsqu'il entendit l'appel lancé par la Société, cet appel, dit-il, « frappa violemment à la porte de mon cœur »[370]. C'est à ce moment que l'appel de Dieu balaya toutes les objections potentielles à une carrière de missionnaire : « La conviction que Dieu m'appelait, moi, et pas un autre, persistait, devenait toujours plus forte et prenait possession de moi-même[371]. » Coillard décida de répondre positivement et, après plusieurs années de formation, fut consacré pour son service

---

[365] Édouard Favre, *François Coillard : enfance et Jeunesse (1834–1861). D'après son Autobiographie, son Journal intime et sa Correspondance*, Paris : Société des Missions évangéliques, 1910, p. 88.

[366] Cf. John Charles Ryle (1816–1900), *Wheat or Waffle*, 1851.

[367] Cf. *ibid.*, pp. 90–91.

[368] *Ibid.*, p. 92.

[369] « Dès ma plus tendre enfance, les récits de M. Casalis me faisaient palpiter d'émotion, et il était pour moi un grand homme » (*ibid.*, p. 98).

[370] *Ibid.*, p. 98.

[371] *Ibid.*

missionnaire le 24 mars 1857[372]. Quelques mois plus tard, il quitta l'Europe pour le Basutoland, l'actuel Lesotho.

## 4.2.2 Le *Schweitzer historique*

Le 3 mars 1903, Schweitzer parla à sa future épouse Helene Bresslau d'un « grand tournant »[373] qui venait d'avoir lieu dans sa vie. Il faisait allusion à sa nomination au poste de directeur des études du Séminaire Saint-Thomas de Strasbourg. Schweitzer vit dans cette nomination l'accomplissement de son destin : « Voici donc le chemin qui s'ouvre à moi : éduquer les futurs pasteurs ! Comme c'est beau de semer de belles pensées, de nobles aspirations dans leurs cœurs, d'agir à travers eux. C'est trop beau, cela m'étouffe[374]. » À ce moment déjà, Schweitzer prévoyait de ne pas se limiter à ses seules activités au Séminaire, mais de mettre en œuvre son projet d'accueil d'orphelins. Dans la même lettre, il écrit : « Il m'a fallu me battre, défendre mes droits et insister pour qu'ils me donnent l'appartement [à Saint-Thomas] – dire qu'ils pensaient tous que c'était parce que j'avais des intentions de mariage! S'ils savaient pourquoi j'ai fait de l'appartement une condition ! C'est que sans l'appartement, vous comprenez, tous mes projets d'avenir se seraient effondrés[375]. » Quelques semaines après son entrée en fonction à Saint-Thomas le 1er octobre, Schweitzer s'attela à la mise en œuvre de son plan. Le 27 novembre[376], il s'adresse à Rudolf Schwander, maire de Strasbourg et directeur de l'office municipal des affaires sociales, pour lui faire part de sa volonté de recueillir deux garçons âgés entre huit et douze ans[377]. Malgré ses efforts, Schweitzer ne parvint pas à trouver des enfants de cet âge. Dans ce contexte, il indiqua clairement à Helene Bresslau pour la première fois qu'il avait abandonné l'idée d'une poursuite de sa carrière universitaire : « Les gens autour de moi ne me comprennent plus ; ils soupçonnent quelque chose qui leur échappe, que sais-je ; ils ne

---

[372] Cf. Gustav Peyer, *François Coillard. Der Apostel der Sambesi-Mission*, Basel : Verlag der Missionsbuchhandlung, 1905, p. 9.

[373] Schweitzer à Helene Bresslau, 3 mars 1903 (Lettre 35).

[374] *Ibid.*

[375] *Ibid.*

[376] Le 26 novembre, il avait écrit qu'il voulait entreprendre cette démarche le lendemain. Le 3 décembre, il écrit avoir rencontré Schwander « il y a quelques jours ».

[377] Schweitzer à Helene Bresslau, 3 décembre 1903 (Lettre 51).

peuvent pas s'expliquer que je suis au-dessus de tout cela, et encore moins pourquoi je ne me soucie pas de ma "carrière" de professeur ! Comme si c'était mon objectif, une carrière de professeur ! – Non, je veux vivre, vivre ma vie[378]. » Une année plus tard, le 25 février 1905[379], Schweitzer explique ce changement de disposition de sa part de façon encore plus détaillée : « Cette idée de me réaliser non pas à travers la science, mais à travers la vie m'est venue d'une manière inattendue. Elle m'est apparue comme un petit nuage situé au loin, à l'horizon. En écrivant mon Kant, j'ai senti le nuage approcher, ses ombres me recouvrir. Dans mon Kant, j'en ai dit plus que je ne savais alors : j'ai détruit tout ce qui constitue la religion et laissé subsister comme seule réalité *cet impératif catégorique*. Et à présent, le nuage a grossi. Je ne vois plus rien de ce que je voyais autrefois. La science pâlit – je ne ressens plus qu'une chose : que je veux agir […] Je n'ai plus l'ambition de devenir un grand savant, mais bien davantage – *simplement un être humain*[380]. » À travers l'image du nuage, Schweitzer décrit le sentiment vague qui le rend insatisfait de sa carrière universitaire, un sentiment qui ne l'a pas envahi soudainement mais s'est développé lentement en lui. Selon la lettre citée ici, il ressentit ce sentiment pour la première fois lors de la rédaction de sa thèse de doctorat en philosophie (1888–1889), même si ce n'était encore que de manière plutôt inconsciente. À l'époque où il écrivit cette lettre, le nuage lui était apparu dans sa pleine dimension. La croissance du nuage, c'est-à-dire la montée en lui de la conviction que la voie de l'action pratique était préférable à celle de la science, a dû avoir lieu entre 1888–1889 et 1905, bien que cette conviction semble déjà avoir été assez forte en lui dès 1903.

Les conférences publiques données par Schweitzer données en 1905–1906 témoignent également de la crise qu'il semble avoir vécue. Le lendemain de son trentième anniversaire, en particulier, le 15 janvier 1906, à l'invitation de la Protestantisch-Liberaler Verein (Association protestante libérale), Schweitzer donna en l'église Saint-Nicolas de Strasbourg une conférence dont le sujet était « Notre temps et notre religion ». Dans cette conférence, il définit la « religion élémentaire » comme le désir de « donner une valeur à la vie »[381], tout en soulignant

---

[378]  Schweitzer à Helene Bresslau, 26 novembre 1903 (Lettre 51).

[379]  Schweitzer date la lettre du 26 février. Le 26 février 1906 était cependant un dimanche. C'est pourquoi j'ai rectifié cette date.

[380]  Schweitzer à Helene Bresslau, 25 février 1905 (Lettre 83).

[381]  Schweitzer, « Unsere Zeit und die Religion », VVA 268. Cf. aussi VVA 269.

clairement avoir acquis cette certitude sur la base de sa propre expérience : « La fonction la plus élémentaire qui nous est donnée dès notre naissance est de parvenir à la compréhension de la vie, à savoir que vous ne vous reposez pas avant d'avoir arraché sens et valeur à celle-ci. La pensée commence à ce moment mystérieux où la vie devient sans signification et sans valeur pour un être humain, où celui-ci se sent inutile – et aucun d'entre nous n'échappe à ce type d'expérience. [...] Disons-le plus clairement : cela concerne presque tous les êtres humains, au moment où la religion traditionnelle leur échappe comme le mortier s'échappe du mur. L'éducation, le foyer et la famille, la religion, le milieu, rien ne peut nous aider, car cela doit venir en même temps que ce moment où la vie devient sans valeur, sans signification... Cela doit arriver pour que l'homme devienne lui-même[382]. »

Ce n'est pas un hasard si ce « moment où la vie perd son sens et sa valeur pour un être humain, où celui-ci se sent inutile » survient à peu près au même moment que la crise traversée par Schweitzer dans sa recherche sur le Jésus historique (cf. chapitre 3). La référence au « moment où la religion traditionnelle [lui] échappe comme le mortier s'échappe du mur » correspond sans doute exactement à ce « désarroi » que Schweitzer a ressenti par rapport au Jésus historique. L'impression de cette corrélation est renforcée par les remarques de Schweitzer lors d'une deuxième conférence à Saint-Nicolas une semaine plus tard seulement : « Nous avons perdu une illusion : l'illusion que Jésus puisse être rapproché de notre monde en le ramenant à la perspective historique. Les vies de Jésus qui sont en train d'être écrites ne nous mèneront pas à lui et si elles ont été écrites par des anges, nous le trouverons, notre époque le trouvera. Vous devez le chercher d'une manière différente, de l'intérieur. Tous les progrès de la vérité ne sont-ils pas la perte d'une illusion, nous obligeant à emprunter un autre chemin ? [...] Chaque époque doit le [Jésus] comprendre et le posséder en fonction de ce qui constitue son être profond... Le premier christianisme le possédait dans la communauté de la souffrance, le Moyen Âge – Luther en faisait partiellement partie – seulement en tant que sauveur du péché et du jugement ; quant à nous, au sein de notre humanité active, en tant qu'êtres humains qui veulent agir spirituellement et sont à la recherche d'une autorité puissante, mais en même temps conscients de leur petitesse, nous trouvons en lui

---

[382] VVA 265.

une autorité spirituelle agissante. [...] C'est dans l'action que nous le trouvons[383]. »

C'est Carl Gustav Jung (1875–1961), contemporain de Schweitzer, qui fut le premier à soupçonner que Schweitzer essayait de compenser en Afrique la déception qu'il avait éprouvée dans sa recherche de Jésus : « Je trouve tout simplement embarrassant que Schweitzer ait trouvé la réponse au résultat désastreux de son *Histoire de la quête du Jésus historique* en renonçant au *cura animarum* en Europe pour devenir un rédempteur blanc parmi les nègres. Le Christ relativisé n'est plus le même Christ que celui qui est proclamé. Quiconque le relativise risque de se transformer lui-même un rédempteur. Et où a-t-on le plus de chances de réaliser cela ? Eh bien, en Afrique. Je connais l'Afrique et je sais à quel point le docteur blanc y est vénéré, comme c'est touchant et séduisant[384] ! » Même si le psychanalyste Jung a peut-être un peu trop surinterprété la décision de Schweitzer, quand il constate un lien entre la crise religieuse et la crise existentielle traversée par celui-ci, il est sans doute dans le vrai.

L'idée de partir en mission en Afrique est évoquée par Albert Schweitzer pour la première fois le 21 décembre 1904 dans une lettre à Helene Bresslau, environ un an après l'échec de ses tentatives pour recueillir des enfants[385]. À ce moment toutefois, il n'a nullement abandonné mais a simplement modifié son plan initial. Il veut maintenant « accueillir des garçons qui sortent de l'école pour leur permettre d'apprendre quelque chose de bien ou pour en faire des enseignants »[386]. Il avoue également ce jour-là : « Il y a une chose que je sais : si je ne peux pas mener à bien mon projet d'élever des garçons, je ne resterai pas ici : je périrais. [...] J'en conclurais que je devrais chercher un moyen différent de me réaliser et je me mettrais à la disposition de la mission française au Congo ou sur le Zambèze, car on a besoin de gens là-bas[387]. » Le 9 juillet 1905, Schweitzer envoie finalement à Alfred Boegner, directeur de la Société des Missions évangéliques de Paris, une lettre dans laquelle il informe celui-ci être prêt à se mettre à la disposition de la Société comme missionnaire : « Après

---

[383]  Schweitzer, « Jesus und wir », VVA 275–283.

[384]  Jung à Bremi, 11 décembre 1953 (*in* Aniela Jaffé, *C. G. Jung. Briefe II (1946–1955)*, Olten : Walter-Verlag, ³1989, p. 361). Cf. aussi Pierre Lassus, *Albert Schweitzer*, Paris : Albin Michel, 1995, p. 172.

[385]  Schweitzer à Helene Bresslau, 21 décembre 1904 (Lettre 78).

[386]  Schweitzer à Helene Bresslau, 25 février 1905 (Lettre 82).

[387]  Schweitzer à Helene Bresslau, 25 février 1905 (Lettre 83).

une longue et sérieuse réflexion, j'ai décidé, il y a quatre mois, de quitter
mon poste le plus tôt possible. Comme je voulais faire mûrir mon plan,
j'ai attendu quatre mois avant de vous écrire[388]. » Schweitzer annonce
alors qu'il remettra sa démission avant le 1er mars de l'année à venir,
ce qui le maintiendrait dans ses fonctions au Séminaire Saint-Thomas
jusqu'en septembre. Puis il dit souhaiter disposer « d'encore six mois pour
engranger quelques connaissances générales nécessaires à la mission, et
surtout pour faire de la médecine. [...] Je vais débuter ces études dès
l'hiver prochain. » Et il poursuit en posant la question suivante : « Ne
pensez-vous pas que les connaissances médicales sont absolument
nécessaires ? Coillard le dit quelque part[389]. » Le service de Schweitzer
pour la Société devait donc commencer au printemps 1907.

Le 11 octobre 1905, Schweitzer rencontre Boegner en personne pour la
première fois. Celui-ci lui révèle que la Société des missions évangéliques
parisienne (placée sous le signe du Réveil chrétien) a de grandes réserves
à son égard parce qu'il est un représentant de la théologie libérale et
aurait de ce fait des difficultés à l'accepter comme missionnaire[390]. Afin
que ses convictions religieuses puissent demeurer une « affaire privée »[391],
Schweitzer envisage alors d'entreprendre un cycle complet d'études
médicales afin de pouvoir aller en Afrique non pas comme missionnaire,
mais comme médecin. Cependant, il place la décision le concernant
entièrement entre les mains de la Société. Il écrit à Helene Bresslau le
12 octobre 1905 : « Si la Société trouve utile de me laisser terminer mes
études de médecine, ce sera sa décision. [...] Mais si on a besoin d'un
missionnaire plus tôt, je ne finirai pas mes études. Officiellement, la
société sait que je serai disponible dans une semaine[392]. » La décision
finale le concernant n'a été prise que lors d'une réunion de la Société à
Paris le 5 mai 1911. À partir de ce moment-là, il est clair que Schweitzer
n'ira pas en Afrique en tant que missionnaire mais en tant qu'« auxiliaire
médical indépendant »[393].

---

[388] Schweitzer à Boegner, 9 juillet 1905 (*in* Zager, *Schweitzer*, pp. 311–312).

[389] Schweitzer à Boegner, 9 juillet 1905 (*ibid.*, p. 315).

[390] Cf. Gustav Woytt, « Albert Schweitzer und die Pariser Mission », *in* Richard
Brüllmann (dir.), *Albert-Schweitzer-Studien*, Bern : Verlag Paul Haupt, 1989,
pp. 139–140. Cf. aussi Schweitzer à Helene Bresslau, 12 octobre 1905 (Lettre 115–
116).

[391] Schweitzer à Helene Bresslau, 12 octobre 1905 (Lettre 116).

[392] *Ibid.*

[393] Schweitzer à Helene Bresslau, 5 mai 1911 (Lettre 306).

## 4.3 Comparaison

Le récit fait par Schweitzer sur sa décision de devenir médecin dans la forêt équatoriale nous place non seulement en face d'un écart entre l'autobiographie et l'histoire, mais face à un écart au sein de l'autobiographie elle-même. Dans son premier récit autobiographique (*À l'orée de la forêt vierge*, 1921), Schweitzer souligne que la parabole du riche et du pauvre Lazare (Luc 16, 19–30) a été décisive dans sa résolution : « Le riche, c'est nous. Les progrès de la médecine ont mis à notre disposition un grand nombre de connaissances et de moyens efficaces contre la maladie et la douleur physique ; et les avantages incalculables de cette richesse nous semblent choses toutes naturelles. Le pauvre Lazare, c'est l'homme de couleur. Il connaît autant et même plus que nous la maladie et la souffrance, et il n'a aucun moyen de les combattre. Nous agissons comme le mauvais riche, dont l'insouciance vis-à-vis du pauvre assis à sa porte était un péché, parce qu'il ne se mettait pas à la place de son prochain et ne laissait pas parler son cœur[394]. »

Dix ans plus tard, dans *Ma vie et ma pensée*, cette explication ne joue plus aucun rôle. Schweitzer fait désormais remonter sa décision à l'époque où, en 1896, il décida de « se consacrer à un service purement humain » dès l'âge de 30 ans. Ici aussi, il explique sa décision en référence au verset de l'évangile de Matthieu : « Quiconque en effet voudra sauver sa vie la perdra, mais quiconque perdra sa vie à cause de moi la gardera » (Matthieu 16, 25). Cette référence est totalement absente dans son premier récit, de même que la mention de l'appel de la Société des Missions qui, selon ses dernières déclarations, a marqué pour lui le tournant décisif. Le fait que Schweitzer, dans son autobiographie plus complète de 1931, présente son évolution de façon plus détaillée que dix ans auparavant, ne peut bien sûr pas lui être reproché. Néanmoins, les différents motifs qu'il invoque pour expliquer sa décision demeurent incompatibles entre eux et on peut formuler l'hypothèse que la première version est plus conforme à la vérité historique que la seconde.

Sur ce plan, ce que Schweitzer dit de la résolution qu'il a prise en 1896 n'est ni vérifiable ni clairement réfutable. Néanmoins, on peut douter de la vraisemblance de ce qu'il déclare. Le texte clé ici est sa lettre à Helene Bresslau en date du 25 février 1905. C'est ici que Schweitzer

---

[394] FV 15–16.

utilise pour la première fois l'image du « nuage de la connaissance », qui l'avait inspiré pendant une période assez longue. Il a perçu la présence de ce nuage pour la première fois en 1898–1899, lors de la rédaction de sa thèse de doctorat sur Kant. Schweitzer admet cependant qu'il en a dit à l'époque plus qu'il n'en savait, car le nuage n'avait pas encore atteint son influence maximale. Ce n'est qu'en 1905, lors de la rédaction de la lettre qui vient d'être évoquée, que le nuage a pris des dimensions telles que la recherche ne représente plus une carrière acceptable pour lui et qu'il a voulu s'engager dans l'action pratique. Comparons maintenant la déclaration de Schweitzer avec son récit autobiographique : « Ainsi apparaît à l'horizon un petit nuage ; on peut en détourner la vue par instants. Mais lentement, irrésistiblement, il grossit et enfin il couvre le ciel entier. La décision intervint quand j'avais vingt et un ans ; j'étais encore étudiant. Pendant le congé de la Pentecôte, je pris la résolution de me consacrer jusqu'à trente ans à la théologie, à la science et à la musique. Quand j'aurais accompli dans ces domaines la tâche que je m'étais imposée, je changerais de route pour me mettre au service direct de l'humanité[395]. » Schweitzer a ainsi conservé l'image du nuage, mais a maintenant clairement *antidaté* l'apparition de celui-ci. Il ne devrait donc y avoir aucun doute que la précédente déclaration est la plus « honnête ». D'autre part, l'accent mis sur le fait qu'il était dans sa trentième année est à peu près conforme à la réalité, car le changement intervenu dans les plans de Schweitzer pendant les années 1905–1906 est perceptible. Seule l'indication relative aux neuf années nécessaires à la concrétisation de ce revirement paraît correspondre à une réalité construite.

L'expérience de la conversion en lisant l'appel de la Société des missions évangéliques n'a pas pu avoir lieu sous la forme décrite par Schweitzer. La première chose qui frappe dans la narration est sa forme standardisée :

1. **La crise biographique avant la conversion :**

   Schweitzer décrit en détail sa quête de la manière la mieux adaptée pour agir, en évoquant les multiples déceptions qu'il a connues. Comme Augustin, il raconte qu'à l'âge de 19 ans, il avait déjà pris la résolution de ne pas consacrer sa vie à la recherche de son bonheur personnel.

---

[395] SE 105.

2. **Le signe :**
    « Machinalement, je feuilletais la brochure déposée la veille sur
    ma table, avant de commencer à travailler. Mon regard tomba sur
    un article intitulé : "Les besoins de la Mission du Congo". » Les
    mots soigneusement choisis ici soulignent qu'il s'agit d'un signe
    extérieur qui apparaît sans intervention consciente de Schweitzer.
    Les parallèles avec l'expérience de Coillard sont évidents.
3. **Les effets de l'expérience de la conversion :**
    « Ayant achevé ma lecture, je me mis tranquillement au travail.
    Mes recherches avaient atteint leur terme. » À Schweitzer aussi,
    l'expérience de la conversion procure une grande paix intérieure
    après une période de recherche intense. En même temps, une
    « nouvelle ère biographique » débute pour lui avec cet événement,
    puisque désormais toute sa vie est placée sous le signe de l'appel
    missionnaire.

Il est évident que la forme « standardisée » de la narration n'est pas
encore la preuve que l'événement ne s'est pas produit. Cependant, les
documents contemporains montrent clairement que la date indiquée
pour la conversion (automne 1904) ne peut être correcte. Jusqu'en
février 1905, Schweitzer faisait état envers Helene Bresslau de son projet
d'accueillir des garçons « qui sortaient de l'école pour leur permettre
d'apprendre quelque chose de bien ou pour en faire des enseignants ».
En juillet 1905, il écrivit à Boegner avoir pris sa décision depuis quatre
mois et l'avoir ensuite laissée mûrir. Ainsi, le processus décisionnel
de Schweitzer s'étendrait sur les mois de mars à juillet 1905. Ceci est
conforme à ce que nous apprend sa correspondance avec Helene Bresslau,
à qui il rend compte à plusieurs reprises au cours de ces mêmes mois de
l'échec de ses plans initiaux et de ses idées sur la mission. De même quand
Schweitzer affirme qu'il voulait aller en Afrique comme médecin « pour
pouvoir travailler en silence » sa déclaration ne résiste pas à une analyse
historique. Dans la lettre de candidature qu'il a adressée à Boegner, il
évoque simplement la possibilité de passer un semestre à « faire un peu
de médecine » et d'être disponible comme missionnaire dès le printemps
1907. C'est seulement la réponse négative venue de la Société des missions
évangéliques en raison de ses positions théologiques qui le conduisit à
accomplir un cycle complet d'études médicales pour travailler ensuite
comme médecin en Afrique. Contrairement à ce que disent les écrits
autobiographiques de Schweitzer, il semble que dans un premier temps il
n'était pas au courant des réserves de la Société à son égard.

# 5. Le respect de la vie

## 5.1 Autobiographie

*Dès son plus jeune âge, Schweitzer a pitié des animaux. La vue d'un vieux cheval boiteux battu et traîné vers l'abattoir le hante pendant des semaines[396]. Avant même d'aller à l'école, à l'insu de sa mère, il inclut secrètement les animaux dans sa prière du soir : « Mon Dieu, disais-je, protège et bénis tout ce qui respire ; préserve du mal tous les êtres vivants et fais-les dormir en paix[397] !» Schweitzer fait une expérience particulièrement dramatique entre six et huit ans[398]. Un garçon du voisinage veut tirer sur des oiseaux avec lui à l'aide des lance-pierres qu'ils s'étaient fabriqués. Schweitzer est mal à l'aise à l'idée de faire cela, mais il accepte parce qu'il a peur de se ridiculiser devant son ami. Alors qu'ils se tenaient à l'affût et tendaient leur lance-pierres, les cloches de l'église commencèrent à sonner. Schweitzer jeta alors son propre lance-pierres, chassa les oiseaux et rentra à la maison en courant : « Toutes les fois que les cloches de la Passion retentissent dans le ciel printanier où les arbres dressent leurs branches dénudées, je pense avec une émotion reconnaissante au commandement que me rappela jadis leur voix grave : "Tu ne tueras point !"[399]. » Cet amour pour les animaux, ressenti dès l'enfance, est présent plus tard dans l'éthique philosophique de*

---

[396] SE 51. Schweitzer ne date pas cet événement plus précisément, mais il le mentionne d'abord dans ce contexte.

[397] SE 52–53.

[398] Ici, les propres représentations de Schweitzer se contredisent. Dans une prédication de l'année 1919, dans laquelle il décrit pour la première fois l'événement qui va suivre, il le situe au cours de sa première année de scolarité (Predigten 1250). Schweitzer fréquentait l'école du village de Gunsbach depuis 1880, il devait donc avoir six ans à l'époque. Dans *Souvenirs de mon enfance*, par contre, il affirme avoir eu sept ou huit ans, tout en reconnaissant n'être plus certain de cela (SE 52).

[399] SE 53.

*Schweitzer, au centre de laquelle se trouve la notion de « respect de la vie »,*
*qui lui fut révélée sur un mode mystique : « Tandis que je séjournais à Cap*
*Lopez avec ma femme, à cause de sa santé, je fus appelé – en septembre*
*1915 – auprès de Madame Pelot, la femme d'un missionnaire à N'Gomo,*
*situé à 200 kilomètres environ, en amont. Le seul moyen de transport que*
*je trouvais était un petit vapeur en partance qui emmenait deux remorques*
*surchargées. [...] Nous naviguions lentement à contre-courant, cherchant*
*notre voie, non sans peine, parmi les bancs de sable. C'était la saison sèche.*
*Assis sur le pont d'une des deux remorques, indifférent à ce qui m'entourait,*
*je faisais des efforts pour saisir cette notion élémentaire et universelle de*
*l'éthique que je n'avais trouvée dans aucune philosophie. Noircissant page*
*après page de phrases sans suite, je n'avais d'autre intention que de fixer*
*mon esprit sur ce problème dont la solution toujours se dérobait. Deux jours*
*passèrent. Au soir du troisième, alors que nous avancions dans la lumière du*
*soleil couchant, en dispersant au passage une bande d'hippopotames, soudain*
*m'apparurent, sans que je les eusse pressentis ou recherchés, les mots "respect*
*de la vie". La porte d'airain avait cédé. La piste s'était montrée à travers le*
*fourré*[400]*. »*

   *La notion de « respect de la vie » ne reflète pas seulement l'amour de*
*Schweitzer pour la nature, elle constitue aussi le fondement de son attitude*
*à l'égard des deux grands problèmes qui l'ont préoccupé au cours de toute*
*son existence : « Le premier réside dans la constatation que le monde est*
*inexplicablement mystérieux et plein de souffrance ; le second, dans le fait*
*que je suis né à une époque de déclin spirituel de l'humanité. Je les ai résolus*
*tous deux en développant cette pensée qui m'a conduit à accepter le monde*
*et la vie en m'appuyant sur une éthique du respect de la vie*[401]*. » Schweitzer*
*réussit à faire face à la mystérieuse souffrance du monde en opérant la*
*synthèse de deux visions opposées présentes dans l'histoire de la philosophie.*
*Dans la pensée antique déjà, il perçoit la présence de ces deux visions : « La*
*pensée conduit le monde antique au pessimisme. Elle aboutit à l'idéal du*
*sage qui refuse d'agir dans le monde*[402]*. » Mais Schweitzer estime que cette*
*évolution connaît une exception à travers le stoïcisme tardif de Marc Aurèle,*
*qui contient l'esquisse d'un optimisme éthique*[403]*. Il explique cette exception*

---

[400]   VP 171.
[401]   VP 243.
[402]   SD 36.
[403]   *Ibid.*

*de la façon suivante : « La philosophie antique prend le monde tel qu'il est, en tant que phénomène régi par la mystérieuse loi de la nécessité. De cette perception ne découle pour elle pas plus l'acceptation de la vie que l'esquisse d'une éthique*[404]*. » Les philosophes du stoïcisme tardif, en revanche, choisissent la voie exactement opposée en « envisageant les phénomènes du monde comme le résultat de l'action d'un vouloir universel de dimension raisonnable et éthique. La volonté éthique de l'homme qui envisage positivement l'univers et la vie interprète en son sens l'action de la force qui agit au sein de l'univers*[405]*. » Ce conflit entre optimisme et pessimisme traverse toute l'histoire de la philosophie jusqu'à Schopenhauer et Nietzsche. Il s'agit du conflit entre vision du monde et vision de la vie, entre connaissance externe et connaissance interne. La connaissance externe du monde engendre le pessimisme, sa connaissance de l'intérieur l'optimisme. Pour Schweitzer, c'est la connaissance de l'intérieur qui est prioritaire, car la connaissance extérieure est toujours incomplète : « Je vois l'arbre pousser, verdir et fleurir. Mais je ne parviens pas à la connaissance des forces qui sont ici à l'œuvre. [...] Mais en moi, j'accède à la connaissance des réalités internes. En moi se révèle, d'une manière que je ne perçois pas autrement, le pouvoir créateur qui produit et préserve tout ce qui, en tant que volonté éthique, en tant que force, veut devenir créateur en moi. Ce secret dont je fais l'expérience est crucial pour ma réflexion, ma volonté et ma compréhension des choses*[406]*. »*

*Malgré la contradiction évidente entre ces deux approches, à travers la notion de respect de la vie, Schweitzer réussit à opérer la synthèse entre celles-ci, et donc à poser un véritable acte pionnier : « Je crois être le premier penseur occidental qui ait osé reconnaître ce résultat dévastateur de la connaissance et à être absolument sceptique quant à notre savoir au sujet du monde sans pour autant renoncer à accepter le monde et la vie et à prôner une éthique*[407]*. » Schopenhauer et Nietzsche étant pour Schweitzer les deux représentants modernes des deux positions opposées, le premier représentant le pessimisme et le second l'optimisme, Schweitzer lui-même considère sa philosophie du respect de la vie comme une synthèse des systèmes de ces deux penseurs : « Si ma philosophie du respect de la vie a été décrite comme une synthèse de Schopenhauer et de Nietzsche, je n'ai aucune objection à formuler ici. Elle a ceci en commun avec Schopenhauer qu'elle renonce à toute explication*

---

[404] *Ibid.*

[405] SD 36–37.

[406] CW 58–59.

[407] KPh 80.

*du monde et envisage l'homme comme soumis à un processus mystérieux et douloureux. Elle est solidaire de celle de Nietzsche sur le plan de l'acceptation du monde et de la vie en ce sens qu'elle induit que toute éthique doit renvoyer à une expérience du monde et de la vie. Schopenhauer et Nietzsche sont fondamentalement les deux grands penseurs de notre époque. [...] Ceci veut dire que toute pensée conséquente doit se présenter comme une synthèse de Schopenhauer et de Nietzsche*[408]. »

Mais l'idée de respect de la vie défendue par Schweitzer représente encore à un autre titre une révolution au niveau de l'histoire de la philosophie. Car jusqu'alors, la philosophie avait cru n'« *avoir eu pour objet que la relation de l'homme à l'égard des humains* »[409]. L'erreur inhérente à tous les systèmes d'éthique antérieurs a été selon Schweitzer de « *ne pas reconnaître la vie en soi précisément comme la valeur mystérieuse à laquelle ils avaient affaire* »[410]. Et il souligne en particulier qu'il ne doit pas y avoir de distinction entre la vie « *supérieure* » et la vie « *inférieure* »[411]. Il s'éloigne clairement de Descartes, qui considérait la pensée comme l'expérience de base de l'existence (cogito ergo sum*)*, et part en ce qui le concerne du « *fait le plus global qu'est la conscience* » : « *Je suis la vie qui veut vivre, au sein de la vie qui veut vivre*[412]. » Mais au sein du monde, « *on assiste à l'horrible spectacle d'un clivage au sein de la volonté de vivre* » : « *Une vie s'impose aux dépens de l'autre. Un vouloir-vivre prévaut au détriment de l'autre et reste ignorant de celui-ci*[413]. » Cette constatation est à la base du pessimisme épistémologique de Schweitzer. Comment peut-il cependant sur un plan éthique persister dans une attitude positive face à la vie et laisser cohabiter celle-ci avec une vision pessimiste du monde ? Il explique sa position de la manière suivante : « *Mais en moi, la volonté de vivre est devenue une connaissance des autres volontés de vivre. [...] Je ne peux m'empêcher d'accepter le fait que la volonté de vivre en moi apparaît comme une volonté de vivre qui veut s'unir avec une autre volonté de vivre. Ce fait est pour moi la lumière qui brille dans les ténèbres. Je suis libéré de l'ignorance à laquelle le monde est soumis. Je suis libéré du monde. Le respect de la vie me plonge dans une inquiétude que le monde*

---

[408] SD 38–39. Ce passage n'a pas été repris par Schweitzer dans *Ma vie et ma pensée*.

[409] VP 174.

[410] VP 257.

[411] VP 257.

[412] KPh 308.

[413] KPh 311.

*ne connaît pas. Et celui-ci me procure une félicité que le monde ne peut me donner*[414]. »

Quand Schweitzer dit que son respect pour la vie l'a aussi aidé à faire face au déclin de l'humanité, cela signifie que malgré cette perspective sombre, il n'a pas permis que fût porté atteinte à son courage et a sa combativité : « Car que signifient l'existence éthique et l'activité éthique de l'homme pieux face à l'évolution infinie du monde ? De quoi s'agit-il ? Avouons que nous ne connaissons pas de réponse à cela sauf qu'ainsi s'accomplit la volonté de Dieu[415]. » Schweitzer estime que la tâche concrète qui lui incombe en ce monde est de combattre par le respect de la vie le déclin de l'humanité tel qu'il le constate : « Ma position et mon activité dans le monde consistent à vouloir approfondir et améliorer la nature des hommes à travers la pensée. Je suis en désaccord avec l'esprit de ce temps, parce qu'il est plein de mépris pour la pensée. [...] Les collectivités organisées, politiques, sociales et religieuses de notre temps s'efforcent d'amener l'individu à ne pas forger lui-même ses convictions, mais à assimiler seulement celles qu'elles tiennent toutes prêtes pour lui. L'homme qui pense par lui-même, et qui en même temps est libre sur le plan spirituel, est pour eux un être incommode et mystérieux*[416]. »

## 5.2 Histoire

Pour comprendre la genèse du principe de respect de la vie défendu par Schweitzer, il est indispensable de brosser une sorte de panorama de son époque qui soit encore plus ample qu'au niveau de l'évaluation de ses recherches sur Jésus. La notion de respect de la vie, qui constitue sans aucun doute le nœud de la philosophie de Schweitzer, est une construction complexe qui se nourrit essentiellement de trois courants intellectuels qui vont être examinés à présent : l'idée de droit des animaux, la philosophie de la vie et la dialectique entre optimisme et pessimisme.

---

[414]  *Ibid.*

[415]  CW 58.

[416]  VP 243–244.

## 5.2.1 Les droits des animaux dans la pensée allemande moderne

### 5.2.1.1 Les modèles

Pour se faire une idée exacte du mouvement allemand de défense des droits des animaux qui a vu le jour à la fin du XVIII<sup>e</sup> siècle, il est nécessaire d'avoir présentes à l'esprit trois idées de la relation homme-animal qui étaient populaires à l'époque et dont le mouvement naissant allait se démarquer.

Pour René Descartes (1596–1650), les corps des humains et des animaux peuvent être comparés à des machines. Si l'on était capable de créer des machines ayant les organes et la forme extérieure d'animaux précis, celles-ci ne pourraient plus être distinguées des animaux[417]. Au niveau des humains, en revanche, une confusion de ce genre ne serait pas possible, car ceux-ci possèdent deux capacités que ne pourrait jamais posséder une machine : le langage et la raison[418]. Pour Descartes, ce sont ces deux réalités qui constituent les éléments distinctifs qui séparent l'homme de l'animal. Cette distinction inclut également l'idée que les animaux ne peuvent pas percevoir consciemment la douleur, puisque cette perception n'est possible que pour les êtres dotés de raison. En fait, Descartes dénie aux animaux la possibilité même de ressentir des sensations de douleur conscientes et réfléchies. L'idée que les animaux seraient fondamentalement des automates dénués de sensations et insensibles à la douleur n'a été développée que par les successeurs du philosophe français, mais c'est à celui-ci qu'on l'a généralement attribuée[419].

Le premier texte d'inspiration biblique et théologique d'ampleur relatif à la relation homme-animal est le *De Jure Hominis in Creaturas. Oder Schrifftmässige Erörterung Deß Rechts des Menschen Über Die Creaturen* (1711) (« Du droit des humains envers les créatures. Ou : Étude du droit

---

[417] Cf. René Descartes, *Discours sur la Méthode (1637)*, übersetzt und herausgegeben von Christian Wohlers, Hamburg : Felix Meiner, 2011, p. 96.

[418] Cf. *ibid.*, pp. 96–98.

[419] Cf. Andreas-Holger Maehle, *Kritik und Verteidigung des Tierversuchs. Die Anfänge der Diskussion im 17. und 18. Jahrhundert*, Stuttgart : Franz Steiner Verlag, 1990, p. 115. Cf. aussi John Cottingham, « "A Brute to the Brutes ?" : Descartes' Treatment of Animals », *Philosophy*, 53 (1978), pp. 551–559.

des humains envers les créatures ») qui a pour auteur Adam Gottlieb Weigen (1677–1727), pasteur originaire de Leonberg[420]. Pour Weigen, l'homme est clairement supérieur aux animaux, mais a en même temps une responsabilité envers eux : « Dieu nous a fait Seigneur, mais non pas tyran de ses créatures. C'est être un tyran que de faire violence aux autres créatures et de les tuer sans raison. Les créatures nous sont données pour en faire un usage approprié et non pour nous livrer à des abus cruels[421]. » Toutefois, Weigen souligne également que la finalité de l'existence des animaux est leur soumission au pouvoir de l'homme : « Quant à la créature elle-même, la finalité de sa création est d'être soumise au pouvoir de l'homme. Elle est créée en partie pour le besoin de l'homme, en partie pour son plaisir et en partie pour faire connaître la bonté, la toute-puissance et la sagesse du Créateur. Tout cela est accompli dans le service qu'elle rend à l'homme[422]. » Le principe essentiel qui doit guider le comportement de l'homme envers les animaux selon Weigen est d'en faire un *usage approprié*. Ainsi, estime-t-il, il est cruel d'affamer son bétail, mais il est tout aussi cruel de présenter de la nourriture de qualité à ses animaux, alors que les pauvres meurent de faim[423]. Selon toute vraisemblance, il y avait déjà des enterrements d'animaux à cette époque ; Weigen y voyait une façon coupable de valoriser les animaux : « C'est une honte et un péché que même des personnes intelligentes se laissent parfois séduire par un amour si déraisonnable et insensé que, si un de leurs animaux bien-aimés meurt, ils sont non seulement très attristés, mais aussi l'enterrent, et rédigent pour lui des épitaphes[424]. » Cette idée d'*usage approprié* se retrouve dans l'ensemble de l'œuvre de Weigen, et pas seulement en ce qui concerne le traitement des animaux. Tout comme la consommation de vin, par exemple, n'est pas un péché, alors que sa jouissance excessive l'est, de même l'amour pour les animaux est légitime, mais ne doit pas conduire à placer ceux-ci

---

[420]  Toutes les parties du livre ne sont pas consacrées à ce sujet, car le terme « créatures » est très largement défini et inclut également des choses comme les terres agricoles, les biens commerciaux, les églises ou les objets d'art. C'est pourquoi certains chapitres traitent de sujets tels que l'usure ou l'art érotique.

[421]  Adam Gottlieb Weigen, *De Jure Hominis in Creaturas. Oder Schrifftmässige Erörterung Deß Rechts des Menschen Über Die Creaturen (1711)*, herausgegeben von Martin H. Jung, Hildesheim : Olms, 2008, p. 355 (§ 33).

[422]  *Ibid.*, pp. 41–42 (§ 15).

[423]  Cf. ibid., p. 591 (§ 35).

[424]  *Ibid.*, p. 593 (§ 35).

au-dessus de l'homme et à porter ainsi atteinte à l'ordre de la création. Il convient également de noter que dans cette œuvre est présente – pour la première fois dans l'histoire intellectuelle allemande – de façon explicite une idée qui sera ensuite au centre des préoccupations du mouvement moderne de protection des animaux : la crainte que la cruauté envers les animaux n'entraîne également la cruauté envers les êtres humains, et l'idée connexe que l'éducation à la compassion envers les animaux a également des effets positifs sur la relation entre les êtres humains : « Et la pire de toutes choses, c'est qu'en étant sans pitié envers les bêtes, on apprend aussi à être sans pitié et cruel envers son prochain[425]. »

Emmanuel Kant (1724–1804) se livre à des considérations relatives aux animaux du point de vue de la philosophie du droit dans son ouvrage de 1797 *Die Metaphysik der Sitten* (« La métaphysique des mœurs »). Le principe essentiel formulé par Kant est le suivant : « Le sujet obligé aussi bien que le sujet obligeant n'est toujours que l'homme[426]. » L'homme n'a donc que des devoirs envers l'homme, envers lui-même ou envers un autre humain, mais non pas envers les animaux ni envers Dieu. Ce dernier aspect est d'une grande importance pour comprendre que l'argumentation de Kant n'est aucunement fondée sur la notion de supériorité de l'homme. Il note simplement l'impossibilité entre l'homme et l'animal d'une relation réciproque fondée sur le devoir ou le droit, puisque l'animal en tant qu'être dénué de raison n'a ni droits ni devoirs. Mais Kant n'est pas du tout indifférent au traitement des animaux, surtout pour la raison que nous avons déjà relevée à propos de Weigen : « Relativement à cette partie de la création qui est animée, mais privée de raison, la violence et la cruauté avec lesquelles on traite les animaux sont très contraires au devoir de l'homme envers lui-même ; car on émousse ainsi en soi la compassion qu'excitent leurs souffrances, et par conséquent on affaiblit et on éteint peu à peu une disposition naturelle, très favorable à la moralité de l'homme, dans ses rapports avec ses semblables[427]. » Kant s'exprime de la manière suivante sur les questions concrètes relatives à l'utilisation des animaux par l'homme : « Nous avons le droit de les tuer par des moyens expéditifs (sans les torturer), et de les soumettre à un travail qui n'excède

---

[425] *Ibid.*, p. 606 (§ 38).

[426] Emmanuel Kant, *Éléments métaphysiques de la doctrine de la vertu (seconde partie de la métaphysique des mœurs)*, traduit de l'allemand par Jules Barni, Paris : Auguste Dirand, 1855, p. 72 (§ 4).

[427] *Ibid.*, p. 110 (§ 17).

point leurs forces (puisque nous sommes nous-mêmes soumis à cette nécessité) ; mais ces expériences douloureuses que l'on fait sur eux, dans un intérêt purement spéculatif, et alors qu'on pourrait arriver au même but par d'autres moyens, sont choses odieuses. – La reconnaissance même pour les longs services d'un vieux cheval ou d'un vieux chien (comme si c'était une personne de la maison), entre indirectement dans les devoirs de l'homme, si on les considère relativement à ces animaux ; mais, considéré directement, ce devoir n'est toujours qu'un devoir de l'homme envers lui-même[428]. »

### 5.2.1.2 Le développement des droits des animaux

Le premier auteur à porter un regard critique sur les trois théories décrites ci-dessus fut Wilhelm Dietler (†1797), professeur de philosophie à Mayence. Son ouvrage polémique *Gerechtigkeit gegen Thiere* (« De la justice à l'égard des animaux ») publié en 1787 s'appuie sur le principe suivant : « La joie, le bonheur constituent le seul but qui compte pour la perfection d'une œuvre. Plus grand est le bonheur, plus grande est la perfection. Une organisation du monde est d'autant plus parfaite qu'elle garantit plus de bonheur[429]. » S'appuyant sur cette conviction fondamentale, Dietler déclare absurde l'idée selon laquelle les animaux ne seraient que de simples machines ne possédant aucune notion du bonheur, car cela irait à l'encontre du but ultime du Créateur. En même temps, cette approche utilitariste lui sert en quelque sorte de théodicée, relativement à ce qui concerne le fait de manger et d'être mangé dans la création : « Y aurait-il plus de bonheur, moins de misère sur la terre, si le renard se nourrissait de chou, l'hirondelle de grains ? […] Si au lieu de l'insecte grouillant dont se nourrit l'hirondelle, il y avait plus de graines de fruits, qui ne seraient pas conscientes de leur existence, ne se réjouiraient pas du retour des saisons, de la circulation de leur sève, de leur joie de vivre ? Et le fait qu'il existe des prédateurs est non seulement utile à l'ensemble de la création, mais permet d'augmenter la somme de bonheur et de perfection qu'elle renferme[430]. » Selon Dietler, les droits de l'être humain envers les animaux sont au nombre de quatre. L'homme a le droit, en ce qui concerne les animaux :

---

[428] *Ibid.*, p. 579 (§ 17) ; cf. aussi *ibid.*, pp. 579–580 (§ 18).

[429] Wilhelm Dietler, *Gerechtigkeit gegen Thiere. Appell von 1787*, Bad Nauheim : ASKU-Presse, 1997, p. 10.

[430] *Ibid.*, p. 12.

« 1. d'assurer la sécurité de sa personne et de ses besoins ;

2. de les tuer pour se nourrir ;

3. de les placer sous son pouvoir et sa domination, autant que nécessaire afin de leur assigner des limites ;

4. de les utiliser pour le travail et à son service[431]. »

De l'existence de ces droits des humains vis-à-vis des animaux, Dietler fait dériver le concept de « droits des animaux », qu'il introduit au niveau de l'histoire des idées. Face à la thèse selon laquelle les animaux ne pourraient se voir accorder aucun droit parce qu'ils sont dénués de raison, il est le premier à user de l'argument des cas marginaux qui deviendra plus tard un argument philosophique central concernant le statut moral des animaux utilisé pour dénoncer le spécisme[432] en faisant valoir que même si l'enfant mineur n'est pas doué de raison, « on ne peut pas nier qu'il est illégal, injuste de tuer, de blesser un enfant ou de lui infliger de mauvais traitements »[433]. L'absence chez eux de raison n'est pas le critère à convoquer au sujet du traitement des animaux, mais la question de savoir s'ils ressentent de la douleur ou du bonheur. Selon Dietler, les droits concrets des animaux consistent dans le fait que l'homme dans ses rapports avec eux n'outrepasse pas ses propres droits à leur égard[434]. De là découlent selon lui pour l'homme envers les animaux trois[435] devoirs qui constituent en quelque sorte un pendant des quatre droits mentionnés ci-dessus. Ainsi, il est du devoir de l'homme :

« 1. de maintenir en vie tout animal dont il ne se nourrit pas ou qui ne sert pas à satisfaire chez lui d'autres besoins indispensables, à moins qu'il craigne un danger pour lui-même ou pour les siens ;

2. de placer les animaux sous sa domination de la manière la plus douce possible ; et s'ils sont sous sa domination, de leur laisser autant de liberté, de plaisir et de jouissance de la vie que possible [...] ;

---

[431] *Ibid.*, p. 21. Pour plus de détails sur la mesure dans laquelle ces activités conduisent à une augmentation de la félicité, cf. *ibid.*, pp. 17–21.

[432] Cf. Daniel Dombrowski, *Babies and Beast : The Argument from Marginal Cases*, Champaign : University of Illinois Press, 1997.

[433] Dietler, *Gerechtigkeit*, pp. 23–24.

[434] Cf. *ibid.*, p. 25.

[435] Puisque les deux premiers droits de l'homme concernent la mise à mort des animaux, mais que les deux sont combinés en un seul point dans les devoirs, le nombre de devoirs n'est en fait que de trois.

3. de ne pas leur imposer trop de travaux épuisants et de privations, ni de contraintes contraires à leur nature[436]. »

Enfin, Dietler assimile à une pure illusion la thèse des théologiens revenant à affirmer que les êtres humains sont le centre de la création et que les animaux ont été créés uniquement pour leur service : « Car, croire que l'amour bienveillant du *Tout-Puissant* est limité à l'homme seul serait un blasphème. [...] Seule la suffisance la plus hypertrophiée liée à la vanité humaine peut concevoir pareils rêves insensés[437]. » Bien que Dieu ait désigné l'homme comme son représentant sur terre, il l'a fait exclusivement afin que s'accomplisse ce qui est son unique objectif : le plus grand bonheur possible pour toutes les créatures[438].

Quelques années plus tard (1791 ; 1793 en allemand)[439] le pasteur et professeur de philosophie danois Laurids Smith (1754–1794) publia son « traité relatif à l'organisation de la nature, à la condition des animaux et aux devoirs des hommes envers les animaux », dans lequel il reprenait et développait la réflexion de Dietler[440]. Smith lui aussi s'inscrivait en faux contre l'idée selon laquelle les animaux auraient été exclusivement créés pour le bien-être de l'homme[441]. Et il posait la thèse suivante : « Chaque être vivant, chaque animal existe d'abord et immédiatement pour lui-même et pour jouir du bonheur inhérent à son existence[442]. » Il rejetait également l'idée que Dieu aurait créé le monde et les créatures pour sa propre glorification, et affirmait au contraire : « Le Père tout-puissant n'a pas besoin de cet honneur ; et lorsqu'il demande à ses créatures dotées de raison de l'honorer, de lui obéir et de l'adorer, il l'exige uniquement parce que leur propre bonheur repose sur la connaissance qu'ils ont de

---

[436] Dietler, *Gerechtigkeit*, pp. 25–26.

[437] *Ibid.*, pp. 28–29.

[438] *Ibid.*, pp. 29–30.

[439] Déjà en 1789 (1790 allemand) Smith avait publié un *Traité sur la nature et la destinée des animaux ainsi que sur les devoirs de l'homme envers les animaux*. Le travail dont il est question ici représente une version considérablement élargie de ce traité.

[440] Laurids Smith, *Versuch eines vollständigen Lehrgebäudes der Natur und Bestimmung der Thiere und der Pflichten des Menschen gegen die Thiere. Aus dem Dänischen mit vielen Zusätzen und Berichtigungen des Verfassers*, Kopenhagen : Christian Gottlob Prost, 1793, pp. 327–328. On ne peut pas dire avec une certitude absolue si Smith connaissait réellement le travail de Dietler, mais cela est fort probable en raison de la proximité évidente du contenu qui apparaîtra dans ce qui suit.

[441] *Ibid.*, pp. 327–328.

[442] *Ibid.*, p. 328.

Sa nature et de Sa volonté et de l'obéissance, qu'ils montrent envers Ses commandements[443]. » L'objectif de Dieu consisterait à produire la plus grande quantité possible de bonheur, c'est pourquoi il aurait créé tant d'êtres différents[444]. Smith ne considérait pas que manger et être mangé dans le monde animal soit préjudiciable à ce bonheur. Au contraire, ce serait Dieu qui aurait délibérément organisé les choses ainsi : « Supposons que l'organisation de la nature soit tout le contraire de ce qu'elle est maintenant ; dans ce cas, la mort d'un animal ne contribuerait pas à préserver la vie d'autres individus, et on compterait infiniment moins d'animaux sur la terre[445]. » Mais Dieu contribuerait encore d'une autre façon au bonheur des animaux. Car s'il en était autrement, chaque animal devrait mourir d'une mort naturelle, « vivre jusqu'à ce que son corps soit détruit par l'effet d'un désordre et d'une faiblesse croissante, jusqu'à l'ultime vieillesse, et qu'il meure finalement d'épuisement et de maladie. Cette vie serait-elle ce qu'il y a de mieux pour l'animal[446] ? »

Smith reconnaît donc que tuer des animaux fait partie d'un ordre bon et juste de la nature, mais s'oppose à l'argument selon lequel l'animal n'aurait aucun droit vis-à-vis de l'homme, ni l'homme aucun devoir envers l'animal, simplement parce que ces idées ne peuvent pas être accessibles aux animaux. Selon Smith, si cet argument était recevable, l'homme n'aurait alors aucune obligation envers les nouveau-nés ou les malades mentaux[447]. Smith tire son principe fondamental de ce cas marginal : « Il y a donc pour nous un devoir aussi impérieux de respecter les droits de l'animal que d'être juste envers l'homme[448]. » On notera ici également qu'ici Smith utilise pour la première fois la notion de « dignité de l'animal », en faisant la distinction entre dignité absolue et dignité relative : « La dignité absolue des animaux vient du fait qu'ils sont des êtres vivants, sensibles et intelligents, tous destinés à être heureux. [...] La dignité relative des animaux est qu'ils peuvent être considérés comme des substances contribuant – dans certains cas même de façon

---

[443] *Ibid.*, pp. 328–329.

[444] *Ibid.*, pp. 329–331.

[445] *Ibid.*, p. 352.

[446] *Ibid.*, p. 353. Cette idée se trouve également chez Dietler, *Gerechtigkeit*, p. 21.

[447] *Ibid.*, pp. 392–393.

[448] *Ibid.*, p. 397.

volontaire – au grand objectif de perfection que le Créateur a déterminé pour toutes ses créatures[449]. »

Au nom de la dignité relative de l'animal, l'homme est donc autorisé à mettre en balance la vie d'un animal par rapport à un autre bien et, dans la mesure où il se révèle que l'autre bien a une valeur supérieure, il peut prendre la vie de l'animal : « L'homme a le droit de [...] tuer et d'éliminer des animaux, dans les cas où la mort de l'animal est nécessaire à la préservation des humains et à leur bien-être réel[450]. » Smith concède à l'homme le droit de manger des animaux, puisque la nature a créé l'homme comme carnivore[451]. Mais il ajoute : « Satisfaire aux exigences de la nature en mangeant des animaux est une chose ; utiliser la nature pour s'adonner aux excès de la gourmandise est tout à fait différent[452]. » Smith apparaît ici proche de Weigen, qui a également émis des réserves sur les péchés de gourmandise et de débauche, mais a reconnu à l'homme le droit fondamental de manger de la viande. Il y a encore un autre point sur lequel Smith est d'accord avec Weigen et Kant : la crainte que l'homme puisse devenir une brute en maltraitant les animaux ; de cette crainte, il tire la conséquence que le souci de son prochain doit renforcer l'attention portée par l'homme aux animaux : « L'homme qui est irréfléchi, indifférent et malicieux dans son comportement envers l'animal est ainsi conduit à un mode de pensée et à une attitude similaires à l'égard de ses semblables[453]. »

En 1831, deux prêtres de Mindelheim, Angelikus Fischer et Sebastian Egger, abordent pour la première fois la question de la cruauté envers les animaux à travers des écrits catéchétiques, faisant explicitement référence aux travaux de Smith[454]. L'influence de celui-ci est fortement repérable à travers les huit prescriptions suivantes :

1. Homme ! La terre n'est pas faite pour toi seul.

2. Les innombrables animaux et hommes qui vivent sur terre doivent pouvoir jouir de leur existence.

---

[449]  *Ibid.*, pp. 331–332.

[450]  *Ibid.*, p. 404.

[451]  Cf. *ibid.*, p. 405.

[452]  *Ibid.*, p. 405.

[453]  *Ibid.*, p. 473.

[454]  Angelikus Fischer et Sebastian Egger, *Über das Thierquälen*, Augsburg : Verlag von Carl Kollmann & Himmer, ²1831, p. 30.

3. Utilise les animaux à ton avantage, sans les maltraiter.
4. Tu peux tuer des animaux pour préserver ta vie, mais tu ne les tourmenteras jamais.
5. Sois reconnaissant à ton cheval et à ton bœuf pour le service qu'ils te rendent.
6. Donne au bétail son fourrage en temps voulu, et ne lui impose pas un travail exagéré.
7. Sois miséricordieux envers un animal qui souffre.
8. L'animal aussi souffre et aspire à se venger de ses bourreaux[455].

Le philosophe Christian Friedrich Krause (1871–1832)[456] opte quant à lui pour une démarche différente de celle de Fischer et Egger. Il se dit tout d'abord en accord avec Kant pour affirmer que « le droit est une règle de vie pour des personnes dotées de raison »[457]. La réponse à la question de savoir si les animaux peuvent trouver une place au sein du système du droit dépend aussi du fait qu'on puisse ou non les estimer dotés de raison. La réponse de Krause – à la différence de celle de Kant – est positive à ce sujet. Pour lui, il existe en effet trois niveaux de rationalité pour un sujet : « Le premier niveau est celui où un être doué de raison a conscience de lui-même et de Dieu, où il se reconnaît lui-même fils de Dieu, où il reconnaît ce qui est éternel comme le bien voulu par Dieu et qu'il est appelé à incarner dans sa vie. Le second niveau de la personnalité raisonnable est celui où l'être fini doté de raison prend conscience de lui-même, de son être en tant qu'être éternel et libre à même de percevoir les vérités générales et éternelles. Le troisième niveau est celui de l'être fini doté de raison et qui prend conscience de lui-même, mais uniquement au niveau sensible et individuel à partir de ses propres moyens sans avoir la vision d'une réalité définie à partir de concepts généraux, mais uniquement en fonction du plaisir et de la douleur sensible qu'il ressent »[458].

Selon Kraus, tout être humain se trouve à l'un des trois niveaux définis par lui, le troisième niveau étant celui auquel les animaux

---

[455] *Ibid.*, pp. 13–14.

[456] Au sujet de Krause, cf. Benedikt Paul Göcke, *Alles in Gott ? Zur Aktualität des Panentheismus Karl Christian Friedrich Krauses*, Regensburg : Friedrich Pustet, 2012, pp. 26–36.

[457] Karl Christian Friedrich Krause, *Das System der Rechtsphilosophie. Vorlesungen für Gebildete aus allen Ständen*, Leipzig : Brockhaus, 1876, p. 36.

[458] *Ibid.*, p. 245.

peuvent avoir accès au « sanctuaire du droit »[459]. En dépit de la qualité
de sa réflexion, il n'en reste pas moins que Krause ne développe pas une
véritable idée directrice appropriée à une éthique appliquée aux animaux.
Il est totalement silencieux en ce qui concerne le droit des animaux à un
traitement digne de la part des humains, de même qu'en ce qui concerne
le droit qu'aurait par exemple l'homme de tuer les animaux pour se
nourrir.

Arthur Schopenhauer (1788–1860) franchit par rapport à Krause
une étape supplémentaire dans la défense philosophique des droits
des animaux. Il est convaincu que le vouloir-vivre ne vient pas de
l'intellect : « Dans son livre sur la comparaison des choses désirables,
Aristote dit entre autres "Bien vivre vaut mieux que vivre." […] D'où
l'on pourrait conclure, au moyen d'une double contraposition : ne pas
vivre vaut mieux que mal vivre. Vérité qui se révèle même à l'intellect, et
pourtant la grande majorité préfère très mal vivre que de ne pas vivre du
tout. […] Mais ce n'est pas dans l'intellect que se trouve la raison de cet
attachement, il n'est ni un résultat de la réflexion, ni même la conséquence
d'un choix ; ce vouloir-vivre est quelque chose qui se comprend de soi,
c'est un *prius* de l'intellect lui-même. C'est nous-mêmes qui sommes la
volonté de vivre : voilà pourquoi nous éprouvons le besoin de vivre, que
ce soit bien ou mal[460]. »

Ce *vouloir-vivre* est commun à tous les humains et à tous les animaux.
Le fossé entre l'homme et l'animal ne réside donc que dans la différence
qui existe au niveau de l'intellect, et ne doit pas être envisagé sur un
plan catégorique, car « cet abîme qui se trouve entre un animal très
intelligent et un homme très borné n'est peut-être pas moins profond
entre un imbécile et un homme de génie »[461]. Sur la base de ces deux
prémisses, Schopenhauer, dans le style polémique qui lui est propre,
formule ce qui suit : « Il faut vraiment être bouché, avoir été endormi
comme au chloroforme par le *foetor judaïcus* [la puanteur juive], pour
méconnaître cette vérité : que dans l'homme et la bête, c'est le principal,
l'essentiel qui est identique, que ce qui les distingue, ce n'est pas l'élément
premier en eux, le principe, l'archée, l'essence intime, le fond même des
deux réalités phénoménales, car ce fond, c'est en l'un comme en l'autre

---

[459]  *Ibid.*, p. 73.
[460]  Arthur Schopenhauer, *Le monde comme volonté et comme représentation*, tome III,
       traduit en français par Auguste Burdeau, Paris : Félix Alcan, 1909, p. 53.
[461]  *Ibid.*, p. 16.

la volonté de l'individu ; mais qu'au contraire, cette distinction, c'est dans l'élément secondaire qu'il faut la chercher, dans l'intelligence, dans le degré de la faculté de connaître : chez l'homme, accrue qu'elle est du pouvoir d'abstraire, qu'on nomme Raison, elle s'élève incomparablement plus haut ; et pourtant, cette supériorité ne tient qu'à un plus ample développement du cerveau, à une différence dans une seule partie du corps, et encore, cette différence n'est que de quantité[462]. »

Schopenhauer considère la prétendue inaptitude juridique des animaux comme une « doctrine révoltante, doctrine grossière et barbare, propre à l'Occident »[463]. En vertu de ce principe, il n'a que mépris pour l'idée selon laquelle l'éducation à la protection des animaux ne sert que l'éducation de l'humanité : « Les Sociétés protectrices d'animaux continuent à recourir, dans leurs exhortations, à ce mauvais argument : la cruauté envers les animaux mène à la cruauté envers les hommes. Comme si l'homme seul était un objet immédiat de devoir moral, et l'animal seulement un objet médiat, une simple chose en soi ! Fi ![464] »

Pour Schopenhauer, il y existe trois forces motrices de l'action humaine :

a. L'égoïsme : ou la volonté qui poursuit son bien propre (il ne souffre pas de limites) ;

b. La méchanceté, ou volonté poursuivant le mal d'autrui (elle peut aller jusqu'à l'extrême cruauté) ;

c. La pitié, ou volonté poursuivant le bien d'autrui (elle peut aller jusqu'à la noblesse et à la grandeur d'âme)[465].

Étant donné qu'il n'existe que ces trois forces motrices, les actions de valeur morale doivent également provenir de ces forces motrices. Au niveau d'une série de neuf prémisses, Schopenhauer en souligne une qui affirme que l'égoïsme, la méchanceté et la valeur morale s'excluent mutuellement[466]. Cela a pour conséquence que les actions morales ne peuvent naître que de la pitié. Schopenhauer décrit le sentiment de

---

[462] Arthur Schopenhauer, *Le fondement de la morale*, traduit en français par Auguste Burdeau, Paris : Félix Alcan, 1879, pp. 193–194.

[463] *Ibid.*, p. 191.

[464] Arthur Schopenhauer, *Sur la religion (Parerga und Paralipomena)*, traduit par Auguste Dietrich, Paris : Félix Alcan, 1906, p. 113.

[465] *Ibid.*, p. 149.

[466] Cf. *ibid.*, p. 144.

pitié comme un processus « mystérieux », car « c'est une chose dont la raison ne peut rendre directement compte, et dont l'expérience ne saurait découvrir les causes »[467]. Pour éprouver de la pitié, précise Schopenhauer, « il faut que je me sois en quelque sorte identifié avec cet autre, donc que la barrière entre le moi et le non-moi se trouve pour un instant supprimée : alors seulement la situation d'un autre, ses besoins, sa détresse, ses souffrances, me deviennent immédiatement propres : je cesse de le regarder, ainsi que l'intuition empirique le voudrait, comme une chose qui m'est étrangère, indifférente, étant distincte de moi absolument ; je souffre en lui, bien que mes nerfs ne soient pas renfermés sous sa peau »[468]. De ce fait, la pitié elle aussi se fonde sur le vouloir-vivre commun à tous les êtres : « La souffrance qu'il [l'homme noble] voit endurer par un autre le touche presque d'aussi près que la sienne propre ; aussi cherche-t-il à rétablir l'équilibre entre les deux, et, pour cela, il se refuse des plaisirs, il s'impose des privations, afin d'adoucir les maux d'autrui. Il sent bien que la différence entre lui et les autres, cet abîme aux yeux du méchant, n'est qu'une illusion passagère, de l'ordre du phénomène. Il connaît, d'une façon immédiate et sans raisonner, que la réalité, cachée derrière le phénomène qu'il est, est la même en lui qu'en autrui ; car elle est cette Volonté de vivre, qui constitue l'essence de toute chose, et qui vit partout ; oui, partout, car elle rayonne également chez les animaux, et dans la nature entière ; et c'est pourquoi il ne torturera jamais un animal[469]. »

Selon Schopenhauer, la pitié associe deux vertus : une justice qui ne porte préjudice à personne et l'amour humain qui aide tout le monde. De ces deux vertus, Schopenhauer fait découler son impératif éthique : « Neminem laede ; imo omnes, quantum potes, juva »[470] (« Ne faites de mal à personne, aidez tout le monde autant que vous le pouvez »). Il rejette catégoriquement toute éthique casuistique et exige « une compassion sans bornes qui nous unisse avec tous les êtres vivants », et souligne : « Qui [...] possède [cette compassion], sera bien incapable de causer du dommage à personne, de violenter personne, de faire du mal à qui que ce soit ; mais plutôt pour tous il aura de la longanimité, il

---

[467] *Ibid.*, p. 178.

[468] *Ibid.*

[469] Schopenhauer, *Le monde comme volonté et comme représentation*, tome I, traduit en français par Auguste Burdeau, Paris : Félix Alcan, 1912, pp. 390–391.

[470] Schopenhauer, *Fondement*, p. 48.

pardonnera, il aidera de toutes ses forces, et chacune de ses actions sera marquée au coin de la justice et de la charité. [...] Je ne connais pas plus belle prière que celle que celle qui termine les représentations théâtrales dans l'Inde ancienne (comme celle qui était dédiée au roi autrefois en Angleterre): "Puisse tout ce qui a vie être délivré de la souffrance !"[471]. » Malgré ce qui précède, Schopenhauer défend cependant à la fois la consommation de viande et l'utilisation des animaux au travail, car « la souffrance que l'animal endure en mourant ou en travaillant n'est jamais aussi grande que le serait celle de l'homme à être privé de la chair ou du travail des animaux. Par suite, l'homme peut pousser l'affirmation de son existence jusqu'à nier celle de la bête, et la volonté de vivre souffre moins, en somme, par là que dans le cas contraire[472]. »

Le philosophe Eduard von Hartmann (1842–1906) lui aussi affirme que la différence entre les animaux et les humains n'est que graduelle. Mais il va même plus loin et affirme que « l'être humain stupide se situe fondamentalement à un degré inférieur à celui des animaux normaux »[473]. Il définit l'animal comme un « sujet juridique moral », regrette que celui-ci ait toujours été négligé dans les systèmes juridiques antérieurs[474] et déclare de façon catégorique : « Ce respect de tous les êtres vivants et sensibles [...] est simplement une exigence de justice (morale)[475]. » Hartmann met l'accent sur la notion de justice en prenant consciemment le contrepied de l'éthique de la compassion défendue par Schopenhauer[476]. Mais malgré la différence graduelle qu'il évoque, Hartmann insiste fortement sur la position supérieure de l'homme : « Puisque l'humanité doit résoudre des tâches morales et culturelles plus élevées que le règne animal, les devoirs de l'homme envers l'homme se situent à un niveau supérieur

---

[471]  *Ibid.*, p. 187.

[472]  Schopenhauer, *Monde*, tome I, p. 391 (note).

[473]  Eduard von Hartmann, « Unsere Stellung zu den Thieren », *in* Eduard von Hartmann, *Moderne Probleme*, Leipzig : Wilhelm Friedrich, 1886, pp. 21–22.

[474]  Cf. *ibid.*, p. 23.

[475]  *Ibid.*, p. 25.

[476]  Cf. Jean-Claude Wolf, *Eduard von Hartmann. Die Gefühlsmoral*, Hamburg : Felix Meiner, 2006, pp. 85–114. Für eine umfassende Darstellung dieser generellen Kritik auch außerhalb der Tierethik cf. Jean-Claude Wolf, *Eduard von Hartmann. Ein Philosoph der Gründerzeit*, Würzburg : Königshausen & Neumann, 2006, pp. 41–59.

de ceux qu'il a envers les animaux. »[477] La pitié indifférenciée pour les animaux pourrait conduire à négliger cette primauté de l'homme et à ne plus s'affirmer face à eux dans la lutte pour l'existence, comme dans le cas du bouddhisme[478], que Schopenhauer tenait en très haute estime[479]. Hartmann est convaincu que la haine des humains et l'amour des animaux sont souvent les deux faces d'une même médaille : « La vieille fille amère, le misanthrope aigri, un souverain qui méprise ses sujets, l'inquisiteur froid et cruel, le héros sanguinaire de la révolution, voilà les spécimens humains chez lesquels la tendresse envers les animaux atteint son apogée[480]. » L'homme, dans sa fonction de « régulateur » de la nature, ne doit pas se laisser dissuader au nom de la compassion d'exercer sa fonction, faute de quoi il « violerait non seulement ses devoirs envers l'humanité, mais aussi ses devoirs envers l'ordre légitime de l'équilibre terrestre de la nature et la préservation de ses équilibres »[481].

Au moment où se déploie la réflexion philosophique sur les droits des animaux, voit le jour également le mouvement organisé de protection des animaux. Albert Knapp (1798–1864), collègue et ami proche de Christian Adam Danns (1758–1837) pasteur luthérien originaire de Stuttgart, publie en 1822 la plaquette intitulée *Bitte der armen Thiere, der unvernünftigen Geschöpfe, an ihre vernünftigen Mitgeschöpfe und Herrn die Menschen* (« Requête des pauvres animaux, les créatures dénuées de sens, à leurs semblables raisonnables et maîtres, les hommes »), et met en œuvre les pensées contenues dans son livre en fondant en décembre 1837 à Stuttgart la première association pour la prévention de la maltraitance animale. À peine deux mois plus tard, Knapp lance un appel à la création d'autres associations de protection des animaux, dans lequel il fait également l'éloge funèbre de Dann : « Comme le monde des esclaves, le monde des *pauvres animaux* a besoin d'être *émancipé*.

---

[477] Hartmann, « Stellung », p. 29 : « Da die Menschheit höhere sittliche und Kulturaufgaben zu lösen hat als das Thierreich, so steht auch die Pflicht gegen die Menschheit der Pflicht gegen die Thiere voran. »

[478] Cf. *ibid.*, p. 28. Il est à noter que la notion de « lutte pour l'existence » a été introduite pour la première fois dans le débat public par Charles Darwin (1809–1882) ; Schopenhauer n'en avait donc pas connaissance.

[479] Au sujet de parallèles possibles entre la philosophie de Schopenhauer et le bouddhisme cf. Tuan Tran, *Asiatische Philosophie. Schopenhauer und Buddhismus*, Nordhausen : Traugott Bautz, 2007.

[480] Hartmann, « Stellung », p. 31.

[481] *Ibid.*, p. 30.

Feu le pasteur Dann, dont je reprends ici avec une profonde conviction la profession de foi, a vu son existence bénie si souvent assombrie à la vue des multiples souffrances infligées aux animaux qu'il a inclus des années durant les bourreaux des animaux dans ses intentions publiques de prière. Il est – si je puis m'exprimer ainsi – le Wilberfoce du monde animal[482]. » L'appel de Knapp fut suivi d'effet. Au milieu du XIXe siècle, de nombreuses associations allemandes de protection des animaux virent le jour ; elles fusionnèrent en 1881 pour former la « Société des associations de protection des animaux de l'Empire allemand ». La présidence de la Société fut assurée par Otto Hartmann, un industriel de Cologne, qui, en 1868, avait fondé dans cette ville la Société pour la prévention de la cruauté envers les animaux. En 1888, la Fédération nationale pour la protection des animaux organisa un concours sur le thème de « Le droit des animaux. Quelle doit être la relation juste entre l'homme et l'animal sur une base morale et juridique ? ». Le premier prix du concours fut décerné l'année suivante à Ignaz Bregenzer, magistrat à Tübingen, pour son mémoire qui fut publié en 1894 sous le titre *L'éthique animale. Les relations morales et juridiques entre l'homme et l'animal*. Ainsi, pour la première fois en Allemagne, une publication faisait référence dans son titre à l'« éthique animale ». De celle-ci, Bregenzer donna dès la première phrase de son introduction la définition suivante : « La doctrine relative à la relation morale et juridique entre l'homme et les animaux peut être désignée comme l'"éthique appliquée aux animaux" ou comme l'"éthique animale"[483]. » Grâce à l'ouvrage dû à Bregenzer, le grand public eut pour la première fois accès sous une forme compacte à l'état le plus récent de la discussion sur cette question.

On notera à ce stade qu'en dépit de la grande diversité des points de vue théoriques très différents sur la question des droits des animaux, un consensus semblait se dégager sur les conséquences pratiques qu'il convenait de tirer à ce niveau. Même Kant, qui avait refusé de considérer les animaux comme des sujets du droit, s'était déjà opposé à tout traitement cruel et douloureux à leur égard, tout en estimant permis

---

[482] Albert Knapp, « Die fernere Bildung von Vereinen zur Verhütung der Thierquälerei betreffend », *in* Christian Adam Dann et Albert Knapp, *Wider die Tierquälerei. Frühe Aufrufe zum Tierschutz aus dem württembergischen Pietismus*, herausgegeben von Martin Jung, Leipzig : Evangelische Verlagsanstalt, 2002, p. 67.

[483] Ignaz Bregenzer, *Thier-Ethik. Darstellung der sittlichen und rechtlichen Beziehungen zwischen Mensch und Thier*, Bamberg : C. C. Buchner Verlag, 1894, p. 1.

qu'on les tue pour se nourrir et qu'on les utilise pour travailler. Même les défenseurs plus récents des droits des animaux n'avaient pas dérogé à ces exigences. Cela changea en 1894, en même temps que fut publié sous le titre *Der neue Glaube* (« La nouvelle foi ») un « catéchisme » qui avait pour auteur un agriculteur originaire de Warmbronn, Christian Wagner (1835-1918). Dans son « catéchisme », Wagner formulait en particulier ainsi le second précepte fondamental qu'il défendait :

« Question 24   Quelle est la conclusion naturelle qui se dégage de ce qui vient d'être dit, ou plutôt, y figure ?

Réponse   Il faut accorder la plus grande protection possible de tous les êtres vivants[484]. »

On ne peut pas dire avec certitude si Wagner était au courant des travaux de ses prédécesseurs mentionnés dans ce chapitre. En raison de la proximité géographique et de l'enracinement de Wagner dans le piétisme wurtembergeois ainsi que de sa connaissance des œuvres de Weigen, Dann et Knapp, la chose est toutefois fort probable. Mais si on se réfère au contenu de ce que Wagner écrit, c'est avec Dietler, Smith et Schopenhauer que son texte révèle le plus de similitudes. Wagner va presque jusqu'à reprendre les termes utilisés par Dietler et Smith quand il écrit : « Ô qu'elle est terrible l'erreur commise par l'homme, quand il croit que le monde animal n'est là que pour son service et que les animaux doivent donc être consommés sans scrupule. Chaque être existe prioritairement pour jouir de son existence[485]. » Et on ne peut passer sous silence les points communs évidents entre les conceptions de Wagner et la compassion illimitée dont Schopenhauer témoigne envers tous les êtres vivants.

Malgré la forme traditionnelle qui est celle que choisit Wagner (catéchisme luthérien), il n'en reste pas moins qu'il rompt clairement avec la tradition chrétienne ; c'est pourquoi il choisit consciemment le titre « Nouvelle Foi » pour rendre compte du contenu de son texte. La religiosité de Wagner est d'esprit clairement panthéiste[486] et trouve ses racines avant tout dans son amour de la nature et son observation

---

[484] Christian Wagner, *Neuer Glaube* (1894), neu herausgegeben von Harald Hepfer, Warmbronn : Christian-Wagner-Gesellschaft, 2013, p. 47.

[485] *Ibid.*, p. 50.

[486] Étant donné le manque de systématisme dans ses pensées, il n'est pas surprenant que Wagner semble avoir en quelques endroits une image plutôt théiste de Dieu en tête (cf. *ibid.*, p. 39). Cependant, l'esprit du panthéisme s'exprime dans la plupart de ses textes.

de celle-ci, tout comme il qualifie lui-même ses écrits d'« Évangiles de
la nature »[487]. Dans *La Nouvelle Foi*, il est écrit : « Heureux ceux qui
marchent dans la campagne avec des cœurs ouverts et des sens purs, car
ils le verront Dieu en face. – Ils le verront sous mille formes, et il leur
parlera comme un humain parle à un ami[488]. » C'est surtout dans la forêt
que selon Wagner on rend hommage à Dieu[489], car « la forêt est sacrée ».
Elle est « sacrée parce qu'elle est verte, et le vert est sacré. Car ce qui est
vert est libéré du péché »[490]. Sur le plan idéologique, Wagner est proche
de l'anthroposophie et du mouvement de réforme de la vie, même si ses
liens avec ces mouvements sont ténus. Wagner n'était pas un penseur
systématique comme Rudolf Steiner (1861–1925), ce qui rend impossible
une comparaison détaillée entre eux deux. Il faut cependant noter qu'il
se rendait fréquemment (à pied) à Stuttgart, qui avait été l'un des centres
de l'activité de Steiner à partir 1882[491]. Il n'en reste pas moins que les
affirmations de certains sur une relation directe entre les deux hommes
sont sujettes à caution[492]. Ce qu'ils ont en commun, cependant, c'est
d'avoir été influencés en partie par la pensée bouddhiste[493]. Le 5 juillet
1905, Wagner écrit en effet à Magnus Schwantje[494] : « Vous souhaitez savoir

---

[487]  Christian Wagner, *Sonntagsgänge. Zweiter Theil (1887)*, Kirchheim unter
       Teck : Jürgen Schweier Verlag, ⁵1976, p. 3.

[488]  Wagner, *Glaube*, pp. 74–75.

[489]  Cf. son poème « Waldgottesdienst », *in* Wagner, *Sonntagsgänge. Dritter Theil (1890)*,
       Kirchheim unter Teck : Jürgen Schweier Verlag, ⁵1976, pp. 33–34.

[490]  Wagner, *Sonntagsgänge. Erster Theil (1887)*, Kirchheim unter Teck : Jürgen Schweier
       Verlag, ⁵1976, p. 28.

[491]  Cf. Andreas Neider et Harald Schuhkraft (dir.), *Rudolf Steiner in Stuttgart*,
       Stuttgart : Belser, 2011.

[492]  Le sentiment d'une obligation subjective par exemple est un topos si général qu'on
       peut difficilement parler d'une influence directe, cf. e.a. Burckhard Dücker, « Neuer
       Glaube – Ein Dokument der Moderne », *in* Wagner, *Glaube*, p. 103.

[493]  Alors que l'influence bouddhiste sur Steiner a longtemps été considérée comme
       faisant consensus chez les chercheurs, Helmut Zander a prouvé il y a quelques
       années que cela n'était que partiellement vrai (Helmut Zander, *Anthroposophie in
       Deutschland I. Theosophische Weltanschauung und gesellschaftliche Praxis 1884–1945*,
       Göttingen : Vandenhoeck & Ruprecht, 2008, p. 603). Cela nous renvoie à un autre
       point commun avec Wagner, qui ne connaissait pas non plus les écrits bouddhistes
       originaux (voir ci-dessous). Le biographe contemporain de Wagner, Richard
       Weltrich, a déjà fait remarquer que la « connaissance de la religion et de la culture
       indiennes par Wagner est marginale ». (Richard Weltrich, *Christian Wagner, der
       Bauer und Dichter zu Warmbronn. Eine ästhetisch-kritische und sozialethische Studie*,
       Stuttgart : Strecker & Schröder, 1905, p. 456).

[494]  À propos de Schwantje, cf.ci-dessous.

comment je suis arrivé à ces points de vue et depuis combien de temps j'y adhère. – Je ne le sais plus. [...] L'ingrédient étranger était brahmane. Sans connaître des textes bouddhistes, j'avais entendu parler ici et là des brahmanes de l'Inde qui ne tuent jamais un animal. J'ai évoqué cela à ma manière. C'était en 1885[495]. » Wagner partage cependant avec Steiner encore sa conception de la réincarnation ou son idée présente dans le premier chapitre de la *Nouvelle foi* selon laquelle l'humanité connaîtrait un développement ascendant[496]. Cette idée d'amélioration perpétuelle de l'homme est probablement la plus importante similitude entre lui et l'anthroposophie de Steiner, mais est aussi ce qui l'en écarte le plus. Steiner appelait l'homme à s'engager sur le chemin de la connaissance, et estimait que l'apprentissage par celui-ci de la « science secrète »[497] devait s'effectuer sous une forme institutionnelle, avec l'aide d'un maître et à travers l'étude des écrits secrets. Ce n'était pas du tout la conception de Wagner : ce qui l'intéressait n'était pas que se forme un groupe, mais que l'individu accède à la nouvelle foi à travers sa propre expérience. Les seuls « guides » dont l'homme avait besoin selon lui pour s'améliorer étaient « le sens de la nature, le sens de la justice, le sens de l'équité, le sens de la beauté et de la miséricorde », ainsi que « le cadre naturel magnifique, [que lui offraient] l'art et la poésie, le vin et l'amour »[498]. Ernest Seillière (1866–1955) résume ainsi l'approche de Wagner : « Il [Wagner] apporte toute une religion, une "dévotion nouvelle", qui ne peut être enseignée, car elle doit être vécue, pour ainsi dire, et acquise directement par un effort personnel. Il faut laisser agir sur soi la nature, écouter ses révélations, afin de reconnaître la parenté, la fraternité de sang qui unit tous les êtres, et de saluer l'âme universelle[499]. »

À travers les thèmes qu'il développait, Wagner se rapprochait du mouvement de réforme de la vie déjà évoqué, même si les ressemblances repérables ici ne dépassaient guère l'exigence générale d'un mode de

---

[495] Harald Hepfer et Jürgen Schweier, *Doch Wort und Tat muss zusammenstimmen : Christian Wagner – Magnus Schwantje. Ein Briefwechsel,* Warmbronn : Christian-Wagner-Gesellschaft, 2002, p. 24.

[496] Wagner, *Glaube,* p. 37.

[497] Jan Badewien, *Die Anthroposophie Rudolf Steiners,* München : Evangelischer Presseverband, 1994, pp. 17–18.

[498] Wagner, *Glaube,* p. 38.

[499] Ernest Seillière, *Christian Wagner. Der Bauernprophet aus Schwaben in « Revue des Deux Mondes » (Paris 1901),* herausgegeben von Harald Hepfer, Warmbronn : Christian-Wagner-Gesellschaft, 1990, p. 88.

vie naturel. On soulignera aussi que rien que sur le plan strictement biographique, Wagner se distinguait à plusieurs titres de ce mouvement dont les chefs de file étaient dans leur plus grande partie des citadins diplômés[500]. N'ayant pas grandi en ville, Wagner n'a pas développé une conscience radicalement anti-urbaine et, à la différence de certains réformateurs de la vie, il n'a pas envisagé de fonder sa propre « colonie ». Au contraire, il était animé partiellement du désir d'échanger sa vie de campagnard contre la vie en ville[501]. De même, à la différence de beaucoup d'adeptes du mouvement de réforme de la vie, il n'est pas devenu végétarien[502]. Wagner était un penseur indépendant et hétérodoxe, perméable aux courants de son temps, mais qu'il est impossible d'identifier à un seul d'entre eux.

Magnus Schwantje (1877–1959) était un grand admirateur de Wagner[503]. À l'âge de 19 ans, ce libraire de formation publia son premier livre *Das edle Waidwerk und der Lustmord* (« La chasse noble et le crime sadique ») dans lequel il prenait position vigoureusement contre la chasse. Dans les années qui suivirent, il noua des contacts avec le mouvement de réforme de la vie et vécut quelque temps près de Vienne dans la commune campagnarde de Karl Wilhelm. Schwantje partageait bon nombre des exigences du mouvement de réforme de la vie, en particulier celle d'un mode de vie végétarien. En tant qu'intellectuel citadin, Schwantje – contrairement à Wagner – s'intégra parfaitement dans le milieu des réformateurs de la vie. Ce qui en revanche le distinguait clairement de ce mouvement était sa froideur et son imperméabilité à l'art, qui conduisit en

---

[500] Cf. Eva Barlösius, *Naturgemäße Lebensführung. Zur Geschichte der Lebensreformbewegung um die Jahrhundertwende*, Frankfurt (Main) : Campus, 1997, pp. 22–97.

[501] Cf. Ulrich Wilhelm Weiser (dir.), *Der Autor und sein Biograph : Christian Wagner – Richard Weltrich. Ein Briefwechsel (1886–1912)*, Warmbronn : Christian-Wagner-Gesellschaft, 2011, pp. 131–132.

[502] Cf. Wagner à Schwantje, 14 juillet 1905, *in* Hepfer et Schweier, *Briefwechsel*, p. 25.

[503] Les informations biographiques qui suivent ont été tirées de : Renate Brucker, « Tierrechte und Friedensbewegung : "Radikale Ethik" und gesellschaftlicher Fortschritt in der deutschen Geschichte », *in* Dorothee Brantz et Christof Mauch (dir.), *Tierische Geschichte. Die Beziehung von Mensch und Tier in der Kultur der Moderne*, Paderborn : Ferdinand Schöningh, 2010, pp. 269–271 ; Magnus Schwantje, *Gesammelte Werke I : Vegetarismus. Schriften und Notizen zur ethischen Begründung der vegetarischen Lehre*, herausgegeben vom Magnus-Schwantje-Archiv, München : Hirthammer, 1976, pp. 10–23.

1928 Kurt Hiller à dire de lui qu'il était un adepte de la « mathématique éthique »[504].

En 1901, Schwantje prit la tête de l'Association berlinoise pour le bien-être des animaux. C'est à ce titre que Wagner lui a écrit le 11 octobre 1902 afin d'obtenir la publication de certains de ses poèmes dans le journal de l'association. Schwantje refusa de satisfaire à cette demande, arguant qu'il fallait tenir compte du « goût du plus grand nombre »[505] mais, en soulignant en même temps l'estime qu'il portait à Wagner : « Le soussigné suit votre activité littéraire avec un vif intérêt depuis une dizaine d'années et a été ravi de constater en 1895 à travers la "Nouvelle Foi" que le poète que vous êtes est aussi proche de lui en tant que défenseur des droits des animaux et en tant que végétarien[506]. » Le 23 août 1905, à l'occasion du 70ᵉ anniversaire de Wagner[507], Schwantje publia dans la *Vegetarische Warte*, le journal de l'Association végétarienne allemande fondée en 1892, un article sur le « fermier et poète de Warmbronn », louant Wagner comme « un de nos plus grands et plus nobles pionniers ». C'est dans ce contexte qu'on rencontre pour la première fois sous la plume de Schwantje la notion de « respect de la vie » : « Dans toutes ses œuvres, il [Wagner] estime que son ministère sacerdotal consiste à susciter chez l'homme le respect de la vie sous toutes ses formes ainsi que la reconnaissance du droit de tous les êtres à la vie et à la joie[508]. » Selon son propre témoignage, Schwantje, a utilisé pour la première fois la notion de « respect de la vie » en 1902. Malgré l'absence de documents attestant l'exactitude de cette affirmation, il n'y a probablement pas lieu de la mettre en doute[509]. L'exigence de Wagner relative à la « plus grande protection possible de tous les êtres vivants » peut être considérée comme une première façon d'exprimer la notion de « respect de la vie ». Schwantje continua à mettre en avant cette notion

---

[504] Kurt Hiller, « Berliner Tageblatt », *in* Schwantje, *Tierschlachtung und Krieg*, Berlin : Bund für radikale Ethik, 1928, p. 30.

[505] Schwantje à Wagner, 5 novembre 1902, *in* Hepfer et Schweier, *Briefwechsel*, p. 18.

[506] *Ibid.*

[507] En fait, Wagner avait eu 70 ans le 5 août 1905.

[508] Schwantje, « Christian Wagner, der Bauer und Dichter in Warmbronn », *Vegetarische Warte*, 16 (1905), p. 432.

[509] Une telle raison n'existe pas, surtout parce que Schwantje utilisait ce terme dans son vocabulaire bien avant Schweitzer (voir ci-dessous) et qu'il n'aurait rien eu à gagner à le devancer de quelques années. Le fait qu'il ait lui-même mis le terme dans la bouche de Wagner à ce stade montre qu'il n'a pas insisté sur sa paternité.

au cours des années qui suivirent. Dans un de ses articles parus dans le magazine *Die Lebenskunst* le 1er août 1908, on lit : « Éveiller le respect de la vie chez les enfants, les rendre capables de vivre les souffrances et les joies des animaux, les encourager à pratiquer ce respect et à prendre soin des animaux et des plantes devrait être l'objectif le plus important de l'enseignement d'histoire naturelle[510]. » Schwantje reprend ainsi l'idée déjà connue selon laquelle la cruauté envers les animaux a un effet négatif sur le développement humain : « L'une de ces actions, anodine aux yeux de la plupart des gens, la capture des insectes, constitue en elle-même une grave atteinte au droit ; elle a par ailleurs également l'influence la plus destructrice sur le développement moral de l'enfant et révèle le diable qui réside en l'homme[511]. » On notera cependant que Schwantje n'a pas fourni de définition précise du *respect de la vie* avant 1949. À ce moment-là, il se sentit manifestement contraint de le faire, en raison de la banalisation de cette notion par Albert Schweitzer, qui devenait de plus en plus célèbre[512] : « Lorsque j'ai créé le concept de "respect de la vie" et que j'en ai fait un slogan du mouvement éthique radical, j'ai voulu en particulier mettre un nom sur la répulsion que nous inspire l'idée de voir détruire quelque être vivant que ce soit : la crainte de détruire quelque chose que nous ne pouvons pas recréer, de ravir quelque chose à un être que nous ne pouvons pas remplacer, de provoquer une souffrance pour laquelle nous ne pouvons pas dédommager l'être souffrant, et d'accomplir un acte dont nous ne pouvons pas en tant qu'humains soupçonner toutes les conséquences. Dès le début, j'ai donc utilisé cette notion pour désigner également l'aversion pour une alimentation contenant des substances que l'on ne peut obtenir qu'en donnant la mort[513]. » Et on soulignera ici surtout un dernier aspect : Schwantje regrette que Schweitzer ne soit pas végétarien[514], tout comme il avait déjà exprimé le même regret concernant Christian Wagner[515].

---

[510]  Schwantje, « Grausamkeit im Spiel des Kindes », *Kinderland*, 11/1908, p. 43.

[511]  *Ibid.*, p. 358.

[512]  Il est intéressant de noter que Schwantje n'a incorporé cette explication que dans la deuxième édition de ses écrits. Lors de la première édition (1927), le terme ne semble pas avoir été aussi fortement lié à la personne de Schweitzer.

[513]  Schwantje, *Ehrfurcht vor dem Leben, Brüderlichkeit und Vegetarismus, in* Schwantje, *Werke*, p. 112.

[514]  Cf. *ibid.*, p. 113.

[515]  Cf. Schwantje, « Wagner », p. 430.

## 5.2.2 La philosophie de la vie

La philosophie de la vie est un courant intellectuel allemand qui connaît son premier apogée au tournant du XIXe et du XXe siècle : « À ce moment, on s'efforce de clarifier et d'élaborer conceptuellement de nombreuses idées perçues jusqu'alors de façon plutôt intuitive et rhapsodique ; on assiste également à de nouvelles découvertes en matière de philosophie et à premier mouvement de diffusion et de popularisation de la philosophie de la vie[516]. » Le représentant du premier apogée de la philosophie de la vie est Wilhelm Dilthey (1833–1911), qui a légitimé celle-ci en tant que discipline académique et en a peut-être donné la meilleure définition : « La vie constitue le fait fondamental qui doit servir de point de départ à la philosophie. Elle est ce qu'on connaît de l'intérieur ; on ne peut pas retourner en amont de la vie. La vie ne peut être amenée à comparaître devant le tribunal de la raison[517]. » À une époque où les sciences de la nature triomphent et entrent de plus en plus en concurrence avec les sciences humaines, Dilthey définit également la différence essentielle entre les deux domaines : « Les sciences humaines se distinguent des sciences de la nature surtout en ce qu'elles ont comme objet des faits, qui apparaissent à la conscience comme étant donnés de l'extérieur, en tant que phénomènes et isolément, alors qu'à leur niveau ces faits apparaissent de l'intérieur comme réalité irréductiblement vivante[518]. » Parmi les nombreux représentants de la philosophie de la vie, nous allons présenter plus en détail Georg Simmel, avec qui Schweitzer entretenait une relation personnelle, et Ludwig Klages, qui incarne la tendance critique de la philosophie de vie, dont Schweitzer était proche.

### 5.2.2.1 Georg Simmel

Si désormais les spécialistes[519] rangent clairement Georg Simmel (1858–1918) parmi les représentants de la philosophie de la vie, certains

---

[516] Robert Josef Kozljanič, *Lebensphilosophie. Eine Einführung*, Stuttgart : Kohlhammer, 2004, p. 18.

[517] Dilthey, *Der Aufbau der geschichtlichen Welt in den Geisteswissenschaften*, in *Gesammelte Schriften*, Bd. 7, Stuttgart : Teubner, [8]1992, p. 359.

[518] Dilthey, « Ideen über eine beschreibende und zergliedernde Psychologie (1894) », in Dilthey, *Gesammelte Schriften, Bd. 5 : Die Geschichte der Welt. Einleitung in die Philosophie des Lebens*, Stuttgart : Teubner, [8]1990, p. 143.

[519] Cf. e.a. Kozljanič, *Lebensphilosophie*, pp. 135–147 ; Jürgen Große, *Lebensphilosophie*, Stuttgart : Reclam, 2010, pp. 82–86.

commentateurs du début du XX$^e$ siècle étaient d'un avis différent. Ainsi, Georg Lukács (1885–1971) décrivait Simmel comme « le personnage de transition le plus significatif et le plus intéressant de toute la philosophie moderne »[520], tout en notant que « ses valeurs les plus durables étaient de nature sociologique et historico-philosophique »[521]. Ce jugement semble fondé. Même quand il s'agit de questions qui sont du ressort de la philosophie de la vie, Simmel opte souvent pour une approche plutôt historique, en particulier dans ses réflexions sur l'émergence de la philosophie moderne de la vie. Pour Simmel, la question du sens et du but de l'existence ne se pose qu'au niveau des cultures supérieures : « L'animal et l'homme non cultivé, parviennent à leur but, si tel est le cas, de manière simple et directe en agissant et en recourant à quelques moyens simples : les moyens et les finalités apparaissent ici clairement[522]. » L'individu cultivé, en revanche, a perdu cette spontanéité à cause de la technique. Déjà pour acquérir sa nourriture, il doit passer par d'innombrables opérations sur lesquelles elle n'a plus d'influence directe. C'est ce qui conduit Simmel à conclure : « C'est à ce niveau de culture que la nécessité d'assigner un but ultime à la vie apparaît. Tant que la vie est déterminée par des objectifs limités, chacun étant satisfaisant en soi, l'inquiétude liée à la recherche lui est étrangère. [...] Ce n'est que lorsque nous apparaît le caractère transitoire d'innombrables activités et intérêts, sur lesquels nous nous concentrons comme sur des valeurs définitives, que se pose la question angoissante du sens et du but de l'ensemble[523]. » Selon Simmel, pendant des siècles, le christianisme a satisfait le désir des humains concernant le but dans la vie. Mais à mesure où le christianisme a perdu progressivement son influence, il a laissé un vide : « Cette nostalgie est l'héritage du christianisme : il a laissé subsister le besoin de concevoir une finalité définitive des mouvements de la vie, qui continue à exister sous la forme d'un désir dépourvu de contenu et tendu vers une finalité devenue insaisissable[524]. » Dans cette situation, la philosophie

---

[520] Georg Lukácz, « Georg Simmel », Pester Lloyd (2 octobre 1918), *in* Kurt Gassen et Michael Landmann, *Buch des Dankes an Georg Simmel. Briefe, Erinnerungen, Bibliographie*, Berlin : Duncker & Humblot, $^2$1993, p. 171.

[521] *Ibid.*, p. 175.

[522] Georg Simmel, « Schopenhauer und Nietzsche », *in* Alessandro Cavalli et Volkhard Krech (dir.), *Georg Simmel. Gesamtausgabe, Bd. 8 : Aufsätze und Abhandlungen 1901–1908*, Frankfurt (Main) : Suhrkamp, $^2$1997, p. 58.

[523] *Ibid.*, p. 59.

[524] *Ibid.*, p. 60.

s'est mise en quête d'un sens de la vie qui ne devait plus être recherché *au-delà de la vie*, mais *au sein de la vie elle-même*. Cette recherche a été le point de départ commun des deux « grands antagonistes au niveau de la définition des conceptions modernes des valeurs »[525] : Schopenhauer et Nietzsche.

Pour Simmel, la philosophie de Schopenhauer est l'expression parfaite de la crise de la modernité. Celui-ci, estime-t-il, fut le premier philosophe à considérer la vie, c'est-à-dire le vouloir-vivre, comme le seul point de départ de tout, mais en même temps, c'est cela qui fit échouer sa recherche d'un but final de la vie : « C'est précisément le caractère absolu de la volonté, à laquelle la vie est identique, qui ne laisse pas celle-ci trouver de repos en dehors d'elle-même, car il n'existe pas d'en dehors, et ce caractère absolu exprime la situation de la culture actuelle, remplie de la nostalgie d'un but ultime de la vie, qu'elle considère comme étant à jamais disparu ou illusoire[526]. » Comme Schopenhauer rejette l'idée d'un but pour la vie, la seule option qui lui reste est l'eudémonisme[527]. Mais, pour lui, cette option est exclue, car aucun sentiment de bonheur ne pourra jamais l'emporter sur les souffrances de la vie. Pour Schopenhauer, la souffrance ne fait pas partie de la vie, mais est constitutive en soi de la vie.[528] Simmel cite à l'appui de cette idée le passage suivant de *Le monde comme volonté et comme représentation* : « Le désir, en effet, la privation, est la condition préliminaire de toute jouissance. Or avec la satisfaction cesse le désir, et par conséquent la jouissance aussi. Donc la satisfaction, le contentement, ne sauraient être qu'une délivrance à l'égard d'une douleur, d'un besoin. [...] Et la conquête une fois faite, l'objet atteint, qu'a-t-on gagné ? Rien assurément, que de s'être délivré de quelque souffrance, de quelque désir, d'être revenu à l'état où l'on se trouvait avant l'apparition de ce désir[529]. » Le fait que Schopenhauer rejette à la fois l'idée d'un but final de la vie et

---

[525]   Simmel, « Der Konflikt der modernen Kultur », *in* Gregor Fitzi et Otthein Rammstedt (dir.), *Georg Simmel. Gesamtausgabe, Bd. 16 : Der Krieg und die geistigen Entscheidungen [u.a.]*, Frankfurt (Main) : Suhrkamp, 1999, p. 188.

[526]   Simmel, « Schopenhauer », pp. 60–61.

[527]   Cf. *ibid.*, p. 65.

[528]   Cf. Simmel, « Schopenhauer und Nietzsche. Ein Vortragszyklus (1906–1907) », *in* Michael Behr, Volkhard Krech et Gert Schmidt (dir.), *Georg Simmel. Gesamtausgabe, Bd. 10 : Philosophie der Mode [u.a.]*, Frankfurt (Main) : Suhrkamp, [4]2012, p. 241.

[529]   Simmel, « Vortragszyklus », p. 242. Das Zitat Schopenhauers findet sich in Schopenhauer, *Monde*, tome 1, pp. 333–334.

la possibilité d'une vie heureuse l'amène finalement à nier la volonté de vivre elle-même.

Nietzsche constitue pour Simmel le pôle opposé à Schopenhauer, même si à son avis la question qui se pose aux deux est identique : « Que signifie la vie, quelle est sa valeur simplement en tant que vie[530] ? » Alors que Schopenhauer désespère de la vie, Nietzsche ressent une véritable « jubilation face à la vie »[531]. Simmel explique ce revirement en référence aux travaux de Charles Darwin, dont la publication s'était située exactement entre la période où Schopenhauer avait défini son propre système et celle où Nietzsche s'était exprimé. Darwin avait fait entrer l'idée du caractère évolutif de la vie dans le domaine de la philosophie. Nietzsche s'en était emparé et avait découvert en cette idée une nouvelle finalité pour la vie, qui selon lui résidait dans son développement vers des formes supérieures, jusqu'au *surhomme*. Cette vision de l'évolution avait selon Nietzsche pour conséquence que « la vie peut devenir sa propre finalité et se libérer ainsi de l'interrogation sur une fin dernière qui se situerait au-delà de son processus purement naturel »[532]. Et, de ce fait, le sens de chaque étape de la vie serait d'atteindre l'étape suivante de l'évolution. C'est pourquoi alors que pour Schopenhauer la souffrance était constitutive de façon absolue de la vie, Nietzsche ne voyait en elle qu'une étape préliminaire « indifférente aux valeurs ascendantes de l'être et de l'agir, qui se réalisent en dépassant cette perspective »[533]. Tandis que le christianisme cherchait le sens de la vie dans l'au-delà, Nietzsche le trouvait « dans le triomphe de la vie qui s'élève à l'infini, dépassant tout présent imparfait »[534].

Comme nous l'avons indiqué ci-dessus, l'une des grandes avancées dues à Simmel se trouve dans le domaine de l'observation historique, et réside notamment dans son analyse pertinente des points de vue de Schopenhauer et Nietzsche. Mais Simmel ne se place pas uniquement au niveau historique : « À l'aide de ces analyses, Simmel veut lui-même réaliser des progrès philosophiques. Sa propre position réside au niveau

---

[530]   Simmel, « Konflikt », p. 189.
[531]   *Ibid.*
[532]   Simmel, « Schopenhauer », p. 61.
[533]   Simmel, « Vortragszyklus », p. 408.
[534]   Simmel, « Schopenhauer », p. 67.

d'une sorte de synthèse[535]. » Concernant Schopenhauer et Nietzsche, il estime toutefois qu'il n'est pas possible d'imaginer entre eux une synthèse à un niveau supérieur. En ces deux penseurs, il a trouvé les plus grands contrastes possibles au niveau de la pensée de son époque : « La valeur de ce que l'on pourrait appeler la synthèse entre eux consiste précisément dans le fait que l'humanité a atteint le degré de tension que l'on connaît actuellement dans ses sentiments face à la vie. Pour cette raison, ici, une unité ne peut être trouvée que dans une dimension complètement différente du contenu objectif de cette synthèse : en clair, cette unité ne peut être perçue qu'au niveau du sujet qui a la vision concomitante de ces deux dimensions. En percevant les vibrations de l'activité de l'esprit entre ces deux pôles, notre âme parvient à se libérer [...] jusqu'à parvenir à englober et à embrasser le désespoir face à la vie et la jubilation face à celle-ci comme les deux pôles qui délimitent sa propre immensité, sa propre force et sa propre plénitude[536]. » À travers cette définition, Simmel se révèle finalement comme le philosophe de la vie par excellence.

### 5.2.2.2 Ludwig Klages

Ludwig Klages (1872–1956) est considéré comme celui à qui revient « la paternité de la branche de la philosophie de la vie critique à l'égard de l'intellect et de la civilisation »[537] ; celle-ci correspond à la dernière phase de la philosophie de la vie. Pour comprendre la philosophie de Klages, il faut partir du contraste fondamental qu'il établit entre la conscience et la vie : « La notion de conscience est habituellement définie de deux manières : en tant que point nodal de toute expérience et en tant que perception tendue vers une expérience. En vivant une expérience, nous nous situons *au sein* de la conscience, en la percevant et en la saisissant, nous sommes *à l'extérieur* de celle-ci. L'expérience a une réalité en soi, la conscience détient cette réalité en lien avec ce qui est autre. La vie n'a pas besoin d'être saisie intellectuellement pour exister, en revanche, la compréhension intellectuelle ne peut pas se concrétiser sans un processus vivant. Compte tenu de cela, il est d'une importance fondamentale pour la théorie de la conscience de savoir si on est en

---

[535] Martin Lönnebo, *Albert Schweitzers Etisk-Religiösa Ideal*, Stockholm : Diakonistyrelsens Bokförlag, 1964, p. 80.

[536] Simmel, « Vortragszyklus », p. 408.

[537] Große, *Lebensphilosophie*, p. 96.

mesure de caractériser un état ou un autre au moyen du verbe. Et le concept "prendre conscience" – au sens où je prends conscience d'une chose – est équivalent de "remarquer", et il serait très souhaitable que l'usage scientifique en conformité avec l'usage populaire ne retienne que cette acception[538]. » Klages opte donc pour le second niveau de définition évoqué ci-dessus, en soulignant que la conscience est une vision d'un phénomène qui s'opère exclusivement à partir de l'extérieur, en tant que compréhension intellectuelle orientée vers la vie. Cette compréhension intellectuelle se distingue fondamentalement de l'expérience intérieure et donc aussi de la vie elle-même. En résumé, Klages note « que par la simple compréhension nous ne parvenons pas à la connaissance de la vie »[539]. La seconde clarification conceptuelle nécessaire ici consiste à souligner que Klages utilise les termes « vie » et « âme » très largement comme synonymes[540]. Quand il intitule son œuvre principale *Der Geist als Widersacher der Seele* (« L'esprit comme contradicteur de l'âme »), il identifie l'esprit comme l'adversaire de la vie : « L'esprit inhérent à la vie correspond à une force dirigée contre celle-ci ; la vie, dans la mesure où celle-ci est devenue porteuse de l'esprit, le défie par instinct de défense. L'essence du processus "historique" sous-jacent à l'humanité (aussi appelé "progrès") est le développement de la lutte victorieuse de l'esprit contre la vie avec comme terme prévisible (sur le plan de la logique uniquement) l'annihilation de cette dernière[541]. » À travers les termes choisis par Klages, il apparaît à nouveau clairement que le concept d'« esprit » correspond très largement à l'idée de « conscience » qui est constitutive de la philosophie de celui-ci ; d'où l'opposition qui ressort de l'exposé de son système : vie/âme ←→ esprit/conscience.

L'esprit devient l'adversaire de la vie pour Klages parce qu'il n'a aucune connaissance de la vie, et la méjuge au sens propre du terme[542].

---

[538]  Ludwig Klages, « Bewußtsein und Leben (1915) », *in* Hans Eggert Schröder (dir.), *Ludwig Klages : Mensch und Erde. Gesammelte Abhandlungen*, Stuttgart : Kröner, 1973, p. 26.

[539]  *Ibid.*, p. 34.

[540]  Cf. Lars Koch, *Der Erste Weltkrieg als Medium der Gegenmoderne : Zu den Werken von Walter Flex und Ernst Jünger*, Würzburg : Königshausen & Neumann, 2006, p. 51, note 184.

[541]  Klages, *Der Geist als Widersacher der Seele (1929–1932)*, Bonn : Bouvier, ⁶1981, p. 69. Cf. aussi Reinhard Falter, *Ludwig Klages. Lebensphilosophie als Zivilisationskritik*, München : Telesma, 2003, pp. 33–34.

[542]  Klages parle d'« ignorance intellectualiste de la vie » (Klages, « Bewußtsein », p. 31).

Un pur esprit, même s'il était omniscient, n'aurait cependant aucune connaissance de la vie : « Pour lui, le mouvement incessant des animaux rampants, courants et volants ne serait pas fondamentalement différent de la chute de la pierre, du vent qui souffle, des ondulations de l'eau ; il ne pourrait pas distinguer entre le changement inhérent à la croissance des plantes et le changement de forme subi par une montagne qui s'effriterait progressivement. Pour lui, ces phénomènes ne correspondraient qu'au déplacement mécanique d'objets[543]. » Pour Klages, cette vision des choses est tout sauf une fiction. Il perçoit précisément ce point de vue dans la vision cartésienne du monde, qu'il considère comme l'alpha du développement de l'esprit moderne. En posant le principe *cogito ergo sum*, Descartes aurait commis « l'erreur logocentrique »[544] fondamentale en réduisant le monde à l'esprit (*cogitare*) et à la matière (*esse*), mais en ignorant complètement la vie[545]. En conséquence, la vie en soi se trouverait remplacée par la faculté mentale de juger (*cogitare*), ceci entraînant des conséquences dévastatrices : « L'univers entier est en quelque sorte un système de forces évaluable – les animaux étant réduits à des machines sans âme – les émotions, que les humains partagent correspondraient à une variante de maladie mentale, de *perturbationes animi*[546] ! » Puisque l'esprit ne peut saisir que les objets et les mécanismes, mais pas la vie, il transforme automatiquement tout ce qu'il saisit en objets et en mécanismes et tue ainsi la vie[547]. C'est en fonction de ces prémisses que s'explique la critique radicale à laquelle Klages soumet la civilisation et le progrès. Pour lui, le progrès est uniquement progrès de l'esprit et donc déclin progressif de la vie : « Sous des prétextes d'utilité, "de développement économique", "de culture", il [le progrès] vise en vérité à *l'anéantissement de la vie*[548]. » Cet anéantissement de la vie concerne selon Klages à la fois la vie humaine et la vie non humaine, ce qui le conduit à déplorer à la fois la disparition des espèces animales et l'extinction des coutumes populaires[549]. Le progrès aurait conduit au « désenchantement du

---

[543] *Ibid.*, p. 34.

[544] Klages, *Widersacher*, p. 890.

[545] Cf. Klages, « Bewußtsein », p. 29.

[546] *Ibid.*, p. 28.

[547] Cf. *ibid.*, p. 35.

[548] Klages, « Mensch und Erde (1913) », *in* Schröder (dir.), *Ludwig Klages*, p. 12.

[549] Cf. *ibid.*, pp. 13–14.

monde »[550] et à des sacrilèges toujours plus grands envers la nature. Pour désigner ce processus, Klages utilise explicitement le terme «sacrilège», qu'il distingue de celui de « péché » : « Le philosophe de l'esprit rejette ce qui est choquant pour l'esprit en tant que péché, tandis que le philosophe de la vie rejette ce qui est mauvais pour la vie en tant que sacrilège. [...] Personne n'aurait à l'idée un "péché envers l'arbre", mais on a à juste titre parlé et on parle encore de "sacrilège envers l'arbre". L'arbre n'est pas un esprit et n'a pas esprit, et ainsi on ne peut pas pécher contre lui ; mais l'arbre est vivant, et on peut donc très bien l'outrager[551]. » Le concept de sacrilège envers la vie constitue donc également le fondement (négatif) du système de valeurs éthiques auquel s'identifie Klages, qui rejette l'impératif catégorique de Kant comme étant hostile à la vie[552] et lui oppose l'idée de *prendre soin de la vie* (« Fürsorge für das Leben »)[553]. L'âme pourrait selon lui être éduquée à cet idéal, mais non pas par la mise en place de commandements, mais exclusivement par « l'apport d'une nourriture spirituelle ». De cette nourriture font partie « le miracle, l'amour et l'exemple »[554].

### 5.2.3 *Optimisme et pessimisme*

L'auteur autrichien Hieronymus Lorm (1821–1902) a été le premier à établir une synthèse entre le pessimisme épistémologique d'une part et une vision optimiste de la vie d'autre part. Dans son dernier ouvrage publié en 1894, *Der grundllose Optimismus* (« L'optimisme dénué de fondement »)[555], il décrit ainsi ce qui constitue le fondement du pessimisme

---

[550] Klages, « Warum bringt es Verderben, den Schleier des Isisbildes zu heben ? (1919) », *in* Schröder (dir.), *Ludwig Klages*, p. 122. Sur l'histoire de ce concept après Max Weber cf. Hartmut Lehmann, *Die Entzauberung der Welt. Studien zu Themen von Max Weber*, Göttingen : Wallstein Verlag, 2009.

[551] Klages, « Brief über Ethik (1918) », *in* Schröder (dir.), *Ludwig Klages*, pp. 207–208. Cf. Friedemann Schmoll, *Erinnerung an die Natur. Die Geschichte des Naturschutzes im deutschen Kaiserreich*, Frankfurt (Main) : Campus, 2004, pp. 93–112.

[552] Cf. Klages, « Brief über Ethik », p. 204.

[553] Cf. *ibid.*, p. 208. Klages utilisait déjà ce terme en 1913, cf. Klages, « Mensch und Erde », p. 16.

[554] Klages, « Brief », p. 209.

[555] Déjà en 1876 Lorm avait publié un ouvrage intitulé « Der Naturgenuss. Eine Philosophie der Jahreszeiten » (« Le plaisir de la nature. Une philosophie des saisons »), dans lequel il avait intitulé le premier chapitre « L'optimisme inutile ».

épistémologique : « La science de la cognition enseigne qu'emprisonnés dans une faculté subjective de penser et de sentir, nous ne pouvons pas aller à l'aide de notre savoir au-delà de la limite de la vérité objective, et que nous n'appréhendons de son infini à travers notre conscience qu'une chose : l'impossibilité d'accéder du fait de la finitude de notre nature à la connaissance des origines et de la finalité de l'existence. Cet état de nature se traduit par le pessimisme scientifiquement fondé ou un rejet de ce qui est constitutif de la nature [...] L'illusion relative à la nature, qui nous fait ressentir la réalité comme dure et amère, tandis que la vérité qui se cache derrière celle-ci échappe à nos facultés discursives : tout cela correspond à un état de malheur, qui fait naître en nous cette idée effrayante résultant de l'impossibilité de l'accès à une connaissance objective suprême, et selon laquelle il existerait entre l'absence de bonheur et les souffrances infinies des créatures que nous percevons en tous lieux, le destin cruel qui accable l'innocence incarnée par les enfants malades et les animaux martyrisés, et la torture insensée qui nous est imposée par la roue du labeur, un lien mystérieux[556]. »

Le « pessimisme doté d'un fondement logique par les sciences cognitives »[557] résulterait donc de l'observation de la nature, dont l'homme ne peut rien tirer de positif. En même temps, Lorm souligne aussi que ce pessimisme est la conséquence exclusive du caractère limité des facultés cognitives de l'homme. C'est ce qui le fonde à dire : « Là où la cognition cesse, le pessimisme fondé sur la cognition cesse également et, à ce moment, son contraire, l'optimisme, s'impose, sauf que ses fondements ne peuvent pas être établis au niveau la cognition[558]. » Lorm est d'avis que l'homme est à même de s'élever au-dessus des lois causales de la nature et donc aussi au-delà de la sphère de la connaissance. C'est pourquoi il rejette également le *cogito ergo sum* cartésien. Du fait que l'*ego* appartient au monde des apparences et n'est donc pas une « chose en soi », son existence ne peut, selon lui, être démontrée par la pensée[559]. Seul « le désir insatiable de vivre »[560] constitue à ses yeux une réalité absolue

---

[556] Hieronymus Lorm, *Der grundlose Optimismus*, Wien : Verlag der literarischen Gesellschaft, 1894, pp. 247–248. Pour l'essentiel, le point de vue évoqué ici figurait déjà dans les travaux antérieurs de Lorm, cf. Lorm, *Der Naturgenuss. Eine Philosophie der Jahreszeiten*, Berlin : Hofmann & Co., 1876, pp. 153–158.

[557] Lorm, *Optimismus*, p. 249.

[558] *Ibid.*, p. 260.

[559] *Ibid.*, p. 314.

[560] *Ibid.*, p. 315.

de la conscience humaine[561]. Cette réalité a certes pour conséquence que l'individu entre inévitablement en conflit avec la volonté d'autres individus, mais il surmonte cette loi de la nature du fait que prend le dessus « la volonté individuelle, [qui] renonce à elle-même sans raison apparente face à d'autres volontés »[562]. Pour illustrer cette réalité, Lorm évoque le cas suivant : « Un homme affamé s'empare avidement de la nourriture qui lui est offerte – c'est la nature. S'il donne la nourriture à un autre être affamé qui n'en a pas et continue de se priver de nourriture – voilà qui dépasse la nature[563]. » Ici, l'optimisme se manifeste sous la forme de la pure bonté du cœur, devant laquelle Lorm « souhaiterait se prosterner »[564]. Du fait que de telles actions vont au-delà de la simple nature, Lorm dit qu'en l'homme la nature apparaît « clivée » : « Dans son activité reposant uniquement sur l'intellect ou la causalité, un élément inutile à la connaissance vraie se détache en tant qu'idée rationnelle. C'est dans cette idée que réside la paix, qui ne se laisse pas contester par la causalité de la nature, la rejette totalement, saisit l'éternité sur la terre et transforme par conséquent l'état terrestre de malheur en une félicité indicible et accessible seulement au sentiment[565]. » De ces prémisses découle pour Lorm la distinction entre optimisme et pessimisme : « La nature humaine est clivée entre un pessimisme dont la réalité s'impose et un optimisme magique inexplicable, l'un correspondant à l'égoïsme de conservation, l'autre étant abnégation et dépassement de la nature[566]. » Il ne peut donc pas y avoir d'optimisme raisonnable pour Lorm, car l'optimisme ne peut pas dériver de la nature. En tant qu'optimisme infondé, il peut toutefois être compatible avec une vision pessimiste du monde.

Un autre penseur de l'époque qui cherchait une synthèse entre pessimisme et optimisme était le philosophe et psychologue américain William James (1842–1910). Dans sa conférence de 1895 sur le thème « Is Life worth living ? » (« La vie vaut-elle la peine d'être vécue ? »), il aborde – tout comme Lorm – l'expérience négative du monde, dont l'homme ne

---

[561] La proximité entre Lorm et la philosophie de la vie ainsi qu'avec la pensée de Schopenhauer est évidente.

[562] *Ibid.*, p. 310. Cf. Lorm, *Naturgenuss*, p. 42.

[563] *Ibid.*, p. 261.

[564] Lorm, *Naturgenuss*, p. 42.

[565] Lorm, *Optimismus*, p. 259.

[566] *Ibid.*, p. 282.

peut retirer ni optimisme ni foi en un créateur bienveillant : « S'il y a un Esprit divin qui guide l'univers, la nature, telle que nous la connaissons, ne peut pas être sa manifestation ultime pour l'homme[567]. » James souligne avec insistance que la vision pessimiste du monde, cependant, ne résulte pas de l'observation du monde, mais seulement du conflit dans lequel cette observation entre avec les différentes attentes des êtres humains : « La vision cauchemardesque de la vie a beaucoup de sources organiques ; mais sa source la plus importante a toujours été la contradiction entre les phénomènes naturels et la soif du cœur de croire que derrière la nature se trouve un esprit dont la nature est la forme sensible[568]. » James ne partage pas plus la vision positive du monde des stoïciens que les tentatives de théodicée de Leibniz[569]. Bien qu'il considère l'indifférence à ces états comme un « anesthésie praticable », il n'y a pas là non plus une solution viable pour lui[570]. Évoquant les quelque 3000 personnes qui se suicident chaque année aux États-Unis à l'époque à laquelle il s'exprime, il note : « La véritable intégrité intellectuelle, voire tout simplement l'humanité et le sentiment de l'honneur, nous interdisent d'oublier leur cas[571]. » Pour James, c'est précisément la souffrance telle qu'elle existe dans le monde, en particulier celle des animaux innocents, qui devrait encourager l'homme à la gratitude humaine et à des actes désintéressés. Et il pose la question rhétorique suivante : « Ne sommes-nous pas obligés de subir nous-mêmes des souffrances, de faire preuve d'abnégation face à nos vies, en échange de toutes ces vies sur lesquelles sont construites les nôtres ? Entendre cette question, c'est y répondre d'une seule façon possible, si on a un cœur normalement constitué[572]. » Pour James, comme pour Lorm, l'abnégation est la seule réponse possible face à la cruauté de la nature. James refuse de s'arrêter au pessimisme qui naît de l'observation du monde, et oppose à la perception externe des choses ce sentiment indéfinissable qui existe « au plus profond de nous », nous fait croire que de notre existence a un sens et nous pousse

---

[567] William James, « Is Life Worth Living ? (1895) », *in* William James, *The Will to Believe and other essays in popular philosophy*, New York : Dover Publications, 2003, p. 44.

[568] *Ibid.*, p. 40.

[569] Cf. *ibid.*, pp. 41, 43.

[570] Cf. *ibid.*, p. 43.

[571] *Ibid.*, p. 37.

[572] *Ibid.*, p. 50.

à affronter le monde avec un optimisme combatif[573]. Cependant, en fin de compte – comme dans le cas de Lorm – chez lui aussi, cet optimisme apparaît sans fondement, car il ne tire pas sa source dans la réalité du monde. Mais cela n'empêche que, même sans « preuve scientifique », il faut, selon James, s'engager dans la lutte qui est le propre de la vie, pour ne pas être reçu le jour du Jugement dernier comme le brave Crillon à qui Henri IV déclare : « Pends-toi, brave Crillon ! Nous avons combattu à Arques, et tu n'y étais pas[574]. »

### 5.2.4 Le Schweitzer historique

C'est lors d'une conférence prononcée à l'Université de Strasbourg le 13 février 1912 que Schweitzer eut recours pour la première fois en public à la notion de « respect de la vie »[575]. Auparavant, il ne s'était exprimé qu'une seule fois publiquement sur le thème de la protection des animaux, notamment lors d'un sermon prononcé à Gunsbach le 26 août 1900, dans lequel il avait expliqué la signification de l'amour des animaux dans le cadre de l'éducation des enfants : « Nous voulons conduire les enfants au Christ afin de rendre leurs cœurs réceptifs au bien. Mais comment pouvons-nous faire cela si nous ne leur enseignons pas la pitié pour les animaux dans leur prime jeunesse ? [...] Parents, maintenez vos enfants dans la miséricorde également à l'égard les animaux[576] ! » En même temps, Schweitzer souligne également que ceux qui aiment les animaux sont exposés à un « sentiment de compassion malsain » : « Les animaux aptes au travail doivent travailler ; l'homme a le droit de tuer des animaux, si c'est nécessaire ; aucune association de protection des animaux ne le nie[577]. » Dans ce contexte, Schweitzer souligne également la position supérieure de l'homme par rapport à l'animal[578]. C'est l'idée de cette hiérarchie qui structure également un autre de ses sermons, qui porte sur

---

[573] Cf. *ibid.*, p. 43. Cf. aussi Hermann Deuser, « Zur Achten Vorlesung (I) : Pragmatismus und Religion », *in* Klaus Oehler, *William James : Pragmatismus. Ein neuer Name für einige alte Wege des Denkens*, Berlin : Akademie Verlag, pp. 200–201.

[574] James, « Life », p. 62.

[575] SV 693.

[576] Predigten 186.

[577] *Ibid.*, p. 187.

[578] Cf. *ibid.*, p. 187 : « Höher als die Tiere und uns näher stehen die Mitmenschen als unsere Brüder. »

le verset du Sermon sur la montagne « Heureux les miséricordieux car ils obtiendront miséricorde » (Matthieu 5, 7). Schweitzer profite ici de sa prédication relative à la miséricorde envers les animaux pour aborder ensuite la miséricorde (supérieure) envers les êtres humains, à laquelle est consacrée la deuxième partie du sermon.

Dans sa conférence du 13 février 1912 déjà évoquée, Schweitzer souligne avec insistance la position supérieure de l'homme par rapport à l'animal et indique clairement « que la finalité de l'existence réside dans la vie supérieure »[579]. Il accuse la philosophie indienne de ne pas avoir fait la distinction entre vie inférieure et vie supérieure et de ne pas avoir trouvé une réponse satisfaisante au problème de la lutte qui oppose les êtres vivants entre eux : « Mais nous sommes fondés à dire : éthiquement, le droit de détruire trouve sa source là où la préservation de l'être supérieur est en cause[580]. » En fonction de cette conviction, il définit la volonté de vivre comme « la vie qui veut devenir une vie supérieure dans les domaines de la connaissance et de la volonté »[581], et décrit ce processus ainsi : « Le progrès qui marque le passage au niveau supérieur, celui de la culture, consiste à se rendre libre par rapport à la nature[582]. » C'est ainsi que, par la suite, il peut assimiler la volonté de vivre à la volonté d'accéder à la liberté[583].

La correspondance privée entre Schweitzer et Helene Bresslau ne fait pas non plus référence à un sentiment de lassitude qu'aurait éprouvé celui-ci face au monde en raison de la souffrance inhérente à la nature. Au contraire, Schweitzer exprime dans sa jeunesse un sentiment romantique de la nature, dont voici quelques exemples : « Les vaches paissent dans la prairie vert foncé. Un voile de brume bleue la recouvre. Tous les contours du paysage sont estompés ; les montagnes sont dans un halo de brume, et le seul bruit qui émane de cette immensité bleue transparente est celui des cloches des vaches, qui monte de loin en loin, d'un rythme insondable et harmonieux – c'est comme si je lisais un livre de contes. Une coccinelle rouge court sur le papier. – Les herbes brunes et les dernières fleurs tremblent au vent. – Si seulement je pouvais fixer

---

[579] Cours, 22 février 1912 (SV 695).
[580] Cours, 13 février 1912 (SV 693–694).
[581] SV 696.
[582] SV 698.
[583] Cours, 27 février 1912 (SV 702).

ce moment de paix insondable.[584] » ; « Il pleut, le vent se lève, tout cela est magnifique – les oiseaux donnent un concert spécialement pour moi, ils chantent en chœur.[585] » ; « C'est pourquoi, dès que je suis dans la forêt, dès que j'entends sa musique, quelque chose s'éveille en moi qui était enfoui au plus profond de mon cœur, quelque chose de païen et pourtant de religieux, un sentiment de fierté et de puissance, une dureté, un orgueil que je ne peux pas définir[586]. »

Lors de son premier séjour à Lambaréné (1913–1917), Schweitzer parvient à une toute nouvelle perception du monde animal. Les ravages causés par les multiples fourmis qui pullulent dans cet environnement tropical lui causent d'importants problèmes : il s'agit des célèbres fourmis guerrières, qui appartiennent au genre *Dorylus*, et sont « des ennemies redoutables. Nous en souffrons beaucoup. [...] D'ordinaire, deux ou trois colonnes d'entre elles se déplacent indépendamment, à une distance de cinq à cinquante mètres l'une de l'autre. À un moment donné, elles se déploient. On ignore la façon dont se transmet cet ordre. Mais en un clin d'œil une superficie importante se couvre d'un grouillement noir. Tous les animaux qui s'y trouvent sont alors voués à leur perte. Même les grandes araignées qui sont sur les arbres ne peuvent se sauver. Leurs terribles agresseurs les suivent en bandes jusque sur les rameaux les plus élevés. Si, acculées, elles se laissent choir à terre, elles y sont la proie des fourmis restées sur le sol. Le spectacle est effroyable. Le militarisme qui règne dans la forêt vierge soutient la comparaison avec celui de l'Europe. [...] Un piétinement et un gloussement particuliers des poules nous avertissent du danger. Il s'agit alors de ne pas perdre un instant. Je saute hors du lit, je cours au poulailler et je l'ouvre. À peine est-il ouvert que les poules se précipitent au-dehors ; si elles y restaient enfermées, elles deviendraient la proie des fourmis. Celles-ci se glissent dans les narines et dans le bec des volailles et les étouffent ; puis elles les dévorent en peu de temps et ne laissent que les os proprement nettoyés. [...] J'en comptai une fois près d'une cinquantaine sur mon corps. Ces bestioles mordent si fort que l'on n'arrive pas à leur faire lâcher prise. Quand on veut les ôter, leur corps se partage et leurs mandibules restent dans la chair et doivent être enlevées l'une après l'autre[587]. »

---

[584]  Schweitzer à Helene Bresslau, 9 octobre 1902 (Briefe 26).

[585]  Schweitzer à Helene Bresslau, 17 mai 1903 (Briefe 37).

[586]  Schweitzer à Helene Bresslau, 30 janvier 1904 (Briefe 59).

[587]  FV 179–181.

À son retour à Strasbourg en 1918, l'image que Schweitzer se fait de la nature s'est assombrie fortement : « La nature est belle et grandiose, vue de l'extérieur, mais la lecture de son livre est effrayante. Et sa cruauté est tellement absurde ! », dit-il dans un sermon du 23 février 1919, se référant tout particulièrement à son expérience décrite ci-dessus : « Les êtres vivent aux dépens de la vie d'autres êtres. La nature leur permet de commettre les atrocités les plus terribles. [...] Elle ordonne aux fourmis de se regrouper et d'attaquer une pauvre petite créature pour la tuer[588]. » En plus de ses nouvelles expériences au sujet du règne animal, la tuberculose dont fut frappée son épouse a pu contribuer à ce que son image de la nature se fasse plus sombre. Dans le même sermon, il évoque indirectement cette expérience : « La vie sous sa forme la plus précieuse est sacrifiée au profit de la forme la plus vile que celle-ci peut revêtir. Imaginons un enfant qui inhale des bacilles de la tuberculose. Il grandit, se développe, mais la souffrance et la mort prématurée sont en lui, parce que ces êtres les plus vils se multiplient dans ses organes les plus nobles[589]. » L'expérience qu'il a vécue conduit Schweitzer à parler pour la première fois du conflit entre la loi naturelle et la loi morale, entre l'expérience extérieure et intérieure de Dieu : « Pourquoi le Dieu qui se révèle dans la nature est-il la négation de tout ce que nous percevons comme moral, pourquoi est-il à la fois une force qui construit de façon sensée la vie et une force qui détruit les vies sans raison ? Comment pouvons-nous mettre sur un même plan Dieu, la force inhérente à la nature, et Dieu, la volonté morale, le Dieu de l'amour[590] ? » Dans ce contexte, il parle aussi, pour la première fois depuis sa conférence de 1912, du *respect de la vie* : « Je ne peux m'empêcher de respecter tout qui a le nom de vie, je ne peux m'empêcher d'être en empathie avec tout ce qui a le nom de vie : c'est là qu'est le fondement de toute morale[591]. » Dans les années qui suivirent, notamment dans les deux premiers volumes de sa *Philosophie de la culture* (1923), Schweitzer développa cette idée dans le même sens que dans ses écrits autobiographiques. Dans son autoportrait

---

[588] Prédication, 23 fevrier 1919 (Predigten 1241).

[589] *Ibid.* L'hypothèse qu'il s'agissait ici d'une allusion à la maladie de sa femme a été formulée par Verena Mühlstein (cf. Verena Mühlstein, *Helene Schweitzer Bresslau. Ein Leben für Lambarene*, München : C. H. Beck, ³2010, p. 193).

[590] Predigten 1242.

[591] Predigten 1238.

de 1929, il décrit pour la première fois la manière dont cette notion lui a été révélée au cours de son voyage sur l'Ogoué.

## 5.3 Comparaison

L'affirmation de Schweitzer selon laquelle la philosophie qui se pratiquait avant lui s'intéressait exclusivement aux relations que les humains entretenaient entre eux ne tient pas si on prend en compte la masse de publications qui très tôt ont traité des questions d'éthique animale. La publication en 1894 d'une étude d'ampleur faisant le point des différentes positions sur ce sujet démontre que cette question fut grandement discutée au niveau de la philosophie allemande. À la même époque déjà, les philosophes regrettaient que la philosophie du droit se soit intéressée trop longtemps exclusivement à l'homme. Devenu docteur en philosophie (1898), et auteur notamment de publications d'orientation philosophique[592], Schweitzer a sans doute eu présentes à l'esprit ces évolutions. Il connaissait aussi les œuvres de Dann qui s'était intéressé environ un siècle avant lui à ces sujets[593]. À cette époque, on s'intéressait effectivement déjà à la protection des animaux[594].

Avant la Première Guerre mondiale, les positions défendues pas Schweitzer en matière de protection animale correspondaient au sein des classes cultivées à un consensus qu'on peut synthétiser ainsi :

- Insistance sur le bien-être des animaux dans l'éducation des enfants,
- Promotion du bien-être animal dans un but humaniste,
- Idée d'un ordonnancement hiérarchique de la nature, qui donne à l'homme le droit de faire travailler et de tuer les animaux pour son usage.

---

[592] Schweitzer, « Die Philosophie und die allgemeine Bildung im 19. Jahrhundert », VVA 23–29.

[593] Cf. Prédication, 2 mars 1919 (Predigten 1248).

[594] Déjà en 1911, le défenseur des droits des animaux Ludwig Ankenbrand se réjouissait que l'Église accorde la plus grande importance à la protection des animaux (cf. Ludwig Ankenbrand, *Erziehung des Kindes zur Tierliebe*, München : Melchior Kupferschmid, 1911, p. 44).

La première fois où Schweitzer utilise en 1912 l'expression *respect de la vie*, il s'inscrit tout à fait dans cette conception du monde. Respecter la vie signifie à l'époque littéralement éviter la destruction insensée de ce qui est vivant, par exemple en n'écrasant pas un ver[595] mais en même temps, ce respect implique le droit de la vie supérieure de détruire la vie inférieure si cela est utile à sa propre préservation et/ou son développement. Il est également clairement établi que le concept de *respect de la vie* n'a pas été forgé par Schweitzer, mais par Magnus Schwantje. Mais déjà avant Schwantje, de nombreuses formulations circulaient dans l'espace public, telles que la notion de « compassion sans bornes avec tous les êtres vivants » (Schopenhauer) ou celle de « protection de tous les êtres vivants » (Wagner)[596]. On ne peut pas affirmer avec certitude si Schweitzer a effectivement emprunté la notion de respect de la vie à Schwantje. Toutefois, au début du XX$^e$ siècle, Schwantje fut souvent invité à donner des conférences en Alsace, et Schweitzer a pu l'entendre ou lire des relations de ses conférences[597]. Quand Schweitzer affirme ultérieurement n'avoir, « autant que je sache, jamais entendu ni jamais lu » l'expression « respect de la vie »,[598] il formule presque un aveu de culpabilité. Indépendamment de la question de la paternité de la notion

---

[595] Cours, 27 février 1912 (SV 693).

[596] Le concept de « prendre soin de la vie » (« Fürsorge für das Leben »), forgé par Ludwig Klages en 1913, fait également partie de la série de ces concepts, mais il apparaît ultérieurement à celui que Schwantje utilise.

[597] Cf. la correspondance de Schwantje avec Maria Anderson, opposante à la vivisection : « Après notre séparation, j'ai parlé six fois en Haute-Alsace, une fois à Fribourg et je parlerai demain à Strasbourg » (Schwantje à Anderson, 1$^{er}$ novembre 1904, Magnus-Schwantje-Archiv Göttingen) ; cf. aussi une lettre de A. Oswald à Schwantje : « Je vous enverrai la *Straßburger Post* dans lequel votre renommée est écrite » (Oswald à Schwantje, 1$^{er}$ décembre 1904, Magnus-Schwantje-Archiv Göttingen). Oswald, domicilié à Colmar, semble avoir organisé les conférences de Schwantje, car il paie ses honoraires et/ou ses frais de voyage. Le 5 novembre, il lui écrivit : « À l'ami dévoué et désintéressé de notre noble cause du bien-être animal, une somme provisoire pour ses discours fructueux et instructifs du 23 au 30 octobre 1904 en Haute-Alsace » (Oswald à Schwantje, 5 novembre 1904, Magnus-Schwantje-Archiv Göttingen). Ces conférences devaient être celles mentionnées par Schwantje dans sa lettre à Anderson.

[598] Schweitzer, « Die Entstehung der Lehre der Ehrfurcht vor dem Leben und ihre Bedeutung für unsere Kultur (21 avril 1963) », *in* Hans Walter Bähr (dir.), *Albert Schweitzer. Ehrfurcht vor dem Leben : Grundtexte aus fünf Jahrzehnten*, München : C. H. Beck, $^9$2008, p. 20.

en question, l'expérience mystique vécue par Schweitzer sur l'Ogoué en septembre 1915, et à la faveur de laquelle il aurait pris conscience pour la première fois de ce qu'était le respect de la vie, n'est pas attestée historiquement. On ajoutera ici que le lecteur ne peut manquer d'être intrigué par le caractère très élaboré de la relation que Schweitzer fait de son expérience : « Cette intuition d'une formule qui ouvre la voie à la résolution de ce dilemme philosophique, écrit-il, fait penser tous ceux qui sont familiers de la pensée extrême-orientale à ce qu'est un Koan[599]. » Faut-il voir un hasard dans le fait que Schweitzer ait mentionné cette expérience qu'il situe en 1915 pour la première fois en 1929, après s'être intéressé de façon approfondie à la pensée asiatique[600] ? Il n'en reste pas moins que l'événement évoqué par Schweitzer n'est pas nécessairement à négliger sur un plan historique. Comme on l'a déjà vu, l'usage que Schweitzer a fait par la suite de la notion de *respect de la vie* est très différent de celui qu'il en faisait à l'origine. Si, plus tard, il a souligné avec insistance qu'aucune distinction catégorique ne devrait être faite entre la vie supérieure et la vie inférieure, auparavant, il avait pointé dans cette exigence une grande faiblesse des systèmes dans lesquels elle était formulée. Nous avons également constaté que ce changement est probablement lié à l'expérience de son premier séjour en Afrique. Il n'est pas exclu que Schweitzer ait connu en septembre 1915 une expérience tout à fait majeure relative à sa conception du respect de la vie. À ce moment, il n'aurait pas découvert la notion en question, mais c'est le sens de celle-ci qui se serait trouvé modifié pour lui.

L'affirmation de Schweitzer selon laquelle sa philosophie du *respect de la vie* était définie comme une synthèse de Schopenhauer et Nietzsche ne peut pas être étayée par les sources dont nous disposons, mais cela n'exclut évidemment pas d'éventuelles déclarations orales dans ce sens. Toutefois, il est également possible que Schweitzer lui-même ait perçu sa philosophie comme une telle synthèse et ait attribué cette déclaration à d'autres personnes. Ce qui est frappant dans ce contexte est qu'il ne mentionne la chose que dans son autoportrait moins connu de 1929,

---

[599] Michael von Brück, « Ethische Mystik. Albert Schweitzers Intuition der Ehrfurcht vor dem Leben », *in* Günther Altner, Ludwig Frambach, Franz-Theo Gottwald et Manuel Schneider (dir.), *Leben inmitten von Leben. Die Aktualität der Ethik Albert Schweitzers*, Stuttgart : Hirzel, 2005, p. 195.

[600] Cet intérêt de Schweitzer atteint son apogée en 1935 lorsqu'il publie *Die Weltanschauung der Indischen Denker* (« La vision du monde des penseurs indiens »).

mais pas dans son œuvre majeure *Ma vie et ma pensée*, qui date de 1931. Schweitzer a certainement repris de Simmel dont il avait suivi plusieurs cours l'idée que Schopenhauer et Nietzsche se situaient au niveau de la pensée moderne à l'antipode l'un de l'autre[601]. Simmel avait raison quand il affirmait qu'une synthèse entre la philosophie de Schopenhauer et celle de Nietzsche était impossible ; Schweitzer lui non plus ne parvint pas à réaliser une telle synthèse. Sa façon de penser révèle de réels points communs entre lui et Schopenhauer ; comme celui-ci, il accorde une signification centrale à la volonté de vivre. Le credo de Schweitzer est le suivant : « Je suis la vie qui veut vivre, au milieu de la vie qui veut vivre » ; il peut se formuler également ainsi, en conformité exacte avec l'attitude de Schopenhauer à l'égard de la vie et de l'éthique : « Je ne peux m'empêcher de m'en tenir au fait que la volonté de vivre en moi se manifeste comme la volonté de vivre qui veut ne faire qu'un avec la volonté de vivre de l'autre. » Enfin et surtout, Schweitzer comme Schopenhauer s'accordent à dire que l'éthique, la noblesse d'esprit ou l'héroïsme ne s'expriment pas par des actes, mais uniquement par le renoncement : « Il n'y a pas de héros de l'action. Il n'y a de héros que dans le renoncement et la souffrance[602]. »

Le fait que, contrairement à Schopenhauer, Schweitzer ne cède ni à la résignation ni à la passivité n'a pas grand-chose en revanche à voir avec l'influence de Nietzsche, dont Schweitzer ne reprend aucune idée fondamentale. Bien que Schweitzer, dans sa conférence de 1912, ait défendu des positions assez proches de Nietzsche, en soulignant en particulier « que le but de l'existence réside dans la vie supérieure », il a abandonné cette position plus tard. Son idée première de l'héroïsme et de la signification de l'historiographie correspondent quant à elles aussi beaucoup plus clairement aux thèses de Nietzsche (cf. chapitre 4). En ce sens, Schweitzer n'a pas réalisé une synthèse entre Nietzsche et Schopenhauer mais est passé du premier vers le second. Une déclaration de Schweitzer sur Schopenhauer en date de 1902 est intéressante dans ce contexte : « Que serait-il advenu de cet homme si, au lieu d'avoir eu la possibilité d'abandonner toute activité professionnelle à la manière d'un étranger ou d'un aristocrate, il avait été contraint d'aller gagner sa vie

---

[601] Cf. Schweitzer, « Handschriftliche Mitteilung über Simmel (1958) », *in* Gassen et Landmann (dir.), *Simmel*, pp. 292–294.

[602] VP 101. Cf. Schopenhauer, *Monde*, tome 1, pp. 390–391.

comme instituteur dans un village pauvre de montagne pour transformer des jeunes vivant dans l'abandon en êtres utiles à la société[603] ? » Ce qui est important dans la philosophie ultérieure de Schweitzer est moins à rechercher dans ses liens éventuels avec Nietzsche et Schopenhauer, que dans son propre activisme moral, qu'il retrouve dans les Évangiles. Le fait qu'à ce niveau la biographie même de Schweitzer constitue une source essentielle de ses prises de position avait déjà été souligné en 1979 par Erich Gräßer quand il soulignait : « L'activisme de Schweitzer ne réside pas dans ses textes, mais dans son cœur : l'héroïque Jésus qui fait advenir le Royaume, [...] qui se bat pour la perfection morale du monde, présente des caractéristiques que l'on retrouve dans la biographie de Schweitzer[604]. » Plutôt qu'à Nietzsche et Schopenhauer, Schweitzer ressemble à des auteurs comme Lorm ou James, car il appelle comme eux à une lutte non raisonnable et apparemment insensée avec le monde. Ayant dit cela, l'affirmation de Schweitzer d' « être le premier dans la pensée occidentale à oser reconnaître ce résultat dévastateur de la connaissance et à être absolument sceptique au sujet de notre savoir relatif à l'univers, sans pour autant renoncer à accepter le monde et la vie ni une véritable éthique »[605] s'effondre.

Si l'on voulait assigner Schweitzer à un courant philosophique, ce courant serait clairement celui de la philosophie de la vie. Quand Schweitzer confesse que tout savoir est en fin de compte savoir au sujet de la vie et que toute connaissance est étonnement face au mystère de la vie, son propos pourrait aussi bien avoir été formulé par Dilthey[606]. Ses conceptions sont également proches de celles de Klages : comme celui-ci, d'une part il accorde une nette priorité à l'expérience intime des choses par rapport à la perception externe de celles-ci ; d'autre part, il témoigne d'un pessimisme culturel évident en estimant être né à une époque de déclin intellectuel de l'humanité.

---

[603]  Prédication, 11 mai 1902 (Predigten 388).

[604]  Gräßer, *Schweitzer*, p. 127.

[605]  Outre de nombreuses similitudes de pensée et jusqu'au choix des mots, il est particulièrement remarquable que Lorm et James, ainsi que Schweitzer, déclarent que la souffrance des animaux est l'une des principales sources de leur vision pessimiste du monde (voir ci-dessus).

[606]  Prédication, 16 février 1919 (Predigten 1237).

Comme dans les chapitres 3 et 4, au niveau du chapitre relatif au *respect de la vie* on constate également une rupture dans la biographie de Schweitzer ; cette rupture n'a pas lieu vers 1906, mais probablement seulement lors de son premier séjour à Lambaréné. Jusqu'en 1912, Schweitzer estimait encore que l'homme se situait a un niveau supérieur de la vie et rejetait violemment les tentatives de nivellement entre humains et animaux. De même, dans ce qu'il écrivait avant Lambaréné, il n'exprimait aucun sentiment de douleur en raison de la souffrance de la nature, mais avait plutôt tendance à transfigurer celle-ci à la manière des romantiques. C'est en 1919 qu'il exprime pour la première fois cette sombre vision du monde, sur laquelle se fonde la nouvelle signification qu'il accorde à la notion de *respect de la vie*. De ce fait, il importe donc de rechercher dans les événements qu'il a vécus en Afrique les causes de ce changement d'attitude ; parmi les expériences déterminantes pour lui à cet égard figurent vraisemblablement notamment son contact avec le monde animal africain et la grave maladie dont fut atteinte son épouse.

Quant aux souvenirs d'enfance de Schweitzer relatifs à l'amour des animaux, il est frappant de constater que le récit qu'il en fait renvoie à des modèles littéraires antérieurs. Déjà en 1816, le philosophe Johann Eichholz déplorait dans *Einige Winke über Aufklärung und Humanität sowie einer kleinen Abhandlung über die Bestimmung und über die Pflichten gegen die Thiere* (« Quelques notions relatives aux Lumières et à l'humanisme suivies d'un un petit traité sur la finalité de la vie et les devoirs envers les animaux ») le spectacle pitoyable qu'offrait un cheval condamné à mourir[607]. La prière secrète du soir, que Schweitzer prétend avoir dite quand il était enfant, rappelle fortement la prière de Schopenhauer. Le remords d'avoir tiré sur des oiseaux dans sa jeunesse avait déjà été ressenti par Albert Knapp[608]. Bien entendu, ces parallèles ne signifient pas que Schweitzer a forcément inventé les événements qu'il relate. Rien n'empêche que des personnes différentes vivent les mêmes expériences. Néanmoins, comme tous les souvenirs d'enfance, dont Schweitzer ne parle qu'à un âge assez avancé, se retrouvent déjà dans leur intégralité dans des témoignages littéraires, une certaine défiance devrait

---

[607] Johann Eichholz, *Einige Winke über Aufklärung und Humanität nebst einer kleinen Abhandlung über die Bestimmung und über die Pflichten gegen die Thiere*, Mannheim : Schwan und Götz, 1816, p. 131.

[608] Cf. Albert Knapp, *Lebensbild*, Stuttgart : Steinkopf, 1867, pp. 115–116.

ici être de mise. Nous avons constaté également que ces souvenirs sont en partie en opposition avec les déclarations de Schweitzer au moment des faits qu'il relate plus tard. Enfin et surtout, la façon dont il évoque la chasse aux oiseaux en particulier atteint une forme de stylisation telle que le scepticisme de l'historien ne peut être réduit au mutisme.

# 6. Conclusion

Ceux qui se plaisent à démythifier les grands personnages qui ont marqué l'histoire n'auront aucune peine à évaluer l'apport de cette biographie à la connaissance d'Albert Schweitzer. Le Schweitzer en quête dès sa jeunesse d'une religion qui s'imposerait à la pensée, celui qui aurait révolutionné durablement la recherche à travers ses écrits théologiques, celui qui aurait décidé par conviction intime de servir en tant que médecin, celui qui aurait eu la révélation mystique de la notion de *respect de la vie*, celui qui aurait été le premier à introduire la notion d'éthique animale dans la philosophie européenne : cet Albert Schweitzer-là n'a jamais existé. On affaire ici à un personnage inventé par Schweitzer lui-même et auquel on cru ceux qui se sont intéressés à lui. On connaît le Schweitzer autobiographique depuis longtemps. Dans cette étude, c'est le Schweitzer historique qui a été présenté. Ce Schweitzer était tout à fait convaincu de l'importance de sa personne et de ses idées et voulait qu'elles soient universellement connues – il a su se mettre lui-même en valeur. Il l'a fait avec talent et son exploit est d'avoir fait en sorte qu'universellement on le perçoive tel qu'il se percevait lui-même. Était-il pour autant un imposteur ? Comme nous l'avons constaté, il n'est pas toujours facile d'affirmer que les déclarations autobiographiques de Schweitzer, dans la mesure où elles ne correspondent certes pas à la réalité historique, reposent sur une intention de falsifier la réalité. Schweitzer était certainement conscient que ses écrits n'étaient pas tout à fait aussi révolutionnaires qu'il le prétendait. Cependant, il est tout à fait possible, par exemple, qu'au niveau de sa propre mémoire, il ait été convaincu d'avoir toujours eu des positions philosophiques ou théologiques précises, bien qu'à cet égard il ait varié de manière manifeste. Mais même s'il avait proposé une représentation historiquement correcte de sa carrière, une question continuerait à se poser : qu'aurait-il dit, lui qui se voyait dans la filiation de Jésus, des paroles suivantes prêtées à celui-ci : « Gardez-vous de pratiquer votre justice devant les hommes, pour en être vus ; autrement, vous n'aurez point de récompense auprès de votre Père qui est dans les cieux. Dès lors que tu fais l'aumône, ne sonne pas de la trompette devant toi, comme font les hypocrites dans les synagogues et dans les rues, afin d'être glorifiés par les hommes. En vérité, je vous le dis, ils reçoivent leur récompense. Mais quand tu fais l'aumône, que ta main gauche ne sache pas ce que fait ta main droite, afin que ton aumône se fasse en secret ; et ton Père, qui voit dans le secret, te le rendra » (Matthieu 6, 1–4) ? Faut-il voir une coïncidence dans le fait que 72 sermons de Schweitzer sur des versets de l'Évangile de Matthieu nous ont été transmis, mais pas un seul qui soit relatif aux versets qui viennent d'être cités ?

Que se serait-il passé si Schweitzer s'était imposé strictement la recommandation de Jésus ? Nous disposerions certainement d'un grand modèle en moins. Il n'y aurait pas d'écoles Albert Schweitzer, pas de fondation Albert Schweitzer, pas de tournoi Albert Schweitzer, pas de prix Albert Schweitzer. La notion de *respect de la vie* n'aurait pas trouvé sa place dans notre vocabulaire. Nous avons découvert que ce n'est pas Schweitzer mais Magnus Schwantje qui a été le premier à utiliser cette notion publiquement. Mais à ce stade c'est la question suivante qui se pose : qui est le véritable inventeur d'une idée ? Celui qui la formule pour la première fois, ou celui qui concourt à ce qu'elle s'impose ? Schwantje n'est pas parvenu à ancrer l'idée du *respect de la vie* dans l'espace public, son nom est tombé dans l'oubli. Il est tout à fait possible que Schweitzer ait fait sienne l'idée de Schwantje, mais un fait est incontestable : il savait mieux communiquer que celui-ci. La notion de *respect de la vie* a déjà fait l'objet de plus d'un million de recherches sur Google. Est-il important que Schweitzer ait eu la révélation de cette idée sur un fleuve en Afrique en croisant un troupeau d'hippopotames ? Est-il essentiel qu'il ait vraiment intériorisé le commandement « Tu ne tueras point » étant enfant en entendant le son des cloches de l'église de Gunsbach ? Schweitzer savait que de tels récits ne manquaient pas d'impressionner le public, et il y a eu recours délibérément pour aider ses idées à s'imposer. On prête à Victor Hugo l'affirmation selon laquelle rien n'est aussi puissant qu'une idée dont le temps est advenu. Ceci n'est que la moitié de la vérité. Les idées ne s'affirment pas par elles-mêmes, elles ont besoin de porteurs humains à travers lesquels elles peuvent agir, à travers lesquels elles peuvent inspirer d'autres personnes. Les gens n'ont pas fait de dons pour un principe abstrait ou pour un hôpital en Afrique, ils ont donné (et donnent encore !) leur argent pour *Albert Schweitzer*.

Schweitzer a-t-il bafoué le commandement de Jésus ? Probablement pas de son propre point de vue. Schweitzer ne croyait pas aux dogmes rigides, mais en un Jésus qui se moque des faux-semblants et de l'hypocrisie, qui n'aurait pas voulu qu'un individu vive uniquement en toute discrétion si on lui donne la chance d'amener les autres au bien par son exemple. Avec son *alter ego* autobiographique, Schweitzer a réussi à faire en sorte que sa vie et ses idées ne fassent qu'un, à transformer sa vie en acte de foi. L'exemple d'Albert Schweitzer démontre que la foi chrétienne est toujours une foi vécue et que la pensée et l'action doivent se trouver en harmonie l'une avec l'autre. Cette réalité de la foi a une portée intemporelle. Aucune recherche historiographique ne parviendra à y changer quoi que ce soit.

# Annexe

Version originale du texte d'Albert Schweitzer *Souvenirs de mon enfance (Aus meiner Kindheit und Jugendzeit)*[609]

*Meine Jugendbiographie (missraten)*

*von Dr. Pfister Zürich*

## 1. Der Lebensgang Albert Schweitzers bis zur Ausreise nach Afrika

Im Pfarrhaus der oberelsässischen Ortschaft Kaysersberg *(dasselbe Kaysersberg von dem Geiler von Kaysersberg den Namen hatte. Haus mit Türmchen oben zu läuten am Ausgang des Dorfes)* wurde am 14. Januar 1875 ein Knäblein geboren, das den Namen Albert empfing. Die ... Eltern wachten über seiner Kindheit. Sie Iiessen ihm sehr viel Freiheit, weckten aber auch durch ihr arbeitsfreudiges und pflichtgetreues Wesen in ihm den Entschluss, einmal ein tüchtiger, nützlicher Mann zu werden. Immer musste der Knabe darüber nachsinnen, wie in seinem Elternhaus und in seinem Leben alles so schön war. Ein Märchenprinz, der in einem glänzenden Schloss aufwächst, konnte nicht glücklicher sein, als der elsässische Pfarrerbub.

Nur ein dunkler Schatten fiel in seine Kinderzeit. Seinem liebevollen und mitleidigen Gemüt tat es bitter weh, dass viele Menschen und besonders auch viele wehrlose, unschuldige Tiere schwer leiden müssen. Immer wieder fragte er sich: „Warum gibt es so viele Leiden in der Welt?" Wenn er mit seiner Mutter laut sein Abendgebetlein gesprochen *hatte, (noch*

---

[609] Archives Centrales Albert Schweitzer, Gunsbach. Les remarques indiquées entre parenthèses et italiques proviennent du texte original d'Albert Schweitzer. Les règles orthographiques suisses de Pfister (ss au lieu de ß) ont été conservées. Sur l'origine de ce texte, voir chapitre 2.2.1.

*bevor er in die Schule ging),* fügte er heimlich *(die Bitte)* hinzu: „Schütze und behüte alles, was Odem hat, und lass es ruhig schlafen!"

Finden wir schon in *(dem mitgeteilten)* Gebetlein die fromme und mitleidige Gesinnung, die später dem Leben Albert Schweitzers eine so wunderbare Wendung gab, so zeigt uns ein, *(gewiss trug die eigene Kränklichkeit bis zum 2. Lebensjahr dazu bei, fremdes Leiden zu verstehen. Einmal wurde das Kind sogar für tot gehalten Ein halbes Jahr nach Geburt seines Albert war der Vater nach Günsbach übergesiedelt. Als der Junge hier)* trolliges Erlebnis, wie ihm auch in der Religion von jeher klares Denken wichtig war. Als Albert die Kleinkinderschule besuchte, hörte er die biblische Sintflutgeschichte erzählen, nach der die ganze Erde überschwemmt wurde, als es 40 Tage und Nächte heftig geregnet hatte. Nun war das Jahr *(in welchem dies erzählt wurde)* überaus regnerisch. Da lief eines Tages der kleine Mann zu seinem Vater und sagte zu ihm: „Vater, es hat auch bei uns fast 40 Tage und Nächte geregnet, und das Wasser kommt ja nicht einmal an die Häuser, geschweige denn bis hinauf in die Berge!" Der Vater entgegnete: „Ja, damals hat es eben nicht in Tropfen geregnet, wie jetzt, sondern wie wenn man Wasser mit Kübeln ausschüttet". Diese Erklärung befriedigte das Büblein und als einige Tage später die Lehrerin die Sintflutgeschichte erzählte, stand am Schluss das Pfarrersöhnchen auf und rief: „Fräulein Lehrerin, Du musst diese Geschichte auch richtig erzählen!" Die so zurechtgewiesene Lehrerin, die bei diesem Schüler vorlautes Wesen am allerwenigsten erwartet hatte, wies *(ihn)* mit zornigen Worten zur Ruhe. Aber der Kleine fügte hinzu *(liess sich nicht beirren):* „Du hast vergessen zu erzählen, dass es nicht in Tropfen regnete, sondern wie wenn man Wasser aus Kübeln schüttet!"

Die Kirche besuchte Albert mit grosser Vorliebe. Jedes Mal spielte sich da ein Vorgang ab, der dem Büblein wichtig wurde. Über dem Orgelpult hing ein Spiegel. Während nun die Orgel spielte, sah man *(in diesem Spiegel)* ein bärtiges Angesicht hin und her fahren und in die Kirche hinunterschauen. Sobald aber der Pfarrer die Kanzel bestieg, verschwand dieser geheimnisvolle Kopf. Wem mochte er gehören? Buben geraten oft auf seltsame Ideen. Und so meinte denn unser Albertlein, der Mann *(Kopf)* im Spiegel, der das Feld räumt, wenn der Pfarrer zu sprechen beginnt, sei niemand anders als der Teufel.

Ausser den herzensguten Eltern waren es andere Verwandte, die den Geist der Gottes- und Menschenliebe in ihm förderten. Unter ihnen befand sich ein Onkel, Pfarrer Albert Schillinger. Dieser edle Mann war drei Jahre vor der Geburt seines Neffen gestorben, aber sein Andenken wurde *(noch)* unter seinen Angehörigen lebendig erhalten, und ihm zu Ehren erhielt unser Held seinen Vornamen. Eine ... Geschichte, die Albert Schweitzer in seiner Jugend zufällig erzählen hörte, hinterliess ihm einen tiefen Eindruck: Eine arme alte Frau erzählte, sie habe während der Belagerung von Strassburg jeden Tag Milchkaffee bekommen, denn der Herr Pfarrer Schillinger habe ihr regelmässig heimlich seine Milchration gebracht. Als der Knabe diese Geschichte vernahm, wurde er von Stolz auf seinen Onkel ergriffen, und der beschloss *(ihm womöglich)* nicht nur dem Namen, sondern auch der Gesinnung nach ihm ähnlich zu machen *(gleich zu sein)*.

Nun werdet ihr, liebe junge Freunde, erwarten, der hochbegabte und pflichtbewusste Knabe sei ein Musterschüler gewesen. Ich muss aber offen gestehen, dass diese Annahme ganz und gar nicht zutrifft. Albert war viel zu sehr Träumer, als dass er den Worten des Lehrers hätte folgen können. Auch begriff er alles viel rascher, als die übrige Klasse, und da er bald eine heillose Leseratte war, wusste er sehr viel von dem, was der Lehrer seinen Schülern beibringen wollte, schon längst. So hatte jener seine liebe Not mit Albert, der immer ganz andere Dinge durchzudenken hatte, und die Schule wurde für den geistig vorausgeeilten Knaben der Ort, wo man sich langweilt. – *(vom 9. Lebensjahre an wanderte Albert zwei Jahre lang jeden morgen nach der Realschule des nahen Städtchens Münster)*.

Ihr denkt vielleicht auch, der Bub mit dem liebevollen Herzen habe ein starkes Freundschaftsbedürfnis in sich getragen und gerne seine innersten Gedanken mit Andern ausgetauscht. Aber auch davon ist keine Rede. Albert war furchtbar verschlossen und brachte es einfach nicht über sich, Andere in sein Innerstes blicken zu lassen. Einige sahen dies ungern, nannten ihn einen Sonderling und Eigenbrödler, aber es liess sich nun einmal nichts ändern, und alle hatten den jungen Schweitzer lieb, weil sie wussten, dass nur schöne und edle Dinge in seiner Seele ein Herberge fanden.

Den Eltern bereitete es noch lange Jahre Sorge, dass Albert keine guten Zeugnisse nach Hause brachte. Aber sie waren klug genug, einzusehen, dass ihr (Zweit)ältester nun einmal anders sei, als andere Kinder, und in ihrem Vertrauen auf seine Begabung, edle Gesinnung und Frömmigkeit liessen sie ihm freie Zügel und zwangen ihn nicht zu Schulleistungen, die der ganzen damaligen Art ihres Albert widersprochen hätten und nur mit allzu grossen Opfern an Jugendfreude zu erkaufen gewesen wären. Albert war eben kein gewöhnlicher Faulpelz und Phantast, sondern ein Mensch, der wegen seiner Talente nicht in den üblichen Klassenunterricht hineinpasste.

Sieben oder acht Jahre alt geworden wurde er von schwerem Leid betroffen, sein Vater wurde stark nervenleidend, und nun zog die Sorge in dem bisher so glücklichen Pfarrhause ein. Hatte das kleine Einkommen bisher eben ausgereicht, *(um zu sparen Pflanzenbutter, die damals noch nicht in guter Qualität hergestellt wurde)* die nötigen Ausgaben für die Familie zu bestreiten, so fehlten jetzt oft die erforderlichen Geldmittel *(und Schulden konnten bei aller besten Willen und grossen Einschränkungen nicht vermieden werden)*. Noch drückender aber war die unheimliche Befürchtung, den herzlieben Vater zu verlieren. Die Mutter sagte, dass sie mit ihren 5 Kindern das Haus verlassen müsste, wenn dieses Unglück einträfe. Wo sie dann in ihrer Armut ein Obdach finden könnte, wusste sie nicht anzugeben, und Albert litt unsäglich unter der Angst vor dem ungewissen Schicksal, das Mutter und Geschwister treffen könnte. Sein Gottvertrauen kam ihm in dieser schweren Zeit, *(sehr)* zustatten. *(mit verstorbener Schwester am Begräbnis … Tränen)*

Aber auch aus dieser schrecklichen Notlage, die jahrelang anhielt, fand sich ein Ausweg. Ein kinderloser Halbbruder des Grossvaters, zugleich Taufpate unseres Alberts, nahm diesen bei sich in Mühlhausen auf und ermöglichte ihm den Eintritt ins Gymnasium, da es seinem Vater unmöglich gewesen wäre. Man kann sich vorstellen, wie entsetzlich schwer dem Knaben, der sich andern nicht anschliessen konnte, die Trennung vom Elternhause fiel. Wohl war auch der Grossenkel und Pate ein durch und durch wohlgesinnter Mann, aber es herrschte bei ihm ein ganz anderer Geist, als zu Hause. Von früh bis spät wurde gearbeitet. Spaziergänge kamen fast nur Sonntags vor. Geredet wurde wenig. Jede Stunde des Tages war mit ihrer besonderen Aufgabe versehen. (………) Die Erziehung, die frei und sonnig gewesen war, wurde nun scharf geregelt und ernst. Der Herr Pate, der von Beruf Schuldirektor war, verpflanzte den gestrengen Schulgeist in den Schoss seiner Familie. Da kam oft das Heimweh über unsern Gymnasiasten, und das ferne Elternhaus erschien ihm als ein verlorenes Paradies.

Und doch war er später gerade für den ungeheuren Ernst, der es mit der Pflichterfüllung bis ins Kleinste hinein furchtbar streng nahm, dem Pflegevater herzlich dankbar *(Arbeitseinteilung lernte)*. Ebenso half ein Lehrer durch sein tiefes Pflichtgefühl, den jungen Träumer aus dem

Wolkenreich der Phantasie herunterzuziehen und ihn auf den Boden der Wirklichkeit zu stellen.

Es war vor allem der Geschichtsunterricht, der ihn mächtig anzog, und es hätte nicht viel gefehlt, so wäre Albert Schweitzer für das Studium der Geschichte begeistert worden.

Der Konfirmandenunterricht beschäftigte ihn ungemein lebhaft. Aber auch hier verhielt er sich anders als die meisten Knaben. Während diese sich lieber einfach an die Worte ihres Religionslehrers halten, setzte er sich innerlich aufs lebhafteste mit ihnen auseinander. Sein Vater vertrat ein freies Christentum, das die Lehren des Neuen Testamentes und der kirchlichen Überlieferung mit der modernen Wissenschaft in Einklang zu bringen trachtete. Der Konfirmationslehrer dagegen stand, wie der Grossonkel, ganz und gar auf dem Boden der alten Kirchenlehre und bestritt der Vernunft das Recht, sich in Glaubenssachen einzumischen. *(Der Tag wo ich ein neues Testament geschenkt erhielt)* Albert Schweitzer stellte sich ganz auf die Seite seines Vaters. Er sagte sich, dass auch das Denken ein Geschenk Gottes sei, und dass daher der Glaube, wenn er wirklich von Gott herstamme, vom Denken nicht das Geringste zu befürchten habe. Selbständig las der Knabe die Heilige Schrift und entdeckte eine ganze Reihe von Irrtümern und Widersprüchen in ihr. Manches kam ihm unglaublich, ja unmöglich vor. Aber in seinem Gottesglauben und seiner Überzeugung von der Wahrheit des Evangeliums konnte ihn dies nicht im Geringsten irre machen.

Der Konfirmationslehrer ahnte, dass ihm sein Schüler durchaus nicht im Gänsemarsch nachfolgte. Einige Tage vor der Konfirmation nahm er *(ihn)* seinen Schüler bei Seite und fragte ihn, ob er auch richtig zur Konfirmation vorbereitet sei. Diese Frage war dem Knaben schrecklich, weil es ihm unmöglich war, einen anderen Menschen in sein Herz schauen zu lassen. Er begann zu stottern und antwortete ausweichend, obwohl er den alten Geistlichen liebte und verehrte. Daher wurde er gründlich missverstanden, denn der Pfarrer sagte nachher bekümmert, Albert gehe als ganz Gleichgültiger in die Konfirmation. In Wirklichkeit war das Gegenteil der Fall, aber es fehlte die Fähigkeit, sich über das Innerste und Heiligste auszusprechen.

In den letzten Gymnasialjahren erwachte in ihm ein starker Drang, wissenschaftlich zu arbeiten. Allein die Berufswahl fiel ihm nicht leicht. Einerseits zog es ihn mächtig zum Beruf des Vaters, und je mehr er sich gewiss war, dass auch das freieste Denken ihn nicht von Gott und Jesus Christus werde trennen können, desto grösser wurde seine Freudigkeit an der Theologie. Von Jugend auf lebte er in dem Schriftwort: „Herr ich habe lieb die Stätte deines Hauses und den Ort, da deine Ehre wohnt." Eine ungeheure Sehnsucht nach…. und Feierlichkeit

Auf der andern Seite aber zog ihn die Musik mächtig an, vor allem das Orgelspiel. Auch die Begabung für die Kunst war für ihn ein kostbares Erbgut. Sein Grossvater, Pfr. Schillinger in Mühlbach, Oberelsass, liebte die Orgel und den Orgelbau leidenschaftlich. Seine ganzen Ferien verbrachte er damit, die Einrichtung von Orgeln zu studieren. Seine Tochter, Albert Schweitzers Mutter, erzählte oft, wie sie immer auf der Orgelbank sitzen und die befohlenen Tasten drücken musste, indes ihr beglückter Vater im Innern der Orgel steckte und sich an der kunstvollen Einrichtung des edlen Instrumentes ergötzte. Schon vor dem sechsten Jahr beschäftigte sich Albert mit der Frage, wie wohl eine Orgel beschaffen sein möchte. In den Gymnasialjahren nun durfte er bei dem tüchtigen Organisten Eugen Münch Klavierunterricht empfangen. *(und besonders der Nachmittagsgottesdienst seiner vertraulichen Stimmung war ihm lieb)* Aber auch hier versagte der Schüler zunächst ziemlich stark. Er wollte nicht den mühsamen Weg sorgfältiger Studien und Übungen gehen, sondern auch hier seinen Gefühlen und Einfällen sich überlassen. Als er jedoch die grosse innere Wandlung erlebte und aus einem Phantasiemenschen ein pflichtgetreuer und arbeitstüchtiger Wirklichkeitsmensch *(Lied von Mendelssohn und Mozart angefangen. Also du bist es nicht wert. Höflich dachte ich, du sollst sehen, dass ich auch Gefühl habe. Hatte mich geschämt, so zu sprechen, wie ich empfinde)* wurde, unterzog er sich auch den Anforderungen seines Musiklehrers, und als er gar zum Spiel auf der schönen Orgel der St. Stephanskirche übergehen durfte, kannte seine Freude keine Grenzen. *(als ich confirmiert war durfte ich zu ihm auf Orgelbank sitzen!)* Kurz vor Abschluss der Gymnasialzeit durfte er einige Wochen in Paris weilen, um bei dem berühmten Karl Maria Widor Orgelunterricht zu geniessen. Unauslöschliche Eindrücke empfing er hier. Klarheit, Einfachheit und Innigkeit wurden seine künstlerischen Ideale. Sie sind es, die noch heute Schweitzers Orgelspiel auszeichnen.

Zwischen der Laufbahn des Pfarrers und des Künstlers galt es nun, eine Wahl zu treffen. Albert Schweitzer entschloss sich für die erstere. Auf der Universität widmete er sich gelehrten Studien. Die Bücher waren für den verschlossenen Jüngling die nächsten Freunde. Das lustige Treiben des Studentenlebens liess ihn kalt. Noch immer war es ihm unmöglich, sich einem Menschen anzuschliessen. Gegen seine Hochschullehrer verhielt er sich vorsichtig abwägend, auch ihnen gegenüber hielt er sich an das Apostelwort: „Prüfet alles und behaltet das Gute!"

Neben der Theologie zog ihn die Philosophie mit ungeheurer Gewalt an. Als er seine Studien beinahe abgeschlossen hatte, fragte er sich ernstlich, ob er sich nicht ganz der Weltweisheit zuwenden solle, denn auch auf diesem Gebiet leistete er Vorzügliches, wie er überhaupt alle, auch die schwierigsten wissenschaftlichen Aufgaben, die er sich stellte, mit der grössten Leichtigkeit löste und überall hoffen durfte, Lorbeeren zu ernten. Ihm winkte die Laufbahn eines Professors an der Universität; dazu hatte er sich als Meister der Orgel schon damals einen geachteten Namen gemacht. Viele betrachteten ihn als ein rechtes Lieblingskind des Glückes und weissagten ihm das Leben eines berühmten Gelehrten und Forschers.

Allein schon hatte sich Albert Schweitzer ein höheres Lebensziel gesetzt. An einem Tage der Pfingstferien, als er bei seinem inzwischen genesenen und nach Günsbach übersiedelten Vater weilte, besann er sich lebhaft auf sein Leben und fragte sich, was er aus ihm machen solle. Da traf ihn mächtig der Gedanke an das unendlich viele Gute, das er aus Gottes Hand empfangen habe: Ein sonniges Elternhaus, Gesundheit und Begabung, Arbeitskraft und Arbeitsfreudigkeit, Überwindung aller grossen Sorgen und Nöte, die wiederhergestellte Gesundheit des Vaters, die Beseitigung der Schuldenlast, das herrliche Verhältnis zu den Geschwistern, die trotz aller Schwierigkeiten doch wunderschöne Jugend, alles, alles stellte er vor sich hin. *(Der Gedanke, dass ich viel Glück im Leben hatte, mich einer begleitete. Ich schlief wie ein Sack,..... immer frisch zur Arbeit)* Und nun musste er sich sagen: Da ich so unendlich viel Liebe und Güte von Gott erfahren habe, ist es meine heilige Pflicht, dieses ganz grosse Glück zu erkaufen, und zwar durch ein Opfer.

An einem der Tage nach Pfingsten, nach dem Erwachen wurde ihm, als er wieder einmal alles überlegte, was Gott ihm Gutes erwiesen habe, blitzartig klar: „Ich darf mein Leben nicht für mich behalten, sondern muss es hergeben, um in der Welt Gutes zu tun, und zwar nicht in der Wissenschaft, sondern durch eine schlichte Tat der Liebe!" Bis zum 30. Jahr wollte er nun lernen und sich der Wissenschaft hingeben, dann aber dasjenige tun, womit er der Liebe am besten diene. *(...nach Pfingsten, wo 20 oder 21 Jahre alt wurde, bewegt durch Lied: "O heiliger Geist kehr bei uns ein.")*

Als dieser Entschluss sich in ihm festgesetzt hatte, kam eine unendlich kostbare Ruhe über ihn. Er war völlig gewiss, dass Gott ihm den
rechten Weg gewiss zeigen werde. *(Dass ich habe warten müssen. Missverstanden werden)*

Zuerst legte er seine theologischen Prüfungen ab und bezog die Universität Paris, wo er im Winter 1898/99 Philosophie und Theologie trieb
und seine Orgelstudien unter Widor fortsetzte. Das folgende Halbjahr
brachte er in Berlin zu. Im Besitze ausgedehnter und tiefer Kenntnisse
holte er sich verschiedene Ehrentitel. Während der ganzen Studienzeit
hatte er darunter gelitten, dass er immer nur in sich aufnehmen musste,
aber nicht predigen durfte. Jetzt ergriff er mit tausend Freuden die Gele-
genheit, an einer Kirchgemeinde Strassburgs zu wirken, und zwar an
derselben St. Nicolaigemeinde, an welcher einst sein *(genannter)* Onkel
Albert tätig gewesen war.

Eine Reihe sehr glücklicher Jahre brachte er hier als Hilfsprediger
zu. Sein Amt liess ihm genügend freie Zeit, um eine Anzahl wertvoller
Bücher zu schreiben, die seinem Scharfsinn, seiner Gelehrsamkeit und
Vielseitigkeit ein glänzendes Zeugnis ausstellen. Daneben wurde er Professor *(Privatdozent)* an der Universität und Direktor des altberühmten
Thomasstiftes, eines Institutes, das den Studenten der Theologie gast-
freundliche Aufnahme gewährte. Hinzu kamen die grossen Erfolge, die
der angesehene Gelehrte in seinen Orgelkonzerten davontrug.

Mancher hätte sich glücklich und überglücklich geschätzt, eine so
vielseitige Wirksamkeit entfalten zu dürfen. In Prof. Schweitzer aber
regte sich der Vorsatz, den er in der heiligen Begeisterung seiner Jugend
gefasst hatte. Jetzt war es Zeit, ihn auszuführen. Der junge Forscher ver-
suchte, verwahrloste Kinder in das grosse Haus, dem er vorstand, auf-
zunehmen, aber seine Vorgesetzten verwehrten es ihm. Da tauchte in
ihm ein Lieblingsgedanke auf, dessen Beweggründe bis in die Kindheit
zurückreicht *(Gedanken gehen neben uns lange als …. Gefühle bis sie in
unserem Leben Wort ergreifen)*

Schon Vater Schweitzer, der heute noch lebende Pfarrer von Günsbach, liebte die Mission. Als sein Albert 7 oder 8 Jahre alt war, las er in
den Nachmittagsgottesdiensten aus der Lebensbeschreibung des französischen AfrikaMissionars Casalis vor, und der junge Hörer wurde durch
das Bild dieses Glaubensboten mächtig ergriffen. Als Student hörte
unser Freund bei Professor Lucius eine Vorlesung über Geschichte der
Mission und fühlte sich wiederum tief erschüttert durch das Heldentum,
das viele Missionare ausübten.

# Bibliographie

## Œuvres d'Albert Schweitzer

### a) Œuvres publiées par A. Schweitzer (par ordre de publication originale)

*Das Abendmahl im Zusammenhang mit dem Leben Jesu und der Geschichte des Urchristentums. Erstes Heft : Das Abendmahlsproblem auf Grund der wissenschaftlichen Forschungen des 19. Jahrhunderts und der historischen Berichte*, Hildesheim : Olms, 1983. [Abendmahl]

*Das Abendmahl im Zusammenhang mit dem Leben Jesu und der Geschichte des Urchristentums. Zweites Heft : Das Messianitäts- und Leidensgeheimnis. Eine Skizze des Lebens Jesu*, Hildesheim : Olms, 1983. [MLG]

*Von Reimarus zu Wrede. Eine Geschichte der Leben-Jesu-Forschung*, Tübingen : Mohr Siebeck, 1906. [RW]

*Geschichte der Leben-Jesu-Forschung*, Tübingen : Mohr Siebeck, [9]1984. [LJ]

*Die psychiatrische Beurteilung Jesu. Darstellung und Kritik*, Hildesheim : Olms, [6]2014. [PBJ]

*Das Christentum und die Weltreligionen*, München : C. H. Beck, [4]2002. [CW]

*À l'orée de la forêt vierge : récits et réflexions d'un médecin en Afrique équatoriale*, Paris : Albin Michel, [3]1995. [FV]

*Kulturphilosophie. Band I : Verfall und Wiederaufbau der Kultur, Band II : Kultur und Ethik*, München : C. H. Beck, 2007. [KPh]

*Souvenirs de mon enfance*, Paris : Albin Michel, [3]2015. [SE]

« Selbstdarstellung », in : Raymund Schmidt (dir.), *Die Philosophie der Gegenwart in Selbstdarstellungen*, Bd. 7, Leipzig : Felix Meiner, 1929. [SD]

*Aus meinem Leben und Denken. Faksimile-Druck der Erstausgabe von 1931*, Hamburg : Felix Meiner, 2011. [LD]

*Ma vie et ma pensée*, Paris : Albin Michel, [3]2013. [VP]

## b) Œuvres posthumes

*Albert Schweitzer – Helene Bresslau. Die Jahre vor Lambarene : Briefe 1902–1912*, herausgegeben von Rhena Schweitzer Miller und Gustav Woytt, München : C. H. Beck, 1992. [Briefe]

« Handschriftliche Mitteilung über Simmel », in : Kurt Gassen et Michael Landmann (dir.), *Buch des Dankes an Georg Simmel. Briefe, Erinnerungen, Bibliographie*, Berlin : Duncker & Humblot, ²1993, S. 292–294.

*Gespräche über das Neue Testament*, herausgegeben von Winfried Döberlin, München : C. H. Beck, ²1994. [GNT]

*Straßburger Vorlesungen*, herausgegeben von Erich Gräßer und Johann Zürcher, München : C. H. Beck, 1998. [SV]

*Predigten 1898–1948*, herausgegeben von Richard Brüllmann und Erich Gräßer, München : C. H. Beck, 2001. [Predigten]

*Vorträge, Vorlesungen, Aufsätze*, herausgegeben von Claus Günzler, Ulrich Luz und Johann Zürcher, München : C. H. Beck, 2003. [VVA]

*Theologischer und philosophischer Briefwechsel 1900–1965*, herausgegeben von Werner Zager, München : C. H. Beck, 2006. [TPB]

« Die Entstehung der Lehre der Ehrfurcht vor dem Leben und ihre Bedeutung für unsere Kultur », in : Hans Walter Bähr (dir.), *Albert Schweitzer. Ehrfurcht vor dem Leben : Grundtexte aus fünf Jahrzehnten*, München : C. H. Beck, ⁹2008, S. 13–31.

## Sources

Ankenbrand, Ludwig, *Erziehung des Kindes zur Tierliebe*, München : Melchior Kupferschmid, 1911.

Saint Augustin, *Les Confessions*, traduction, préface et notes par Joseph Trabucco, Paris : Editions Garnier-Flammarion, 1964.

Bousset, Wilhelm, « Thomas Carlyle. Ein Prophet des neunzehnten Jahrhunderts », *Die christliche Welt* 11 (1897), Sp. 249–253, 267–271, 296–299, 324–327.

Bregenzer, Ignaz, *Thier-Ethik. Darstellung der sittlichen und rechtlichen Beziehungen zwischen Mensch und Thier*, Bamberg : C. C. Buchner Verlag, 1894.

Breuil, Auguste (dir.), *Lettres inédites de M. J. Roland adressées aux Demoiselles Cannet, de 1772 à 1780*, Paris : Coquebert, 1841.

Carlyle, Thomas, *Sartor Resartus : vie et opinions de Herr Teufelsdroeckh*, trad. de l'anglais par Edmond Barthélemy, Paris : Société de Mercure, 1904.

Carlyle, Thomas, *Les héros : le culte des héros et l'héroïque dans l'histoire*, traduction et introduction par J.-B.-J. Izoulet-Loubatières, Paris : Colin, 1888.

Carus, Paul, *The Pleroma. An Essay on the Origin of Christianity*, New York : Cosimo, 2007.

Descartes, René, *Discours sur la Méthode*, übersetzt und herausgegeben von Christian Wohlers, Hamburg : Felix Meiner, 2011.

Dietler, Wilhelm, *Gerechtigkeit gegen Thiere. Appell von 1787*, Bad Nauheim : ASKU-PRESSE, 1997.

Dilthey, Wilhelm, « Ideen über eine beschreibende und zergliedernde Psychologie », in : Wilhelm Dilthey, *Gesammelte Schriften, Bd. 5 : Die Geschichte der Welt. Einleitung in die Philosophie des Lebens*, Stuttgart : Teubner, [8]1990, S. 139–240.

Dilthey, Wilhelm, « Der Aufbau der geschichtlichen Welt in den Geisteswissenschaften », in : Wilhelm Dilthey, *Gesammelte Schriften*, Bd. 7, Stuttgart : Teubner, [8]1992.

Drews, Arthur, *Die Christusmythe. Zweiter Teil : Die Zeugnisse für die Geschichtlichkeit Jesu*, Jena : Eugen Diederichs, 1911.

Eckermann, Johann Peter, *Gespräche mit Goethe in den letzten Jahren seines Lebens*, herausgegeben von Christoph Michel, Berlin : Deutscher Klassiker Verlag, 2011.

Eichholz, Johann, *Einige Winke über Aufklärung und Humanität nebst einer kleinen Abhandlung über die Bestimmung und über die Pflichten gegen die Thiere*, Mannheim : Schwan und Götz, 1816.

Favre, Edouard, *François Coillard : Enfance et Jeunesse (1834–1861). D'après son Autobiographie, son Journal Intime et sa Correspondence*, Paris : Société des Missions Evangéliques, 1910.

Favre, Edouard, *François Coillard. Missionaire au Lessouto (1834–1861)*, Paris : Société des Missions Evangéliques, 1912.

Fischer, Angelikus et Egger, Sebastian, *Über das Thierquälen*, Augsburg : Verlag von Carl Kollmann & Himmer, [2]1831.

Förster-Nietzsche, Elisabeth, *Friedrich Nietzsches Briefe an Mutter und Schwester*, Bd. 2, Leipzig : Insel, 1909.

Goethe, Johann Wolfgang von, *Aus meinem Leben. Dichtung und Wahrheit*, herausgegeben von Klaus Detlef Müller, Frankfurt (Main) : Deutscher Klassiker Verlag, 2007.

Gunkel, Hermann, *Zum religionsgeschichtlichen Verständnis des Neuen Testaments*, Göttingen : Vandenhoeck & Ruprecht, 1903.

Gunkel, Hermann, « Literaturgeschichte Israels », *RGG* I, Bd. 1 (1909), Sp. 1189–1194.

Gunkel, Hermann, *Die Wirkungen des heiligen Geistes nach der populären Anschauung der apostolischen Zeit und der Lehre des Apostels Paulus*, Göttingen : Vandenhoeck & Ruprecht, [3]1909.

Harnack, Adolf von, *Lehrbuch der Dogmengeschichte I*, Tübingen : Mohr, [5]1931.

Hartmann, Eduard von, « Unsere Stellung zu den Thieren », in : Eduard von Hartmann, *Moderne Probleme*, Leipzig : Wilhelm Friedrich, 1886, S. 21–36.

Hartmann, Franz, *The Life of Jehoshua. The Prophet of Nazareth*, London : Kegan Paul, 1909.

Hepfer, Harald et Schweier, Jürgen, *Doch Wort und Tat muss zusammenstimmen : Christian Wagner – Magnus Schwantje. Ein Briefwechsel*, Warmbronn : Christian-Wagner-Gesellschaft, 2002.

Holtzmann, Heinrich Julius, « Die theologische, insonderheit religionsphilosophische Forschung der Gegenwart », *Jahrbücher für protestantische Theologie* 1 (1875), S. 1–38.

Holtzmann, Heinrich Julius, *Lehrbuch der neutestamentlichen Theologie I*, Freiburg : Mohr, 1897.

Holtzmann, Heinrich Julius, « Über die sog. praktische Auslegung des Neuen Testaments », *Protestantische Monatshefte* 2 (1898), S. 283–291.

Jaffé, Aniela, *C. G. Jung. Briefe II (1946–1955)*, Olten : Walter-Verlag, [3]1989.

James, William, « Is Life Worth Living? (1895) », in : William James, *The Will to Believe and Other Essays in Popular Philosophy*, New York : Dover Publications, 2003, S. 32–62.

Kähler, Martin, *Die Wissenschaft der christlichen Lehre. Von dem evangelischen Grundartikel aus im Abrisse dargestellt*, Neukirchen-Vluyn : Neukirchener Verlag, 1966 (réimpression à l'identique de la 3e édition de 1905).

Kant, Emmanuel, *Eléments métaphysiques de la doctrine de la vertu (seconde partie de la métaphysique des mœurs)*. Traduit de l'allemand par Jules Barni, Paris : Auguste dirand, 1855.

Klages, Ludwig, « Mensch und Erde », in : Hans Eggert Schröder (dir.), *Ludwig Klages : Mensch und Erde. Gesammelte Abhandlungen*, Stuttgart : Kröner, 1973, S. 1–25.

Klages, Ludwig, « Bewußtsein und Leben », in : Hans Eggert Schröder (dir.), *Ludwig Klages : Mensch und Erde. Gesammelte Abhandlungen*, Stuttgart : Kröner, 1973, S. 26–40.

Klages, Ludwig, « Warum bringt es Verderben, den Schleier des Isisbildes zu heben? », in : Hans Eggert Schröder (dir.), *Ludwig Klages : Mensch und Erde. Gesammelte Abhandlungen* Stuttgart : Kröner, 1973, S. 111–123.

Klages, Ludwig, « Brief über Ethik », in : Hans Eggert Schröder (dir.), *Ludwig Klages : Mensch und Erde. Gesammelte Abhandlungen*, Stuttgart : Kröner, 1973, S. 196–209.

Klages, Ludwig, *Der Geist als Widersacher der Seele*, Bonn : Bouvier, [6]1981.

Knapp, Albert, « Die fernere Bildung von Vereinen zur Verhütung der Thierquälerei betreffend », in : Martin Jung (dir.), *Christian Adam Dann / Albert Knapp : Wider die Tierquälerei. Frühe Aufrufe zum Tierschutz aus dem württembergischen Pietismus*, Leipzig : Evangelische Verlagsanstalt, 2002, S. 65–77.

Knapp, Albert, *Lebensbild*, Stuttgart : Steinkopf, 1867.

Langbehn, Julius, *Rembrandt als Erzieher*, Leipzig : Hirschfeld, 1890.

Lienhard, Friedrich, « Persönlichkeit und Volkstum – Grundlage der Dichtung », in : Friedrich Lienhard, *Neue Ideale*, Leipzig : Georg Heinrich Meyer, 1901, S. 1–14.

Lorm, Hieronymus, *Der Naturgenuss. Eine Philosophie der Jahreszeiten*, Berlin : Hofmann & Co., 1876.

Lorm, Hieronymus *Der grundlose Optimismus*, Wien : Verlag der literarischen Gesellschaft, 1894.

Lukácz, Georg, « Georg Simmel », Pester Lloyd (2. Oktober 1918), in : Kurt Gassen et Michael Landmann (dir.), *Buch des Dankes an Georg Simmel. Briefe, Erinnerungen, Bibliographie*, Berlin : Duncker & Humblot, [2]1993, S. 171–176.

Luthardt, Christoph Ernst, « Das darwinistische Moralprinzip und seine Konsequenzen III », Allgemeine Evangelisch-Lutherische Kirchenzeitung 8, Nr. 45 (12. November 1875), Sp. 1069–1075.

Luthardt, Christoph Ernst, *Apologetische Vorträge über die Grundwahrheiten des Christentums*, Leipzig : Dörffling und Franke, [12]1897.

Nietzsche, Friedrich, *Seconde Considération Inactuelle. De l'utilité et de l'inconvénient des études historiques pour la vie* (1874), Traduction Henri Albert, Paris : Editions Garnier-Flammarion, 1998.

Nietzsche, Friedrich, « Morgenröthe. Gedanken über die moralischen Vorurtheile », in : Giorgio Colli et Mazzino Montinari (dir.), *Friedrich Nietzsche. Kritische Studienausgabe, Bd. 3 : Morgenröte. Idyllen aus Messina. Die fröhliche Wissenschaft*, München : Deutscher Taschenbuch Verlag, [2]1999, S. 9–331.

Nietzsche, Friedrich, « Nachgelassene Fragmente 1882–1884 », in : Giorgio Colli et Mazzino Montinari (dir.), *Friedrich Nietzsche. Kritische Studienausgabe, Bd. 10 : Nachlaß 1882–1884*, München : Deutscher Taschenbuch Verlag, [2]1999.

Nietzsche, Friedrich, « Nachgelassene Fragmente 1887–1889 », in : Giorgio Colli et Mazzino Montinari (dir.), *Friedrich Nietzsche. Kritische Studienausgabe, Bd. 13 : Nachlaß 1887–1889*, München : Deutscher Taschenbuch Verlag, [2]1999.

Otto, Rudolf, *Aufsätze – Das Numinose betreffend*, Gotha : Leopold Klotz, 1923.

Otto, Rudolf, *Das Heilige. Über das Irrationale in der Idee des Göttlichen und sein Verhältnis zum Rationalen*, München : C. H. Beck, [3]2013.

Perroud, Claude (dir.), *Mémoires de madame Roland*, nouv. éd. critique contenant des fragments inédits et des lettres de la prison publiées, Paris : Plon, 1905.

Pfister, Oskar, « Albert Schweitzers Persönlichkeit und Mission im Lichte seiner Jugenderinnerungen », *Neue Zürcher Zeitung* (17. April 1924), S. 1–2.

Riesen, Irene (dir.), *Madame Roland. Memoiren aus dem Kerker*, Zürich : Artemis, 1987.

Schmidt, Hans, *Die großen Propheten*, Göttingen : Vandenhoeck & Ruprecht, [2]1923.

Schmidt, Hans, « In memoriam Hermann Gunkel », *Theologische Blätter* 11 (1932), S. 97–103.

Schmidt, Raymund (dir.), *Die Philosophie der Gegenwart in Selbstdarstellungen*, Bd. 6, Leipzig : Felix Meiner, 1927.

Schopenhauer, Arthur, *Le fondement de la morale*, traduit en français par Auguste Burdeau, Paris : Felix Alcan, 1879.

Schopenhauer, Arthur, *Sur la religion (Parerga und Paralipomena)*, traduit par Auguste Dietrich, Paris : Felix Alcan, 1906.

Schopenhauer, Arthur, *Le monde comme volonté et comme représentation (tome I)*, traduit en français par Auguste Burdeau, Paris : Felix Alcan, 1912.

Schopenhauer, Arthur, *Le monde comme volonté et comme représentation* (tome III), traduit en français par Auguste Burdeau, Paris : Felix Alcan, 1909.

Schwantje, Magnus, « Christian Wagner, der Bauer und Dichter in Warmbronn », *Vegetarische Warte* 16 (1905), S. 429–435.

Schwantje, Magnus, « Grausamkeit im Spiel des Kindes », *Kinderland* 11/1908, S. 42–43.

Schwantje, Magnus, *Tierschlachtung und Krieg*, Berlin : Bund für radikale Ethik, 1928.

Schwantje, Magnus, « Ehrfurcht vor dem Leben, Brüderlichkeit und Vegetarismus », in : Magnus Schwantje, *Gesammelte Werke I : Vegetarismus. Schriften und Notizen zur ethischen Begründung der vegetarischen Lehre*, herausgegeben vom Magnus-Schwantje-Archiv, München : Hirthammer, 1976, S. 107–126.

Seillière, Ernest, *Christian Wagner. Der Bauernprophet aus Schwaben in « Revue des Deux Mondes » (Paris 1901)*, herausgegeben von Harald Hepfer, Warmbronn : Christian Wagner Gesellschaft, 1990.

Simmel, Georg, « Schopenhauer und Nietzsche », in : Alessandro Cavalli et Volkhard Krech (dir.), *Georg Simmel. Gesamtausgabe, Bd. 8 : Aufsätze und Abhandlungen 1901–1908*, Frankfurt (Main) : Suhrkamp, [2]1997, S. 58–73.

Simmel, Georg, « Schopenhauer und Nietzsche. Ein Vortragszyklus (1906/1907) », in : Michael Behr, Volkhard Krech et Gert Schmidt (dir.), *Georg Simmel. Gesamtausgabe, Bd. 10 : Philosophie der Mode [u. a.]*, Frankfurt (Main) : Suhrkamp, [4]2012, S. 167–408.

Simmel, Georg, « Der Konflikt der modernen Kultur », in : Gregor Fitzi et Otthein Rammstedt (dir.), *Georg Simmel. Gesamtausgabe, Bd. 16 : Der Krieg und die geistigen Entscheidungen [u. a.]*, Frankfurt (Main) : Suhrkamp, 1999, S. 181–207.

Smith, Laurids, *Versuch eines vollständigen Lehrgebäudes der Natur und Bestimmung der Thiere und der Pflichten des Menschen gegen die Thiere. Aus dem Dänischen mit vielen Zusätzen und Berichtigungen des Verfassers*, Kopenhagen : Christian Gottlob Prost, 1793.

Strack, Friedrich et Eicheldinger, Martina (dir.), *Fragmente der Frühromantik*, Berlin : de Gruyter, 2011.

Strauß, David Friedrich, *Das Leben Jesu für das deutsche Volk bearbeitet*, Leipzig : Brockhaus, 1864.

Wagner, Christian, *Neuer Glaube*, neu herausgegeben von Harald Hepfer, Warmbronn : Christian-Wagner-Gesellschaft, 2013.

Wagner, Christian, *Sonntagsgänge. Erster Theil*, Kirchheim unter Teck : Jürgen Schweier Verlag, [5]1976.

Wagner, Christian, *Sonntagsgänge. Zweiter Theil*, Kirchheim unter Teck : Jürgen Schweier Verlag, [5]1976.

Wagner, Christian, *Sonntagsgänge. Dritter Theil*, Kirchheim unter Teck : Jürgen Schweier Verlag, [5]1976.

Wehnert, Bruno, *Jesu Diesseitsreligion*, Groß-Salze : Eugen Strien Verlag, 1911.

Weidel, Karl, *Jesu Persönlichkeit*, Halle : Carl Marhold, 1908.

Weigen, Adam Gottlieb, *De Jure Hominis in Creaturas. Oder Schrifftmässige Erörterung Deß Rechts des Menschen Über Die Creaturen*, herausgegeben von Martin H. Jung, Hildesheim : Olms, 2008.

Weiser, Ulrich Wilhelm (dir.), *Der Autor und sein Biograph : Christian Wagner – Richard Weltrich. Ein Briefwechsel (1886–1912)*, Warmbronn : Christian-Wagner-Gesellschaft, 2011.

Weiß, Johannes, *Die Predigt Jesu vom Reiche Gottes*, Göttingen : Vandenhoeck & Ruprecht, [2]1900.

Zöckler, Otto, « Vorwort », *Der Beweis des Glaubens* 1 (1865), S. 1–5.

## Lettres non publiées

Oskar Pfister à Hans Baur, 18 décembre 1922 (Archives Centrales Albert Schweitzer, Gunsbach).

Magnus Schwantje à Maria Anderson, 1er novembre 1904 (Magnus-Schwantje-Archiv, Göttingen).

A. Oswald à Magnus Schwantje, 5 novembre 1904 (Magnus-Schwantje-Archiv, Göttingen).

A. Oswald à Magnus Schwantje, 1er décembre 1904 (Magnus-Schwantje-Archiv, Göttingen).

## Littérature secondaire

Alt, Carl, *Studien zur Entstehungsgeschichte von Goethes Dichtung und Wahrheit*, München : Carl Haushalter, 1898.

Audoynaud, André, *Le Docteur Schweitzer et son Hôpital à Lambaréné. L'envers d'un Mythe*, Paris : L'Harmattan, 2005.

Badewien, Jan, *Die Anthroposophie Rudolf Steiners*, München : Evangelischer Presseverband, 1994.

Barlösius, Eva, *Naturgemäße Lebensführung. Zur Geschichte der Lebensreformbewegung um die Jahrhundertwende*, Frankfurt (Main) : Campus, 1997.

Baur, Hermann, « Albert Schweitzers Persönlichkeit », in : Hans Walter Bähr (dir.), *Albert Schweitzer. Sein Denken und sein Weg*, Tübingen : Mohr Siebeck, 1962, S. 216–235.

Brucker, Renate, « Tierrechte und Friedensbewegung : "Radikale Ethik" und gesellschaftlicher Fortschritt in der deutschen Geschichte », in : Dorothee Brantz/Christof Mauch (dir.), *Tierische Geschichte. Die Beziehung von Mensch und Tier in der Kultur der Moderne*, Paderborn : Ferdinand Schöningh, 2010, S. 268–285.

Brück, Michael von, « Ethische Mystik. Albert Schweitzers Intuition der Ehrfurcht vor dem Leben », in : Günther Altner, Ludwig Frambach, Franz-Theo Gottwald et Manuel Schneider (dir.), *Leben inmitten von Leben. Die Aktualität der Ethik Albert Schweitzers*, Stuttgart : Hirzel, 2005, S. 194–208.

Cottingham, John, « "A Brute to the Brutes?" : Descartes' Treatment of Animals », *Philosophy* 53 (1978), S. 551–559.

Deuser, Hermann, « Zur Achten Vorlesung (I) : Pragmatismus und Religion », in : Klaus Oehler, *William James : Pragmatismus. Ein neuer*

*Name für einige alte Wege des Denkens*, Berlin : Akademie Verlag, S. 185–212.

Dombrowski, Daniel, *Babies and Beast : The Argument from Marginal Cases*, Champaign : University of Illinois Press, 1997.

Dücker, Burckhard, « Neuer Glaube – Ein Dokument der Moderne », in : Christian Wagner, *Neuer Glaube*, neu herausgegeben von Harald Hepfer, Warmbronn : Christian-Wagner-Gesellschaft, 2013 S. 101–116.

Ebeling, Florian, *Das Geheimnis des Hermes Trismegistos. Geschichte des Hermetismus*, München : C. H. Beck, [2]2009.

Falter, Reinhard, *Ludwig Klages. Lebensphilosophie als Zivilisationskritik*, München : Telesma, 2003.

Fowler, Jeaneane, *The Bhagavad Gita. A Text and Commentary for Students*, Brighton : Sussex Academic Press, 2012.

Glagau, Hans, *Die moderne Selbstbiographie als historische Quelle*, Marburg : Elwert'sche Verlagsbuchhandlung, 1903.

Göcke, Benedikt Paul, *Alles in Gott? Zur Aktualität des Panentheismus Karl Christian Friedrich Krauses*, Regensburg : Friedrich Pustet, 2012.

Goethals, George et Reckman, Richard, « The Perception of Consistency in Attitudes », *Journal of Experimental Social Psychology* 9 (1973), S. 491–501.

Gräßer, Erich, *Albert Schweitzer als Theologe*, Tübingen : Mohr Siebeck, 1979.

Greenwald, Anthony, « The Totalitarian Ego. Fabrication and Revision of Personal History », *American Psychologist* 35/7 (1980), S. 603–618.

Große, Jürgen, *Lebensphilosophie*, Stuttgart : Reclam, 2010.

Hoff, Paul, *Emil Kraepelin und die Psychiatrie als klinische Wissenschaft : ein Beitrag zum Selbstverständnis psychiatrischer Forschung*, Berlin : Springer, 1994.

Holdenried, Michaela, *Autobiographie*, Stuttgart : Reclam, 2000.

Holmström, Folke, *Das eschatologische Denken der Gegenwart. Drei Etappen der theologischen Entwicklung des zwanzigsten Jahrhunderts*, aus dem Schwedischen von Harald Kruska, Gütersloh : Bertelsmann, 1936.

Holthaus, Stephan, *Theosophie – Speerspitze des Okkultismus*, Asslar : Schulte & Gerth, 1989.

Jaffé, Dan, *Le Talmud et les Origines Juives du Christianisme. Jésus, Paul et les judéo-chrétiens dans la littérature talmudique*, Paris : Cerf, 2007.

Kahlert, Heinrich, *Der Held und seine Gemeinde. Untersuchungen zum Verhältnis von Stifterpersönlichkeit und Verehrergemeinschaft in der Theologie des freien Protestantismus*, Frankfurt : Peter Lang, 1984.

Kantzenbach, Friedrich Wilhelm, *Albert Schweitzer. Wirklichkeit und Legende*, Göttingen : Musterschmidt, 1969.

Klatt, Werner, *Hermann Gunkel: Zu seiner Theologie der Religionsgeschichte und zur Entstehung der formgeschichtlichen Methode*, Göttingen : Vandenhoeck & Ruprecht, 1969.

Koch, Lars, *Der Erste Weltkrieg als Medium der Gegenmoderne : Zu den Werken von Walter Flex und Ernst Jünger*, Würzburg : Königshausen & Neumann, 2006.

*Koch*, Traugott, « *Albert Schweitzers Kritik* des christologischen Denkens – und die sachgemäße Form einer gegenwärtigen Beziehung auf den geschichtlichen Jesus », *Zeitschrift für Theologie und Kirche* 73 (1976), S. 208–240.

Kotre, John, *Der Strom der Erinnerung. Wie das Gedächtnis Lebensgeschichte schreibt*, aus dem Englischen von Hartmut Schickert, München : Deutscher Taschenbuch Verlag, 1998.

Kozljanič, Robert Josef, *Lebensphilosophie. Eine Einführung*, Stuttgart : Kohlhammer, 2004.

Lange, Dietz, *Nathan Söderblom und seine Zeit*, Göttingen : Vandenhoeck & Ruprecht, 2011.

Lange-Eichbaum, Wilhelm et Kurth, Wolfram, *Genie, Irrsinn und Ruhm. Genie-Mythus und Pathographie des Genies*, München : Ernst Reinhardt, [6]1967.

Lassus, Pierre, *Albert Schweitzer*, Paris : Albin Michel, 1995.

Lehmann, Hartmut, *Die Entzauberung der Welt. Studien zu Themen von Max Weber*, Göttingen : Wallstein Verlag, 2009.

Lönnebo, Martin, *Albert Schweitzers Etisk-Religiösa Ideal*, Stockholm : Diakonistyrelsens Bokförlag, 1964.

Maehle, Andreas-Holger, *Kritik und Verteidigung des Tierversuchs. Die Anfänge der Diskussion im 17. und 18. Jahrhundert*, Stuttgart : Franz Steiner Verlag, 1990.

Massey, Gerald, *The Historical Jesus and the Mythical Christ. A Lecture*, London : Privat, 1887.

Meyer, Katrin, *Ästhetik der Historie : Friedrich Nietzsches ,Vom Nutzen und Nachteil der Historie für das Leben'*, Würzburg : Königshausen & Neumann, 1998.

Miraux, Jean-Philippe, *L'Autobiographie. Écriture de soi et sincérité*, Paris : Armand Colin, [3]2012.

Misch, Georg, *Geschichte der Autobiographie, Bd. 1 : Das Altertum*, Frankfurt (Main) : Schulte-Bulmke, [4]1976.

Mühlstein, Verena, *Helene Schweitzer Bresslau. Ein Leben für Lambarene*, München : C. H. Beck, [3]2010.

Münster, Peter, *Albert Schweitzer. Der Mensch. Sein Leben. Seine Botschaft*, München : Neue Stadt, 2010.

Mummendey, Hans Dieter, *Psychologie der Selbstdarstellung*, Göttingen : Hogrefe, [2]1995.

Neider, Andreas / Schuhkraft, Harald (dir.), *Rudolf Steiner in Stuttgart*, Stuttgart : Belser, 2011.

Oermann, Nils Ole, *Albert Schweitzer. 1875–1965*, München : C. H. Beck, [2]2010.

Peyer, Gustav, *François Coillard. Der Apostel der Sambesi-Mission*, Basel : Verlag der Missionsbuchhandlung, 1905.

Pleitner, Henning, *Das Ende der liberalen Hermeneutik am Beispiel Albert Schweitzers*, Tübingen : Francke, 1992.

Pleitner, Henning, « Schweitzers Suche nach einem Zugang zu Jesus als Weg zur "Ehrfurcht vor dem Leben" », in : Wolfgang E. Müller (dir.), *Zwischen Denken und Mystik. Albert Schweitzer und die Theologie heute*, Bodenheim : Philo, 1997, S. 54–71.

Pörksen, Uwe, « Ein neuer Katechismus von Christian Wagner im Lande der "Stund"? », in : Christian Wagner, *Neuer Glaube*, neu herausgegeben von Harald Hepfer, Warmbronn : Christian-Wagner-Gesellschaft, 2013, S. 7–32.

Pohl, Rüdiger, *Das autobiographische Gedächtnis. Die Psychologie unserer Lebensgeschichte*, Stuttgart : Kohlhammer, 2007.

Rosenberg, Philip, *The Seventh Hero. Thomas Carlyle and the Theory of Radical Activism*, Cambridge : Harvard University Press, 1974.

Ross, Michael et Sicoly, Fiore, « Egocentric Bias in Availability and Attribution », *Journal of Personality and Social Psychology* 37/3 (1979), S. 322–336.

Rossbacher, Karlheinz, *Heimatkunstbewegung und Heimatroman : Zu einer Literatursoziologie um die Jahrhundertwende*, Stuttgart : Klett, 1975.

Schäfer, Peter, *Jesus im Talmud*, Tübingen : Mohr Siebeck, [2]2010.

Schmoll, Friedemann, *Erinnerung an die Natur. Die Geschichte des Naturschutzes im deutschen Kaiserreich*, Frankfurt (Main) : Campus, 2004.

Schröder, Tilman, *Naturwissenschaften und Protestantismus im Deutschen Kaiserreich*, Tübingen : Franz Steiner Verlag, 2008.

Sprengel, Peter, *Geschichte der deutschsprachigen Literatur 1900–1918. Von der Jahrhundertwende bis zum Ende des Ersten Weltkriegs*, München : C. H. Beck, 2004.

Steffahn, Harald, *Albert Schweitzer*, Reinbek : Rowohlt, 1979.

Sprondel, Walter, « Subjektives Erlebnis und das Institut der Konversion », in : Burkart Lutz (dir.*), Soziologie und gesellschaftliche Entwicklung. Verhandlungen des 22. Deutschen Soziologentages in Dortmund 1984*, Frankfurt : Campus, 1985, S. 549–558.

Tran, Tuan, *Asiatische Philosophie. Schopenhauer und Buddhismus*, Nordhausen : Traugott Bautz, 2007.

Ulmer, Bernd, « Konversionserzählungen als rekonstruktive Gattung. Erzählerische Mittel und Strategien bei der Rekonstruktion eines Bekehrungserlebnisses », *Zeitschrift für Soziologie* 17/1 (1988), S. 19–33.

Ulmer, Bernd, « Die autobiographische Plausibilität von Konversionserzählungen », in : Walter Sparn (dir.), *Wer schreibt meine Lebensgeschichte? Biographie, Autobiographie, Hagiographie und ihre Entstehungszusammenhänge*, Gütersloh : Gütersloher Verlagshaus, 1990, S. 287–295.

Walther, Christian, *Typen des Reich-Gottes-Verständnisses*, München : Chr. Kaiser Verlag, 1961.

Weichelt, Hans, *Nietzsche, der Philosoph des Heroismus*, Leipzig : Baustein Verlag, 1924.

Weltrich, Richard, *Christian Wagner, der Bauer und Dichter zu Warmbronn. Eine ästhetisch-kritische und sozialethische Studie*, Stuttgart : Strecker & Schröder, 1905.

Wilson, Anne / Ross, Michael, « Illusions of Change and Stability », in : Rüdiger Pohl (dir.), *Cognitive Illusions. A Handbook on Fallacies and Biases in Thinking, Judgment and Memory*, New York : Psychology Press, 2004, S. 379–396.

Wolf, Jean-Claude, *Eduard von Hartmann. Die Gefühlsmoral*, Hamburg : Felix Meiner, 2006.

Wolf, Jean-Claude, *Eduard von Hartmann. Ein Philosoph der Gründerzeit*, Würzburg : Königshausen & Neumann, 2006.

Woytt, Gustav, « Albert Schweitzer und die Pariser Mission », in : Richard Brüllmann (dir.), *Albert-Schweitzer-Studien*, Bern : Verlag Paul Haupt, 1989, S. 114–221.

Zager, Werner, *Albert Schweitzer als liberaler Theologe. Studien zu einem theologischen und philosophischen Denker*, Münster : LIT Verlag, 2009.

Zander, Helmut, *Anthroposophie in Deutschland I. Theosophische Weltanschauung und gesellschaftliche Praxis 1884–1945*, Göttingen : Vandenhoeck & Ruprecht, 2008.

# Liste des publications de la collection Convergences

Michel Grunewald (éd./Hrsg.) en collaboration avec Helga Abret et Hans Manfred Bock : *Le discours européen dans les revues allemandes (1871-1914) / Der Europadiskurs in den deutschen Zeitschriften (1871-1914)*. Berne : Peter Lang (Convergences, vol./Bd. 1) 1996.

Paul Distelbarth : *Das andere Frankreich. Essays zur Gesellschaft, Politikund Kultur Frankreichs und zu den deutsch-französischen Beziehungen 1932 bis 1945.* Eingeleitet und mit Anmerkungen versehen von Hans Manfred Bock. Berne : Peter Lang (Convergences, Bd. 2) 1997.

Michel Grunewald (éd./Hrsg.) en collaboration avec Hans Manfred Bock : *Le discours européen dans les revues allemandes (1918-1933) / Der Europadiskurs in den deutschen Zeitschriften (1918-1933)*. Berne : Peter Lang (Convergences, vol./Bd. 3) 1997.

Pierre-André Bois, Roland Krebs et Jean Moes (éds/Hrsg.) : *Les lettres françaises dans les revues allemandes du XVIII e siècle / Die französische Literatur in den deutschen Zeitschriften des 18. Jahrhunderts.* Berne : Peter Lang (Convergences, vol./Bd. 4) 1997.

Catherine Julliard : *Gottsched et l'esthétique théâtrale française : la réception allemande des théories françaises.* Berne : Peter Lang (Convergences, vol. 5) 1998.

Helga Abret et Ilse Nagelschmidt (Hrsg.) : *Zwischen Distanz und Nähe. Eine Autorinnengeneration in den 80er Jahren.* Berne : Peter Lang (Convergences, Bd. 6) 1998, 2000.

Michel Grunewald (éd./Hrsg.) : *Le problème d'Alsace-Lorraine vu par les périodiques (1871-1914) / Die elsaß-lothringische Frage im Spiegel der Zeitschriften (1871-1914).* Berne : Peter Lang (Convergences, vol./Bd. 7) 1998.

Charles W. Schell et Damien Ehrhardt (éds/Hrsg.) : *Karl Ristenpart et l'orchestre de chambre de la Sarre (1953-1967) / Karl Ristenpart und das Saarländische Kammerorchester (1953-1967).* Berne : Peter Lang (Convergences, vol./Bd. 8) 1999.

Frédérique Colombat-Didier : *La situation poétique de Peter Rühmkorf.* Berne : Peter Lang (Convergences, vol. 9) 2000.

Jeanne Benay et Gilbert Ravy (éds/Hrsg.) : *Ecritures et langages satiriques en Autriche (1914-1938) / Satire in österreich (1914-1938).* Berne : Peter Lang (Convergences, vol./Bd. 10) 1999.

Michel Grunewald (éd./Hrsg.) en collaboration avec Hans Manfred Bock : *Le discours européen dans les revues allemandes (1933-1939) / Der Europadiskurs in den deutschen Zeitschriften (1933-1939).* Berne : Peter Lang (Convergences, vol. 11) 1999.

Hans Manfred Bock und Ilja Mieck (Hrsg.) : *Berlin-Paris (1900-1933) – Begegnungsorte, Wahrnehmungsmuster, Infrastrukturprobleme im Vergleich.* Berne : Peter Lang (Convergences, Bd. 12) 2006.

Pierre-André Bois, Raymond Heitz et Roland Krebs (éds) : *Voix conservatrices et réactionnaires dans les périodiques allemands de la Révolution française à la Restauration.* Berne : Peter Lang (Convergences, vol. 13) 1999.

Ilde Gorguet : *Les mouvements pacifistes et la réconciliation franco-allemande dans les années vingt (1919-1931).* Berne : Peter Lang (Convergences, vol. 14) 1999.

Stefan Woltersdorff : *Chronik einer Traumlandschaft : Elsaßmodelle in Prosatexten von René Schickele (1899-1932).* Berne : Peter Lang (Convergences, Bd. 15) 2000.

Hans-Jürgen Lüsebrink et Jean-Yves Mollier (éds), avec la collaboration de Susanne Greilich : *Presse et événement : journaux, gazettes, almanachs (XVIIIe-XIXe siècles). Actes du colloque international « La perception de l'événement dans la presse de langue allemande et française » (Université de la Sarre, 12-14 mars 1998).* Berne : Peter Lang (Convergences, vol. 16) 2000.

Michel Grunewald : *Moeller van den Brucks Geschichtsphilosophie : « Ewige Urzeugung », « Ewige Anderswerdung », « Ewige Weitergabe ».* Band I. Michel Grunewald (Hrsg.) : *Moeller van den Brucks Geschichtsphilosophie : Rasse und Nation, Meinungen über deutsche Dinge, Der Untergang des Abendlandes. Drei Texte zur Geschichtsphilosophie.* Band II. Berne : Peter Lang (Convergences, Bd. 17) 2001.

Michel Grunewald (éd./Hrsg.) en collaboration avec Hans Manfred Bock : *Le discours européen dans les revues allemandes (1945-1955) / Der Europadiskurs in den deutschen Zeitschriften (1945-1955).* Berne : Peter Lang (Convergences, vol./Bd. 18) 2001.

Patricia Brons : *Erich Kästner, un écrivain journaliste.* Berne : Peter Lang (Convergences, vol. 19) 2002.

Dominique Lingens : *Hermann Hesse et la musique.* Berne : Peter Lang (Convergences, vol. 20) 2001.

Valérie Chevassus : *Roman original et stratégies de la création littéraire chez Joseph Roth.* Berne : Peter Lang (Convergences, vol. 21) 2002.

Raymond Heitz et Roland Krebs (éd./Hrsg.) : *Théâtre et « Publizistik » dans l'espace germanophone au XVIIIe siècle / Theater und Publizistik im deutschen Sprachraum im 18. Jahrhundert.* Berne : Peter Lang (Convergences, vol. 22) 2001.

Jeanne Benay und Gerald Stieg (Hrsg.) : *Österreich (1945-2000). Das Land der Satire.* Berne : Peter Lang (Convergences, Bd. 23) 2002.

Michel Grunewald (éd./Hrsg.) en collaboration avec Hans Manfred Bock : *Le milieu intellectuel de gauche en Allemagne, sa presse et ses réseaux (1890-1960) / Das linke Intellektuellenmilieu in Deutschland, seine Presse und seine Netzwerke (1890-1960).* Berne : Peter Lang (Convergences, vol./Bd. 24) 2002.

Martine Carré : *Les Elégies de Duino, tomes 1 et 2. Essai de lecture.* Berne : Peter Lang (Convergences, vol. 25) 2002.

Michel Durand und Volker Neuhaus (Hrsg./éd.) : *Die Provinz des Weiblichen. Zum erzählerischen Werk von Clara Viebig / Terroirs au féminin. La province et la femme dans les récits de Clara Viebig.* Berne : Peter Lang (Convergences, Bd./ vol. 26) 2004.

Michel Grunewald et Uwe Puschner (éds/Hrsg.) en collaboration avec Hans Manfred Bock : *Le milieu intellectuel conservateur en Allemagne, sa presse et ses réseaux (1890-1960) / Das konservative Intellektuellenmilieu in Deutschland, seine Presse und seine Netzwerke (1890-1960).* Berne : Peter Lang (Convergences, vol./Bd. 27) 2003.

Christina Stange-Fayos : *Lumières et obscurantisme en Prusse. Le débat autour des édits de religion et de censure (1788-1797).* Berne : Peter Lang (Convergences, vol. 28) 2003.

Jeanne Benay, Alfred Pfabigan und Anne Saint-Sauveur (Hrsg.) : *Österreiche Satire (1933-2000). Exil – Reemigration – Assimilation.* Berne : Peter Lang (Convergences, Bd. 29) 2003.

Régine Battiston-Zuliani (Hrsg./éd.) : *Funktion von Natur und Landschaft in der österreichischen Literatur / Nature et paysage : un enjeu autrichien.* Berne : Peter Lang (Convergences, Bd./vol. 30) 2004.

Pierluca Azzaro : *Deutsche Geschichtsdenker um die Jahrhundertwende und ihr Einfluss in Italien. Kurt Breysig, Walther Rathenau, Oswald Spengler.* Berne : Peter Lang (Convergences, Bd. 31) 2005.

Michel Durand : *Michael Georg Conrad à Paris (1878-1882). « Années d'apprentissage » d'un intellectuel critique.* Berne : Peter Lang (Convergences, vol. 32) 2004.

Maurice Godé et Michel Grunewald (éds) : *La volonté de comprendre. Hommage à Roland Krebs.* Berne : Peter Lang (Convergences, vol. 33) 2005.

Jeanne Benay und Alfred Pfabigan (Hrsg.) : *Hermann Bahr – Für eine andere Moderne. Anhang : Hermann Bahr, Lenke. Erzählung (1909) / Korrespondenz von Peter Altenberg an Hermann Bahr (1895-1913) (Erstveröffentlichung).* Berne : Peter Lang (Convergences, Bd. 34) 2004.

Claire Moreau Trichet : *Henri Pichot et l'Allemagne de 1930 à 1945.* Berne : Peter Lang (Convergences, vol. 35) 2004.

Friedrich Albrecht : *Bemühungen. Arbeiten zum Werk von Anna Seghers 1965-2004.* Berne : Peter Lang (Convergences, Bd. 36) 2005.

Anne Feuchter-Feler : *Le drame militaire en Allemagne au XVIIIe siècle. Esthétique et Cité.* Berne : Peter Lang (Convergences, vol. 37) 2005.

Pierre Béhar et Michel Grunewald (éds) : *Frontières, transferts, échanges transfrontaliers et interculturels. Actes du XXXVIe Congrès de l'Association des Germanistes de l'Enseignement Supérieur.* Berne : Peter Lang (Convergences, vol. 38) 2005.

Jeanne Benay et Jean-Marc Leveratto (éds) : *Culture et histoire des spectacles en Alsace et en Lorraine. De l'annexion à la décentralisation (1871-1946).* Berne : Peter Lang (Convergences, vol. 39) 2005.

Michel Grunewald et Uwe Puschner (éds/Hrsg.) en collaboration avec Hans Manfred Bock : *Le milieu intellectuel catholique en Allemagne, sa presse et ses réseaux (1871-1963) / Das katholische Intellektuellenmilieu in Deutschland, seine Presse und seine Netzwerke (1871-1963).* Berne : Peter Lang (Convergences, vol./Bd. 40) 2006.

Stéphanie Dalbin : *Visions croisées franco-allemandes de la Première Guerre mondiale. Etude de deux quotidiens : la* Metzer Zeitung *et* L'Est Républicain. Berne : Peter Lang (Convergences, vol. 41) 2007.

Raymond Heitz et Roland Krebs (éd./Hrsg.) : *Schiller publiciste / Schiller als Publizist.* Berne : Peter Lang (Convergences, vol. 42) 2007.

Stefanie Müller : *Ernst Robert Curtius als journalistischer Autor (1918-1932). Auffassungen über Deutschland und Frankreich im Spiegel seiner publizistischen Tätigkeit.* Berne : Peter Lang (Convergences, Bd. 43) 2008.

Julia Schroda : *Nationaler Anspruch und regionale Identität im Reichsland Elsass-Lothringen im Spiegel des französischsprachigen Elsassromans (1871-1914).* Berne : Peter Lang (Convergences, Bd. 44) 2008.

Jean Schillinger et Philippe Alexandre (éds) : *Le Barbare. Images phobiques et réflexions sur l'altérité dans la culture européenne.* Berne : Peter Lang (Convergences, vol. 45) 2008.

Françoise Lartillot und Axel Gellhaus (Hrsg.) : *Dokument / Monument. Textvarianz in den verschiedenen Disziplinen der europäischen Germanistik – Akten des 38. Kongresses des französischen Hochschulgermanistikverbandes.* Berne : Peter Lang (Convergences, Bd. 46) 2008.

Michel Grunewald und Uwe Puschner (Hrsg.) in Zusammenarbeit mit Hans Manfred Bock : *Das evangelische Intellektuellenmilieu in Deutschland, seine*

*Presse und seine Netzwerke (1871-1963)* / *Le milieu intellectuel protestant en Allemagne, sa presse et ses réseaux (1871-1963)*. Berne : Peter Lang (Convergences, Bd./ vol. 47) 2008.

Sabine Kremser-Dubois : *Dramaturgie de la provocation. Carl Sternheim.* Berne : Peter Lang (Convergences, vol. 48) 2008.

Christian Bank Pedersen : *Le suicide de Don Quichotte. Récits de Franz Kafka.* Berne : Peter Lang (Convergences, vol. 49) 2009.

Olivier Dard et Michel Grunewald (éds) : *Charles Maurras et l'étranger – L'étranger et Charles Maurras. L'Action française – culture, politique, société II.* Berne : Peter Lang (Convergences, vol. 50) 2009.

Friedrich Albrecht : *Klaus Mann der Mittler. Studien aus vier Jahrzehnten.* Berne : Peter Lang (Convergences, vol. 51) 2009.

Françoise Lartillot et Axel Gellhaus (éds/Hrsg.) : *Années vingt – Années soixante. Réseau du sens – Réseaux des sens / Zwanziger Jahre – Sechziger Jahre. Netzwerk des Sinns – Netzwerke der Sinne.* Berne : Peter Lang (Convergences, Bd./vol. 52) 2009.

Didier Musiedlak (éd.) : *Les expériences corporatives dans l'aire latine.* Berne : Peter Lang (Convergences, vol. 53) 2010.

Christine Aquatias et Catherine Desbois (Hrsg./éds) : *Turbulenzen in Deutschland zu Beginn des 21. Jahrhunderts : Was bleibt von der deutschen wirtschaftlichen Identität ? / Allemagne, début XXIe siècle : une identité économique en pleine transformation.* Berne : Peter Lang (Convergences, Bd./ vol. 54) 2010.

Michel Grunewald und Uwe Puschner (Hrsg.) : *Krisenwahrnehmungen in Deutschland um 1900. – Zeitschriften als Foren der Umbruchszeit im wilhelminischen Reich / Perceptions de la crise en Allemagne au début du XXe siècle. – Les périodiques et la mutation de la société allemande à l'époque wilhelmienne.* Berne : Peter Lang (Convergences, Bd./vol. 55) 2010.

Philippe Alexandre et Reiner Marcowitz (éd./Hrsg.) : *La revue « Die Hilfe », un laboratoire d'idées en Allemagne, 1894-1944 / Die Zeitschrift « Die Hilfe », ein Ideelabor in Deutschland, 1894-1944.* Berne : Peter Lang (Convergences, Bd./ vol. 56) 2011.

Olivier Dard et Michel Grunewald (éd.) : *Jacques Bainville – Profils et réceptions.* Berne : Peter Lang (Convergences, vol. 57) 2010.

Olivier de Lapparent : *Raymond Aron et l'Europe. Itinéraire d'un Européen dans le siècle.* Berne : Peter Lang (Convergences, vol. 58) 2010.

Olivier Dard (éd.) : *Georges Valois : itinéraire et réceptions.* Berne : Peter Lang (Convergences, vol. 59) 2011.

Jean Bonnet : *Dékantations. Fonctions idéologiques du kantisme dans le XIXe siècle français.* Berne : Peter Lang (Convergences, vol. 60) 2011.

Dorle Merchiers et Gérard Siary (éd./Hrsg.) : *Transmission de la mémoire allemande en Europe centrale et orientale depuis 1945 / Spuren deutscher Identität in Mittel- und Osteuropa seit 1945.* Berne : Peter Lang (Convergences, vol. 61) 2011.

Olivier Dard, Michel Grunewald, Michel Leymarie et Jean-Michel Wittmann (éds) : *Maurice Barrès, la Lorraine, la France et l'étranger.* Berne : Peter Lang (Convergences, vol. 62) 2011.

Michel Grunewald, Roland Krebs, Jean Mondot, Roger Sauter (éd.) : *Visages de la modernité. Hommage à Maurice Godé.* Berne : Peter Lang (Convergences, vol. 63) 2011.

Michel Grunewald, Hans-Jürgen Lüsebrink, Reiner Marcowitz, Uwe Puschner (éd./Hrsg) : *France-Allemagne au XXe siècle – La production de savoir sur l'Autre (vol. 1) / Deutschland und Frankreich im 20. Jahrhundert – Akademische Wissensproduktion über das andere Land (Bd. 1).* Berne : Peter Lang (Convergences, Bd./vol. 64) 2011.

Ulrich Pfeil (éd./Hrsg) : Mythes et tabous des relations franco-allemandes au XX<sub>e</sub> siècle / Mythen und Tabus der deutsch-französischen Beziehungen im 20. Jahrhundert. Berne : Peter Lang (Convergences, vol. 65) 2011.

Olivier Dard (éd.) : *Le corporatisme dans l'aire francophone au XXe siècle.* Berne : Peter Lang (Convergences, vol. 66) 2011.

Roland Krebs : *De Gottsched à Goethe. 24 études sur le théâtre allemand / Von Gottsched bis Goethe. 24 Untersuchungen zur Geschichte des deutschen Theaters.* Berne : Peter Lang (Convergences, Bd./vol. 67) 2012.

Olivier Dard (éd.) : *Doctrinaires, vulgarisateurs et passeurs des droites radicales au XXe siècle (Europe-Amériques).* Berne : Peter Lang (Convergences, vol. 68) 2012.

Michel Grunewald, Hans-Jürgen Lüsebrink, Reiner Marcowitz, Uwe Puschner (éd./Hrsg) : *France-Allemagne au XXe siècle – La production de savoir sur l'Autre (vol. 2) / Deutschland und Frankreich im 20. Jahrhundert – Akademische Wissensproduktion über das andere Land (Bd. 2).* Berne : Peter Lang (Convergences, Bd./vol. 69) 2012.

Anne-Laure Briatte-Peters : *Citoyennes sous tutelle. Le mouvement féministe « radical » dans l'Allemagne wilhelmienne.* Berne : Peter Lang (Convergences, vol. 70) 2013.

Françoise Lartillot et Ulrich Pfeil (éd.). *Constructions de l'espace dans les cultures d'expression allemande.* Berne : Peter Lang (Convergences, vol. 71) 2013.

Landry Charrier, Karine Rance, Friederike Spitzl-Dupic (éd.). *Circulations et réseaux transnationaux en Europe (XVIIIe-XXe siècles). Acteurs, pratiques, modèles.* Berne : Peter Lang (Convergences, vol. 72) 2013.

Olivier Dard (éd.) : *Supports et vecteurs des droites radicales au XXe siècle (Europe-Amériques).* Berne : Peter Lang (Convergences, vol. 73) 2013.

Ana Maria Alves : *Guerre et exil chez Louis-Ferdinand Céline.* Berne : Peter Lang (Convergences, vol. 74) 2013.

Michel Grunewald, Hans-Jürgen Lüsebrink, Reiner Marcowitz, Uwe Puschner (éd./Hrsg.) : *France-Allemagne au XXe siècle − La production de savoir sur l'Autre (vol. 3) / Deutschland und Frankreich im 20. Jahrhundert − Akademische Wissensproduktion über das andere Land (Bd. 3).* Berne : Peter Lang (Convergences, Bd./vol. 75) 2013.

Ingrid Lacheny, Henning Fauser, Bérénice Zunino (éd./Hrsg.) : « *Le passage* ». *Esthétique du discours, écritures, histoires et réceptions croisées / « Der Übergang ». Diskursästhetik, Schreibverfahren, Perspektiven und Rezeptionen.* Peter Lang (Convergences, Bd./vol. 76) 2014.

Gabriela Antunes, Sonia Goldblum, Noémi Pineau (Hrsg.) : *Rationalität und Formen des Irrationalen. Vom Mittelalter bis zur Gegenwart.* Peter Lang (Convergences, Bd. 77) 2013.

Jean-René Maillot : *Jean Luchaire et la revue* Notre Temps *(1927-1940).* Peter Lang (Convergences, vol. 78) 2013.

Friedrich Albrecht : *Streiflichter. Deutsche Literatur und Publizistik zwischen Kaiserreich und sechziger Jahren.* Peter Lang (Convergences, Bd. 79) 2014.

Reiner Marcowitz et Andreas Wilkens (éd.) : *Une « Europe des citoyens ». Société civile et identité européenne de 1945 à nos jours.* Peter Lang (Convergences, vol. 80) 2014.

Cécilia Fernandez & Olivier Hanse (éds./Hrsg.) : *A contre-courant. Résistances souterraines à l'autorité et construction de contrecultures dans les pays germanophones au XXe siècle / Gegen den Strom. Untergrundbewegungen und Gegenkulturen in den deutschsprachigen Ländern des 20. Jahrhunderts.* Peter Lang (Convergences, vol./Bd. 81) 2014.

Michel Grunewald, Hans-Jürgen Lüsebrink, Reiner Marcowitz, Uwe Puschner (éd./Hrsg.) : *France-Allemagne au XXe siècle − La production de savoir sur l'Autre (vol. 4) / Deutschland und Frankreich im 20. Jahrhundert − Akademische Wissensproduktion über das andere Land (Bd. 4).* Berne : Peter Lang (Convergences, Bd./vol. 82) 2014.

Olivier Dard (éd.) : *Références et thèmes des droites radicales au XXe siècle (Europe/ Amériques).* Berne : Peter Lang (Convergences, vol. 83) 2015.

Michel Hau : *France-Allemagne : la difficile convergence.* Berne : Peter Lang (Convergences, vol. 84) 2015.

Christine Aquatias : *Entre conventions collectives et salaire minimum. Syndicats, patronat et conventions collectives en Allemagne de 1992 à 2008.* Berne : Peter Lang (Convergences, vol. 85) 2015.

Dard, Olivier (éd.) : *Organisations, mouvements et partis des droites radicales au XXe siècle (Europe-Amériques).* Berne : Peter Lang (Convergences, vol. 86) 2016.

Silvia Richter & Maude Williams (Hrsg./dir.) : *Zum Phänomen des Austauschs in den Geistwissenschaften/Les phénomènes de l'échange dans les sciences humaines.* Bruxelles : P.I.E. Peter Lang (Convergences, vol. 87) 2016.

Michel Grunewald, Olivier Dard et/und Uwe Puschner (dir./Hrsg.) : *Confrontations au national-socialisme dans l'Europe francophone et germanophone (1919-1949). Volume 1 : Introduction générale – Savoirs et opinions publiques / Auseinandersetzungen mit dem Nationalsozialismus im deutsch- und französischsprachigen Europa (1919-1949). Band 1 : Allgemeine historische und methodische Grundlagen* . Bruxelles : P.I.E. Peter Lang (Convergences, vol. 88) 2017.

Jean El Gammal (dir.) : *La France, l'Allemagne, l'Europe. Mélanges en l'honneur de Chantal Metzger.* Bruxelles : P.I.E. Peter Lang (Convergences, vol. 89) 2017.

Olivier Dard et Ana Isabel Sardinha-Desvignes : *Célébrer Salazar en France (1930-1974). Du philosalazarisme au salazarisme français.* Bruxelles : P.I.E. Peter Lang (Convergences, vol. 90) 2017.

Jean-Noël Grandhomme (dir.) : *1866, une querelle d'Allemands ? Perceptions croisées et mémoire(s) d'un moment clé de l'histoire européenne.* Bruxelles : P.I.E. Peter Lang (Convergences, vol. 91) 2018.

Olivier Hanse, Annette Lensing, Birgit Metzger (dir./Hrsg.) : *Mission écologie. Tensions entre conservatisme et progressisme dans une perspective franco-allemande / Auftrag Ökologie Konservativ-progressive Ambivalenzen in deutsch-französischer Perspektive.* Bruxelles : P.I.E. Peter Lang (Convergences, vol. 92) 2018.

Michel Grunewald, Olivier Dard et/und Uwe Puschner (dir./Hrsg.) : *Confrontations au national-socialisme dans l'Europe francophone et germanophone (1919-1949). Volume 2 : Les libéraux, modérés et européistes / Auseinandersetzungen mit dem Nationalsozialismus im deutsch- und französischsprachigen Europa (1919-1949). Band 2 : Die Liberalen,* modérés *und Proeuropäer.* Bruxelles : P.I.E. Peter Lang (Convergences, vol. 93) 2018.

Constant Kpao Sarè : *Le philosophe noir des Lumières Anton Wilhelm Amo, vu à travers la fiction littéraire.* Bruxelles : P.I.E. Peter Lang (Convergences, vol. 94) 2018.

Stéphanie Bertrand et Sylvie Freyermuth (dir.) : *Le Nationalisme en littérature. Des idées au style (1870-1920).* Bruxelles : P.I.E. Peter Lang (Convergences, vol. 95) 2019.

Marc Bergère, Jonas Campion, Emmanuel Droit, Dominik Rigoll et Marie-Bénédicte Vincent (dir.) : *Pour une histoire connectée et transnationale des épurations en Europe.* Bruxelles : P.I.E. Peter Lang (Convergences, vol. 96) 2019.

Michel Grunewald, Olivier Dard et/und Uwe Puschner (dir./Hrsg.) : *Confrontations au national-socialisme dans l'Europe francophone et germanophone (1919-1949). Volume 3 : Les gauches face au national-socialisme / Auseinandersetzungen mit dem Nationalsozialismus im deutsch- undfranzösischsprachigen Europa (1919-1949). Band 3 : Die Linke und der Nationalsozialismus.* Bruxelles : P.I.E. Peter Lang (Convergences, vol. 97) 2019.

Sebastian Moll : *Albert Schweitzer. Autobiographie et réalité historique.* Bruxelles : P.I.E. Peter Lang (Convergences, vol. 98) 2020.